数字贸易
理论与政策

李铁立　许陈生　唐　静　◎编著

清华大学出版社
北京

内 容 简 介

本书致力于从理论、实践、政策3个维度准确刻画当前数字贸易的发展现实与核心逻辑，坚持数字贸易理论与中国数字贸易高质量发展相结合，全面系统地构建了数字贸易理论体系与政策体系的分析框架。本书重视数字贸易部门与应用场景分析，有利于读者理解数字贸易的基本理论，并通过应用场景分析提升读者研究问题的能力。本书包含理论篇、部门篇和政策篇三部分，适合作为高校相关专业的数字贸易课程教材，也可供相关领域研究者、企事业单位管理者阅读与学习。

本书封面贴有清华大学出版社防伪标签，无标签者不得销售。

版权所有，侵权必究。举报: 010-62782989, beiqinquan@tup.tsinghua.edu.cn。

图书在版编目(CIP)数据

数字贸易理论与政策 / 李铁立，许陈生，唐静编著 .—北京: 清华大学出版社，2024.5
ISBN 978-7-302-66107-8

Ⅰ.①数… Ⅱ.①李… ②许… ③唐… Ⅲ.①国际贸易－电子商务－研究－中国 Ⅳ.① F724.6

中国国家版本馆CIP数据核字(2024)第082015号

责任编辑: 张　莹
封面设计: 傅瑞学
版式设计: 方加青
责任校对: 王凤芝
责任印制: 宋　林

出版发行: 清华大学出版社
　　　　网　　址: https://www.tup.com.cn, https://www.wqxuetang.com
　　　　地　　址: 北京清华大学学研大厦A座　　邮　　编: 100084
　　　　社 总 机: 010-83470000　　　　　　　　邮　　购: 010-62786544
　　　　投稿与读者服务: 010-62776969, c-service@tup.tsinghua.edu.cn
　　　　质 量 反 馈: 010-62772015, zhiliang@tup.tsinghua.edu.cn
印 装 者: 三河市天利华印刷装订有限公司
经　　销: 全国新华书店
开　　本: 185mm×260mm　　印　　张: 12.5　　字　　数: 291千字
版　　次: 2024年5月第1版　　印　　次: 2024年5月第1次印刷
定　　价: 46.00元

产品编号: 100683-01

编著者 AUTHOR

主　　编：李铁立

副 主 编：许陈生　唐　静

编著人员：许月丽　姜　巍　刘　琳　陈　琳
　　　　　张晶晶　董洁妙　卢姗姗　林家庄

前言 PREFACE

一幅大屏幕展示的数字贸易

位于广州市南沙区的粤港澳大湾区珠江口处,一座现代化摩天大厦的外墙上,巨幅的超高清液晶屏幕正在为人们展示着数字贸易平台(Digital Trade Platform,DSTP)的运行机理。这个被誉为"服务服务贸易企业的服务商"平台,在炫酷魔幻的灯光下彰显着现代数字技术在国际贸易全流程中的重要作用,以及对国际贸易方式所带来的颠覆式的影响。

DSTP 是由粤港澳国际供应链(广州)有限公司运营的全球优品分拨中心数字贸易平台。该平台所形成的开放型数字贸易生态系统,聚合了跨国品牌商、生产商、分销、物流、通关、贸易融资和进出口保险等贸易主体,依托信息搜寻和匹配服务、交易达成服务、物流服务、融资金融服务以及大数据分析技术的市场分析服务等全贸易流程的互联互通,被打造成为对外贸易综合服务平台。

该平台聚合了数字通关服务平台、多式联运优选订舱平台、全球质量溯源服务体系、供应链金融资产管理服务平台以及多功能智能仓库等贸易服务单元,在打通贸易主体间的商流、物流和信息流基础上,提供商品的质量溯源认证、供应链金融等增值服务、知识产权服务、检验检测服务和跨国经营管理服务等,并进一步将进出口数据对接到海关监管系统,实现即时的线上监管。

DSTP 通过聚合贸易主体、串联真实贸易场景来实现贸易数字化集成,帮助参与者将贸易各环节进行数据互联,实现贸易全流程的可视化、可控制、可管理和可预测;为参与者提供数据价值化服务;为参与者挖掘创新数字商业场景、数据多场景应用,实现融资便利、结算便利、物流便利和渠道便利;为参与者提供资金、物流及跨国经营等数字化决策与管理场景。

通过 DSTP,品牌商和生产商可实现贸易各环节数据互联、贸易全链可视化管控和商品全环节追溯链路;资金方可以实现贷前智能尽调、贷中押品评估和出入库智能管控、贷后动态预警;贸易商和服务商可以通过数据多场景应用实现数据价值,为国际贸易融资、结算、物流、货源及渠道等关键领域提供数字服务,推动贸易便利化;监管方可轻松进行外贸统计监测等。

广州跨境电子商务某龙头企业由于资金不足问题而发展缓慢,加入 DSTP 后,DSTP 帮助该企业实现了数据的价值化。并且,通过广州银行、澳门华人银行等渠道,该企业陆续获得高达 7 亿元的授信额度,得到了快速发展。

DSTP展示了数字技术对全球贸易组织方式、交易主体、交易模式的深刻影响。由此，各个国家（地区）参与全球贸易的比较优势会发生改变吗？这种影响会在多大程度上带来全球贸易格局和全球价值链（Global Value Chain，GVC）分工的变迁？在数字贸易高速发展的背景下，中国的贸易政策应该采取怎样的价值趋向和具体措施？对上述问题的回答具有重要的理论意义和现实意义，本书将系统阐述数字贸易的理论和实践问题。

目录 CONTENTS

第一篇 理论篇

第1章 数字贸易概论 / 2
1.1 数字贸易的产生与发展 / 2
1.2 数字贸易的概念与类型 / 6

第2章 数字贸易的本质与模式 / 13
2.1 数字贸易的本质 / 13
2.2 数字贸易的组织方式 / 14
2.3 数字贸易的交易对象 / 15
2.4 比较优势与贸易区位 / 15

第3章 数字技术与国际贸易 / 17
3.1 数字技术与国际贸易成本 / 17
3.2 数字技术与全球贸易格局 / 21
3.3 数字技术与货物贸易 / 25
3.4 数字技术与服务贸易 / 29

第4章 数字贸易的价值链与生态圈 / 32
4.1 平台经济与数字平台 / 32
4.2 平台的经济学理论 / 34
4.3 数字贸易平台的特征和趋势 / 35
4.4 数字贸易的全球价值链 / 36
4.5 数字贸易生态圈 / 40

第二篇 部门篇

第5章 数字产品贸易 / 44
5.1 数字产品贸易概述 / 44
5.2 数字游戏与动漫贸易 / 46
5.3 数字音乐与影视贸易 / 49
5.4 数字图书贸易 / 51

第6章 数字服务贸易 / 54
6.1 数字服务贸易概述 / 54

6.2 数字保险服务贸易 / 57
6.3 数字金融服务贸易 / 58
6.4 数字教育服务贸易 / 60
6.5 数字医疗服务贸易 / 61
6.6 数字商务服务贸易 / 63

第 7 章 数字技术贸易 / 65
7.1 数 字 技 术 / 65
7.2 数字技术贸易 / 69
7.3 数字技术贸易的全球发展 / 71
7.4 中国的数字技术贸易 / 73

第 8 章 数据贸易 / 77
8.1 数据贸易概述 / 77
8.2 数据贸易发展的动因 / 80
8.3 我国数据贸易发展现状及特点 / 82

第 9 章 离岸服务外包 / 85
9.1 离岸服务外包的内涵 / 85
9.2 离岸服务外包产生发展的动因 / 87
9.3 离岸服务外包的发展特征与趋势 / 95
9.4 中国离岸服务外包发展状况 / 98

第 10 章 跨境电子商务 / 100
10.1 跨境电子商务概述 / 100
10.2 跨境电子商务平台及其服务 / 104
10.3 跨境电子商务与供应链 / 104
10.4 跨境电子商务支付与结算 / 106
10.5 跨境电子商务发展趋势 / 108

第三篇　政策篇

第 11 章 全球数字贸易发展现状与趋势 / 114
11.1 全球数字贸易发展概况 / 114
11.2 全球数字贸易发展格局 / 117
11.3 全球数字贸易发展趋势 / 121

第 12 章 中国数字贸易发展概况 / 125
12.1 中国数字贸易发展现状与问题 / 125
12.2 中国数字贸易发展的重点领域与态势 / 130

第 13 章　数字贸易的国际规则　/ 132
    13.1　全球数字贸易规则的演变与特征　/ 132
    13.2　WTO 框架下的数字贸易规则　/ 138
    13.3　全球代表性数字贸易规则介绍　/ 141
    13.4　全球主要自由贸易协定数字贸易规则的特征与分歧　/ 150
    13.5　中国参与全球数字贸易治理的实践　/ 154

第 14 章　数字贸易政策　/ 158
    14.1　数字贸易政策体系的逻辑与框架　/ 158
    14.2　美国数字贸易战略导向及政策体系　/ 161
    14.3　欧盟数字贸易战略导向及政策体系　/ 162
    14.4　日本数字贸易战略导向及政策体系　/ 163
    14.5　新加坡数字贸易战略导向及政策体系　/ 164
    14.6　韩国数字贸易战略导向及政策体系　/ 165

第 15 章　中国数字贸易政策　/ 167
    15.1　中国对外贸易政策的演变　/ 167
    15.2　中国构建数字贸易政策体系　/ 168
    15.3　中国数字贸易政策体系特征　/ 170
    15.4　广东省促进数字贸易发展的政策实践　/ 172

第 16 章　数字贸易的未来发展与中国　/ 175
    16.1　中国数字贸易发展的机遇与挑战　/ 175
    16.2　中国参与全球数字贸易规则制定与引领　/ 177
    16.3　中国数字贸易高质量发展的对策　/ 182

主要参考文献　/ 187

第一篇 理论篇

第1章 数字贸易概论

1.1 数字贸易的产生与发展

事物的发展演进是多重因素作用的结果,对现实世界的认识只有从多个维度分析,才能全面深刻地认识事物的本质。为此,我们尝试从"商业模式的演化""技术与制度的演进"和"数据作为新的生产要素"三个视角认识数字贸易这一新的贸易形态的产生与发展。

1. 商业模式的演化

国际贸易商业模式是指围绕国际贸易关键要素和关键流程而形成的国际贸易组织方式和盈利方式,是微观的、更偏向"管理学"领域的概念。国际贸易商业模式的演变始终围绕着降低贸易成本、聚合贸易要素两个方向进化,可以划分为传统商务模式、电子商务模式、跨境电子商务模式和数字贸易模式4个发展阶段(图1-1)。其中,电子商务平台这一贸易组织方式,经过数年的发展迭代与数字技术的进步升级,为数字贸易模式的产生奠定了基本条件。

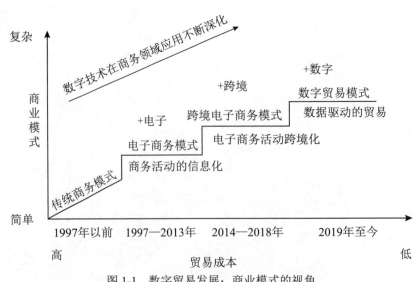

图1-1 数字贸易发展:商业模式的视角

传统商务模式，是指一个国家（地区）与另一个国家（地区）之间的商品、劳务和技术的交换活动等一系列商务活动全部基于线下进行。进出口货物的商人利用电话、传真、信函和传统媒体来实现商务交易和管理过程。交易双方能通过这些传统手段进行市场营销、广告宣传、获得营销信息、接收订货信息、作出购买决策、支付款项和客户服务支持等。传统商务交易过程中的实务操作是由交易前的准备、贸易磋商、合同与执行、支付与清算等环节组成，其中贸易磋商实际上是交易双方进行口头协商或书面单据的传递过程，但在磋商后，交易双方必须要以书面形式签订具有法律效应的商贸合同，来确定磋商的结果和监督执行。传统商务模式的支付一般有支票和现金两种方式，支票方式多用于企业的交易过程。

电子商务模式，是以信息网络技术为手段、以商品交换为中心的商务活动。在中国，电子商务最初源于1999年马云创立的阿里巴巴国际站，让中国中小企业能够接触到海外采购商，同一时期的外贸企业对企业（Business To Business，B2B）平台还有环球资源、中国制造网、慧聪网等。电子商务模式相比传统商务模式的最大创新之处在于线上的外贸B2B平台为海外贸易的开展起到了信息展示与交易撮合的作用，节省了交易双方为看到产品和取得联系方式所需要花费的巨大交易成本。但是在该阶段，交易双方的实际交易最终都必须在线下完成。

跨境电子商务模式，是指不同国家（关税区）的交易主体之间，以电子商务的方式达成交易，在线订购、支付结算，并通过跨境物流递送商品、清关，最终送达完成交易的一种国际商业活动。跨境电子商务商业模式分为B2B和企业对消费者（Business To Consumer，B2C）两种。跨境电子商务模式超越了"电子商务"的纯信息展示的"媒体化"黄页模式，实现了支付、物流和服务等环节的电子化，实现交易全链路打通。该阶段出现的跨境电子商务平台为海内外中小企业提供进出口交易业务的"一站式"服务，然后再从买卖双方的交易中收取一定比例的费用作为"交易佣金"。

数字贸易模式，其最重要的标志是"数据"成为贸易全流程的关键投入。如果说早期的跨境电子商务模式还只是数字化的贸易行为，并没有表现出"数据"作为关键投入品对宏微观贸易的比较优势和对贸易行为的深刻影响，那么数字贸易模式则依赖数据内生的规模经济、范围经济以及网络外部性等特征，通过数据的关联、汇聚、存储、加工和分析，广泛应用于贸易全流程的各个环节，形成了"数据驱动的贸易"，并由此围绕国际贸易全流程形成了"生态圈"。该"生态圈"集聚了所有贸易流程的参与者和要素资源，并且具有不断演化出新产品、新服务的功能。

2. 技术与制度的演进

在技术与制度的演进下，国际分工的复杂程度不断提升，经历了从产业间分工、产业内贸易和价值链分工，到生产性服务业分工，再到平台和蛛网分工，相应地，国际贸易从货物贸易、服务贸易，到跨境电子商务，最终发展到数字贸易（图1-2）。

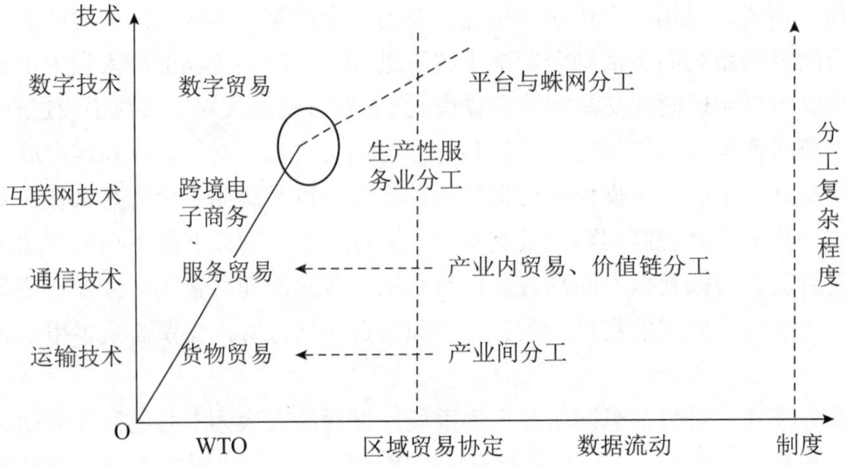

图 1-2 数字贸易的发展：技术与制度视角

根据李嘉图的比较优势理论，传统国际贸易模式主要是不同国家之间按照自己生产商品的优劣势来进行分工交换，受限于当时的技术，商品的贸易主要集中在相邻地理位置的国家之间。第二次工业革命之后，运输的动力技术和装运技术飞速发展，尤其是远洋运输能力的提升，使得不同国家（地区）通过运输有形的货物来进行产业间贸易。第二次世界大战后，通信技术的进步进一步降低了贸易成本，国际贸易的高速发展要求建立基于规则的多边贸易体制，关税与贸易总协定（General Agreement on Tariffs and Trade，GATT）和世界贸易组织（World Trade Organization，WTO）成立，全球贸易首次实现技术与制度的协调推进，各国大幅度削弱了关税和非关税壁垒，逐渐扩大了市场准入范围，大大加快了贸易自由化进程，促进了世界贸易的发展。

在信息技术（Information Technology，IT）革命背景下，由于信息和运输成本的下降，全球分工从产业间分工过渡到产业内分工，进一步到产品内分工，商品的生产过程被分割并分布在不同国家，最后被送至最终需求者，形成全球价值链。全球价值链的兴起推动了世界贸易格局的改变，贸易品的类型也在悄然发生变化，服务贸易逐渐发展起来。经济发展水平相近、地理位置相邻的国家之间通过缔结区域贸易协定，扩大了服务贸易的自由化，拓展了本国服务发展空间，降低了服务成本，实现了服务业的规模经济。另外，生产性服务贸易的发展进一步提高了其在全球价值链分工中的地位。

互联网技术的发展促进了电子商务的发展，网上购物逐渐成为趋势，国内外诞生了一系列电子商务平台，买卖双方可以"在线不在场"地进行各种商贸活动，以全球互联网为标志的信息高速公路大大缩短了人类交往的距离。同时物流和运输技术也得到了极大的提高，不同国家（地区）的顾客都可以通过电子商务平台进行交易，电子商务逐渐由国内市场扩展到境外市场，促进了跨境电子商务的发展。

21世纪的今天，全球正迈向数字化新时代。在数字经济时代，互联网以前所未有的速度和密度覆盖各个经济领域和管理空间。数字经济的发展降低了面对面的接触成本，实现了服务的生产者和消费者分离，大大促进了服务贸易的发展。尤其是2020年的新冠疫情进一步催化了企业的数字化转型，要求企业进一步改变其内外部分工结构，通过平台协作和分布式分工,可以全面感知外部信息,准确迅速地作出判断。数字技术使得许多无法贸易的传统服务变得"可贸易化",数据的跨境流动可以使企业获得海量信息,促使全球价值链向更高端的方向延伸,驱动商业模式不断创新,推动数字贸易进一步发展。

3. 数据作为新的生产要素

图 1-3 概述了从农业经济到工业经济再到数字经济的发展过程中,生产要素的演变和数字贸易的产生与发展。

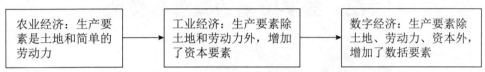

图 1-3　生产要素的演变与数字贸易

在长达数千年的农业经济中,经济发展的生产要素是土地和劳动力,生产方式大量同质化,人们通过直接交易来换取各自所需。第一次工业革命之后,人类进入"工业时代",机器设备、工具等资本成为决定经济发展的关键生产要素。但是传统国际贸易的这些生产要素都是有限且不可再生的,受边际报酬递减的影响,无法长久支撑经济和贸易的发展。另外,由于国家间存在"边界效应",在相当程度上限制了这些生产要素的跨境流动,尤其是"人"的流动。这对服务贸易影响更大,因为传统服务交易很大一部分是需要面对面的,以"自然人流动"实现服务交易,由此导致服务贸易在全球贸易中的比重长期低于制成品贸易。

20 世纪末,随着互联网技术的高速发展,原有的零散的、无法连接的数据(信息)得以汇聚,即形成了数字技术和数字经济的关键生产要素——数据,并由此诞生了人工智能(Artificial Intelligence,AI)、区块链和云计算等数字技术,并与经济社会各领域进行深度融合,数据的收集、存储、加工和开发应用推动了数据资本逐渐取代实体资本成为支撑价值创造和经济发展的关键生产要素,数字贸易也成为新一轮经济全球化的主要表现形式。这一阶段除实体货物在电子平台上进行交换外,还诞生了更多数字产品与服务、数字化知识与信息的跨境交易。

相比于传统国际贸易的生产要素,数据作为生产要素具有非竞争性、边际成本为零和供给的无限性等特征。与传统生产要素具有所有权的特点不同,数据可以同时被多人共享,并且复制成本很低(几乎接近于零),数据的使用权成为关键。传统生产要素在使用过程中会自然损耗,而数据这种生产要素在使用过程中则会产生更多的新数据,并且与其他数据融合后其数据价值也会增加。数据作为生产要素的价值并非完全体现在直接的货币化价值上,还可以通过"非货币交易"的模式来实现降低交易成本、提高交易效率和商品的质量,并渗透在企业生产活动、人们日常生活以及政府管理等各方面。

数字技术的发展使得数据能被记录和存储,经过加工和分析,数据的多元化应用价值形成了数据价值链,在经济生产活动中企业平台可以应用数据价值链进行大规模的定制化生产,为消费者提供更具个性化的解决方案;或者对消费者的信息进行数据采集以及数字化存储,从而了解其消费决策;此外,企业之间还可以建立数据库来实现数据的共享交换。

从数据到数据产品的生产过程中,数据加速了信息流通,提高了商品资源配置的效率,产品的生产者利用消费者反馈的数据信息可以对商品进行创新和改进。由于数据具有完整的价值生产过程,且在每个阶段使用者都可以通过数据获取价值,表明数据作为数字经济的关键生产要素可以对经济增长作出巨大贡献。

1.2 数字贸易的概念与类型

1.2.1 数字贸易定义

数字贸易是由于数字技术对贸易影响的进一步深化所产生的新型贸易方式,截至目前仍然没有一个针对"数字贸易"的统一的、能够被广泛认可的定义。不同的国家或国际组织对数字贸易的范围和定义各不相同,大体上有"狭义"和"广义"之分。定义过于宽泛,会造成"天下皆数字贸易",失去数字贸易的特性。比如,将数字贸易定义为"一切利用数字技术进行的跨境商业活动"。定义过于狭隘,则将跨境电子商务的服务增值部分、云服务和跨境数据流动等排除在外。比如,将数字贸易定义为"数字化产品的贸易"。

不同的国家或国际组织对数字贸易的范围和定义各不相同(表1-1)。最狭隘的定义是"数字化产品的贸易",而最宽泛的定义是"一切利用数字技术进行的跨境商业活动"。

表1-1 主要机构对数字贸易的定义

主要机构	对数字贸易的定义
美国国际贸易委员会(United States International Trade Commission,USITC)	2013年《美国与全球经济中的数字贸易I》首次提出数字贸易定义,即以互联网为媒介传输产品和服务的国内贸易和国际贸易活动。2014年进一步修改其定义,强调数字贸易既包括数字产品与服务贸易,也包括实体货物
美国贸易代表办公室(Office of the United States Trade Representative,USTR)	2017年《数字贸易的主要壁垒》提出,数字贸易是一个更为广泛的概念,既包括互联网上的产品销售和在线服务,又包括能够实现全球价值链的数据流、实现智能制造的服务以及其他平台和应用
中国商务部	2019年将数字贸易定义为采用数字技术进行研发、设计、生产,并通过互联网和现代信息技术手段为用户交付的产品和服务。包括软件、社交媒体、通信服务、云计算、大数据、人工智能、区块链、数据跨境流动等领域,数字内容服务贸易主要包括数字传媒、数字娱乐、数字学习、数字出版以及其他通过互联网交付的离岸服务外包
中国信息通讯研究院	2019年在《数字贸易发展与影响白皮书(2019年)》中指出,数字贸易不仅包括基于信息与通信技术(Information and Communications Technology,ICT)上的线上宣传、交易、结算等促成的实物商品贸易,还包括通过信息通信网络(语音和数据网络等)传输的数字贸易

2020年3月，经济合作与发展组织（Organization for Economic Co-operation and Development，OECD）、世界贸易组织（World Trade Organization，WTO）和国际货币基金组织（International Monetary Fund，IMF）联合编制的《数字贸易测量手册》，在范围界定上采用的是宽口径，该报告将数字贸易定义为"所有通过数字订购和/或数字交付的贸易"，并把数字贸易分割成三个组成部分，包括"数字订购贸易"（电子商务）、"数字交付贸易"（数字交付服务贸易）以及尚未纳入传统贸易统计体系的"数字中介平台赋能贸易"。

（1）数字订购贸易。引用了对电子商务的定义，重点强调"通过专门用于接收或下达订单的方法在计算机网络上进行的买卖"，如在线上购买食物、预订酒店等。

（2）数字交付贸易。主要指"可数字化服务"概念，强调"通过ICT网络以电子可下载格式远程交付的所有跨境交易"，如电子书、视频类课程、软件和信息服务等。

（3）数字中介平台赋能贸易。主要指的是为买卖双方提供交易平台和中介服务的行为，如在阿里巴巴、京东、滴滴等在线平台上进行的交易。

可以看出，在OECD-WTO框架中，"数字订购贸易"所指向的是传统货物贸易方式的数字化，"数字交付贸易"指向的是传统服务贸易的数字化，而"数字中介平台赋能贸易"则是指以跨境电子商务为代表的新型贸易方式。因此，OECD-WTO框架定义的本质就是全部采用数字技术支持或利用数字技术本身所产生的贸易都属于数字贸易范畴，这是对于数字贸易广义的定义。

在狭义上，数字贸易专指数字化的服务贸易，即OECD-WTO框架中的"数字交付贸易"，是以数字技术为基础实现的完全或主要通过数字形式交付的服务或物理产品数字对应品的跨境贸易形态。以美国和中国为代表的全球主要贸易国家在对数字贸易的定义中，基本上采用了狭义的数字贸易的标准。其根本特征是从订购到交付都需要通过电子方式传输或以数据方式呈现，这种贸易既可能与货物有关，也可能与服务有关。虽然跨境电子商务未被纳入其中，但是跨境电子商务类数字中介平台自身运营所产生的服务收入属于数字贸易范畴。即数字贸易是服务贸易，而服务贸易则不一定就是数字贸易。

我们认为：首先，对数字贸易的定义应该与国际组织的定义衔接，这样有利于统计数据的跨国比较；其次，由于数字贸易是数字经济的国际化表现，数字贸易的定义也应与我国有关数字经济概念和分类衔接；最后，数字贸易的定义应该有利于今后我国贸易政策的实施。2022年，国务院印发的《"十四五"数字经济发展规划》中，将数字经济定义为"继农业经济、工业经济之后的主要经济形态，是以数据资源为关键要素，以现代信息网络为主要载体，以信息通信技术融合应用、全要素数字化转型为重要推动力，促进公平与效率更加统一的新经济形态，包括数字产业化和产业数字化"。基于上述考虑，在综合多种观点基础上，本书倾向给出以下定义。

数字贸易是以数字技术为依托，以数据资源为关键要素，参与境外客户搜寻、渠道建立、跨境交易以及市场信息收集和分析等全贸易流程等交易活动，以数字贸易平台为主要载体的新型贸易形态，主要包括贸易数字化和数字贸易化两个方面。

"贸易数字化"是指数字技术对贸易方式和贸易对象的改造，包括跨境电子商务服务的增值部分、ICT服务的贸易（包括电信服务、计算机服务、信息服务、软件服务等）、

ICT赋能的其他服务贸易（包括数字金融、数字教育、数字医疗、工业互联网等数字化的服务贸易）。其中，跨境电子商务特别强调了"服务的增值部分"。例如，美国客户在希音（Shein）上买的一款中国某家企业生产的服装，服装的出口还是"货物贸易"，但希音为交易双方提供的服务属于数字贸易。

"数字贸易化"是指以数字形式存在的服务成为国际贸易中的主要交易产品，包括在线广告以及以数字形式交付的文化、娱乐内容、数据的跨国交易和流动等。本书给出的定义与大多数文献的定义类似，"数字贸易"属于服务贸易，等价于"数字服务贸易"。

表1-2概括了传统贸易与数字贸易的主要区别。

表 1-2 传统贸易与数字贸易的主要区别

类 别	传 统 贸 易	数 字 贸 易
贸易主体	大型跨国企业为主	互联网平台企业的作用凸显
贸易对象	主要采取陆运、海运等方式	数字产品和服务贸易占比上升
贸易运输方式	交易周期长、贸易成本高	无纸化和电子化趋势明显
贸易原因	价值链间分工（不同商品）、价值链内分工（不同环节）	
贸易影响	产业发展、国际分工、价值分配、国家安全	
关键技术	生产制造、交通物流	ICT
贸易方式	市场调研、面对面贸易洽谈、现实交易场所、物理运输、跨境交易结算系统	信息服务、电子商务平台展示、网络传输、线上交易结算
贸易内容	货物商品为主	数字化的产品和服务
贸易监督	海关、检验检疫、外汇管理局	数字内容审核部门、产业安全审核部门、数据流动监督部门

资料来源：根据中国信息通信研究院《数字贸易发展与影响白皮书（2019年）》等整理。

1.2.2 数字贸易类型与统计

数字贸易研究最大的难度是目前还没有一个统一的统计标准和基于统一统计口径的可比较的数据。现有关于服务贸易数据来源有两个，一个是外汇管理部门公布的数据，另一个是服务贸易企业在"服务贸易管理信息系统"的"登统数据"。"登统数据"由于对企业登统缺乏约束力，企业完全凭意愿在系统上传数据，数据数量和质量会大大低于服务贸易真实数据。

为了探索数字贸易统计标准，2022年，我国商务部关于拟依托12个国家数字贸易出口基地开展《数字贸易统计监测试点方案》中，首次给出了数字贸易统计标准，将数字贸易分为"数字贸易化"和"贸易数字化"。"数字贸易化"即以数据形式通过网络跨境交付的要素、产品和服务等，对应《数字贸易测量手册》中的数字交付贸易；"贸易数字化"即数字技术与国际贸易深度融合提升贸易效率，对应《数字贸易测量手册》中的数字订购贸易。结合我国产业发展实际，数字贸易化进一步细分为数字产品贸易、数字服务贸易、数字技术贸易和数据贸易四大类（表1-3）。《数字贸易统计监测试点方案》还给出了具体统计案例和应用场景（表1-4）。

表 1-3　数字贸易统计分类

数字贸易大类		数字贸易中类
数字交付贸易	01 数字产品贸易	0101 数字内容产品
数字交付贸易	02 数字服务贸易	0201 数字保险服务
数字交付贸易	02 数字服务贸易	0202 数字金融服务
数字交付贸易	02 数字服务贸易	0203 数字教育服务
数字交付贸易	02 数字服务贸易	0204 数字医疗服务
数字交付贸易	02 数字服务贸易	0205 数字文娱服务
数字交付贸易	02 数字服务贸易	0206 数字媒体服务
数字交付贸易	02 数字服务贸易	0207 数字商务服务
数字交付贸易	02 数字服务贸易	0208 数字化平台服务
数字交付贸易	02 数字服务贸易	0209 其他数字化服务
数字交付贸易	03 数字技术贸易	0301 软件开发服务
数字交付贸易	03 数字技术贸易	0302 电信、广播电视和卫星传输服务
数字交付贸易	03 数字技术贸易	0303 互联网相关服务
数字交付贸易	03 数字技术贸易	0304 信息技术服务
数字交付贸易	03 数字技术贸易	0305 其他数字技术服务
数字交付贸易	04 数据贸易	0401 数据资源与产权交易
数字交付贸易	04 数据贸易	0402 数据衍生产品和服务
数字订购贸易	05 数字订购贸易	0501 数字订购贸易

资料来源：商务部《数字贸易统计监测试点方案》。

表 1-4　数字贸易统计典型企业示例

数字贸易大类	数字贸易中类	对应典型企业	相关业务概述
数字产品贸易	提供互联网资讯、数字音视频、数字阅读及其他数字内容产品的企业	广州酷狗计算机科技有限公司、上海橙芯影视传媒有限公司	通过互联网提供线上音乐、线上视频、资讯等产品
数字服务贸易	数字保险服务企业	梧桐树保险经纪有限公司	依托互联网订立保险合同、提供保险服务
数字服务贸易	数字金融服务企业	兴业数字金融服务（上海）股份有限公司、苏州市相城数字金融服务中心有限公司	网络借贷、互联网支付、互联网基金销售、互联网信托、互联网消费金融、金融信息服务等线上金融服务
数字服务贸易	数字教育服务企业	杭州开课啦教育科技有限公司	利用数字技术和信息化平台进行在线教育等服务
数字服务贸易	数字医疗服务企业	山东数字医疗服务有限公司、广州数字医疗服务有限公司	提供医疗数据处理及存储服务、互联网在线问诊服务、互联网挂号就医服务等
数字服务贸易	数字文娱服务企业	上海河马文化科技股份有限公司、中盛大文娱（山东）文化集团有限公司	提供数字文化创意设计、研发、运营等服务
数字服务贸易	数字媒体服务企业	厦门南方视觉网络科技有限公司、中信数字媒体网络有限公司	提供广播、数字电视、互联网及电视传媒信息服务、融媒体等服务

续表

数字贸易大类	数字贸易中类	对应典型企业	相关业务概述
数字技术贸易	数字商务服务企业	贵州云创数字会展服务有限公司	提供数字会展、数字广告、在线管理咨询和调查等服务
	数字化平台服务企业	浙江天猫网络有限公司	提供网络销售类、生活服务类等平台服务
	其他数字化服务企业	—	—
	软件开发服务企业	文思创新软件技术有限公司、智乐软件（成都）有限公司	提供软件研究及开发，基础软件、支撑软件、应用软件等开发和维护、质量保证和测试等服务
	电信、广播电视和卫星传输服务企业	天津泰达有线电视网络有限公司、天津七一二移动通信有限公司	开展有线广播电视网络及其信息传输分发交换接入服务、利用无线广播电视传输覆盖网及其信息传输分发交换服务信号的传输服务等
	互联网相关服务企业	北京金山安全软件有限公司、启明星辰信息技术集团股份有限公司、成都卫士通信息产业股份有限公司	开展接入互联网的有关应用设施的服务活动、网络安全运维服务、网络安全灾备服务、网络安全监测和应急服务、网络安全认证检测服务等
	信息技术服务企业	北京软通动力信息技术有限公司、北京君正集成电路有限公司、北京泰克劳斯软件有限公司	开展集成电路设计、信息系统集成服务、物联网技术服务、信息技术系统运行维护服务、信息处理和存储支持服务、信息技术咨询服务、地理遥感信息及测绘地理信息服务等信息技术服务业务等
	其他数字技术服务企业	—	—
数据贸易	数据资源与产权交易服务企业	上海数据交易所有限公司、广州数据交易服务有限公司、山东省数据交易有限公司	提供数据交易、支付、结算、交付、安全保障、数据资产管理等服务
	数据衍生产品和服务企业	上海恒先君展企业信用征信服务有限公司	提供集数据采集、数据清洗、数据聚合、数据建模、数据产品化为一体的大数据解决方案

资料来源：商务部《数字贸易统计监测试点方案》。

虽然我国商务部已经统一了数字贸易统计标准，但由于刚刚进入试点，而数字贸易已经有了20余年的发展历史，为了反映出数字贸易发展过程，以及可以进行跨国的数字贸易对比研究，本书的分析数据采用WTO全球贸易统计的可数字化服务出口部门分类和联合国贸易和发展会议（United Nations Conference on Trade and Development，UNCTAD）标准，即将12类服务贸易中涉及可数字交付的服务贸易作为数字贸易的统计范畴，具体包括：保险服务，金融服务，ICT服务，其他商业服务，个人文娱服务以及知识产权服务等六项。

1.2.3 数字贸易与产业划分

数字经济和数字贸易是随着数字技术对经济贸易的渗透与影响而出现的新的经济形态与贸易新业态,其对各产业乃至贸易的影响是"全产业"和"全贸易链"的。因此,数字贸易必然与相关产业类型存在交叉与叠加。根据我国商务部 2022 年发表的《数字贸易统计监测试点方案》、我国 2017 年《国民经济行业分类》以及 2007 年的《国际标准产业分类》(International Standard Industrial Classification,ISIC),数字贸易与产业划分的关系如表 1-5 所示。

表 1-5 数字贸易与产业划分的关系

内容分类	产业类别	中国《国民经济行业分类》(2017年版)	《国际标准产业分类》(2007年版)
数字产品	音乐	音像制品出版(8624);录音制作(877)	录音制作和音乐出版活动(592)
	游戏	互联网游戏服务(6422);动漫、游戏数字内容服务(6572)	数据处理、存储及有关活动(6311)
	电子出版物	电子出版物出版(8625)	其他出版活动(5819)
	应用软件	数字出版(8626)	软件的发行(5820)
	广播、电视、电影及视频	广播(871);电视(872);影视节目制作(873);电影和广播电视节目发行(875)	电台广播(601);电视广播和节目制作活动(602);电影、录像和电视节目的制作活动(5911);电影、录像和电视节目的后期制作活动(5912);电影、录像和电视节目的发行活动(5913)
	依托物理货物产生的上述产品	其他数字内容服务(6579)	数据处理、存储及有关活动(6311)
数字贸易	社交网站	互联网生活服务平台(6432)	门户网站(6312)
	搜索引擎	互联网搜索服务(6421)	门户网站(6312)
	软件测试开发	软件开发(651);集成电路设计(652)	计算机程序设计活动(6201)
	信息技术服务	运行维护服务(654);信息技术咨询服务(656);地理遥感信息服务(6571);其他信息技术服务业(659)	计算机咨询服务和设施管理活动(6202)
	基于互联网的通讯服务	电信、广播电视和卫星传输服务(63);互联网接入及相关服务(641);互联网信息服务(642);互联网安全服务(644);其他互联网服务(649)	电信(61);数据处理、存储及有关活动(6311)
数字平台	云计算平台	互联网科技创新平台(6433)	数据处理、存储及有关活动(6311)
	电子商务平台	互联网生产服务平台(6431);互联网生活服务平台(6432);互联网公共服务平台(6434)	门户网站(6312)

续表

内容分类	产业类别	中国《国民经济行业分类》（2017年版）	《国际标准产业分类》（2007年版）
数据服务及贸易	数据存储和处理服务	互联网数据服务（645）；信息处理和存储支持服务（655）	数据处理、存储及有关活动（6311）
	信息集成系统服务	信息系统集成服务（6531）	数据处理、存储及有关活动（6311）
	物联网技术服务	物联网技术服务（6532）	数据处理、存储及有关活动（6311）
	其他数据服务	互联网其他信息服务（6429）	数据处理、存储及有关活动（6311）

资料来源：商务部2022年的《数字贸易统计监测试点方案》；我国2017年《国民经济行业分类》；2007年的《国际标准产业分类》。

第 2 章
数字贸易的本质与模式

2.1 数字贸易的本质

通过考察传统贸易与数字贸易的关系,我们将数字贸易的本质概括为两个方面:一是数字贸易大大降低了贸易成本;二是数字贸易大大增加了服务的可贸易性以及出现了新的数据贸易(图 2-1)。

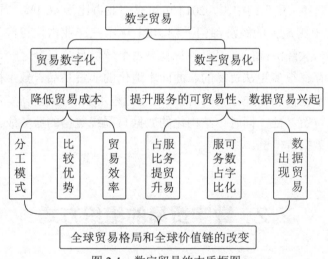

图 2-1 数字贸易的本质框图

首先,如果说国际贸易是国内经济的国际化,那么数字贸易就是国内数字经济的国际化。"内贸"与"外贸"的差异表现在多个方面,但本质上是"外贸"的"生产成本"和"贸易成本"远高于"内贸"。生产成本高是由于产品和服务的生产往往需要境外的原材料、中间产品(包括货物和服务)。而贸易成本包括运输成本、物流成本、跨境成本、信息和交易成本、贸易政策壁垒成本,其中,前三类成本是从供应商到客户交付货物的成本,它包括货物运输、装载、仓储、港口服务和办理海关程序的成本。信息和交易成本包括搜寻贸易伙伴、分销渠道的成本,以及获取外国产品标准、客户偏好的与信息有关的成本,这类成本随着文化距离、心理距离的增加而增加。贸易政策壁垒成本主要是来自目标国政府对贸易管制的各项限制政策,可能是关税,也可能是非关税壁垒(如技术性规则、产品标准等)。当贸易的对象为服务贸易时,还涉及更加复杂的各国对服务行业的监管法规和政策。WTO 的研究发现，服务业的贸易成本几乎是商品贸易成本的两倍，并且主要源自贸易政策壁垒。

从宏观角度看，数字贸易的本质是通过数字技术的贸易渗透大大降低了上述各种贸易成本，改变了贸易对象、贸易方式，甚至带来贸易的比较优势的改变。从微观角度看，企业出口行为也要受生产成本和贸易成本的影响：第一，产业上游资源供给以及下游市场偏好等上下游产业链信息对企业至关重要，在数字贸易条件下，这些关键信息的获取带来的搜寻成本将大大降低。第二，产品市场的不确定性与信息不对称现象使得信息的获取尤为重要，数字贸易平台的目标市场的大数据汇聚可以为出口企业更准确和低成本地获取这些信息。在数字贸易平台出现之前，这些信息是由东道国贸易商等"贸易中介"提供的，因此，生产商（出口商）获得的境外市场信息是碎片化、非直接和具有较长延时的。但基于数字贸易平台的国际目标市场需求的大数据分析，可以帮助出口企业进行更为精准的产品定位和制定更科学的生产和销售决策，实现定制化和零库存生产。如果说传统贸易是规模驱动的，可以实现单位时间生产数件相同的产品，那么在数字贸易下，可以实现单位时间生产数件（种）不同的差异化产品。

其次，近年来，全球服务业产出占全部产出的三分之二以上，部分发达国家甚至达到80%以上。作为"世界工厂"的中国，2013 年第三产业占比为 46.1%，首次超过第二产业，之后服务业一直是中国最大的经济部门，到 2021 年第三产业占比已经达到 53.3%。虽然服务业成为全球第一大经济部门，但服务贸易只占全球贸易的三分之一，出现这一现象的主要原因是服务中存在很多无法贸易的、面向本地化的非贸易品。数字技术的出现，通过将这些无法贸易的本地化服务进行编码，然后通过远程下载和远程传输等数字化交付方式，大大增强了服务的可贸易性。同时，结构化的数据与围绕数据的服务成为新的贸易标的，甚至形成了独特的数据价值链。

2.2　数字贸易的组织方式

传统贸易供需双方往往需要专门的贸易商作为"中介"进行客户搜寻和撮合，贸易环节是"B2B2C"，而数字贸易与传统贸易的不同之处主要表现为数字平台成为贸易的新的组织方式。理查德·柏德文（Richard Baldwin）和安托尼·威纳博斯（Anthony Venables）比较了传统贸易与数字贸易组织方式的差异，他们将传统货物和服务贸易基于上下游联系的"产业链和供应链"关系形象化为链条状的"蛇"，将数字贸易的组织方式描述为以平台为核心、众多企业（个人）在平台上"寄生"，形成了"生态上的共生"关系。他们将这种基于数字国际贸易平台的具有"生态性和网络性"的双边市场平台形象化为"蜘蛛"。可以发现，数字平台作为国际贸易新的组织方式，可以实现"B2C"的去"中介化"，带来三方面的好处：第一，出口商可以直接获得数字平台提供的海外客户的消费偏好、消费习惯等市场信息，从而精准刻画海外客户画像，实现差异化生产；第二，数字平台大大降低了搜寻和匹配等贸易成本；第三，由于大量的贸易主体、数据的汇聚带来的规模效应，数字平台还通过统一的硬件、软件和管理组织取代了原有的分散组织形式，摊薄初始投入的固定成本，可变成本近乎为零，大大增加了平台对贸易供给方和需求方的吸引力，进而产生基于平台的"滚雪球效应"。

2.3 数字贸易的交易对象

数字贸易大大增强了服务的可贸易性。传统服务具有两个特征：第一，服务交易过程中需求方无法在交易之前对服务的质量进行检验，涉及专门知识的服务业又很难在事后对其质量进行有效的评估，这大大增加了服务贸易的交易成本，当交易成本足够大时，服务贸易就根本不会发生。正如上文所述，数字技术通过降低贸易成本，使"合同密集型""认证密集型"和"时效性"服务成为国际贸易的主要交易对象。第二，传统服务是"无形性"的，其生产和消费的过程是同时进行的，这会导致很多服务的生产和消费在空间上是"绑定"的，这类服务业是面向本地化的"不可贸易"的，但数字技术大大增强了服务的"可编码性"，从而实现服务贸易的"数字交付"，如软件、娱乐文化产品等，甚至教育服务、医疗服务也可远程实现。并且，多数数字化交付的服务是可复制的，从而具有极低的边际成本。

2.4 比较优势与贸易区位

比较优势回答了"为什么这个地区生产并出口这类商品"的问题，因此，贸易区位本质上是区域比较优势在空间上的"镜像"。贸易理论一直关注制造业比较优势和贸易区位问题：要素禀赋理论回答了资本密集型和劳动密集型商品的分工以及生产和贸易的区位问题；新经济地理和新贸易理论的"中心-外围模型"回答了制造业集中和分散生产的区位问题，强调了规模经济和运输成本对生产和贸易区位的影响，但没有严格区分生产区位和贸易区位的差别。在全球价值链分工格局下，生产中心和贸易中心分离，生产中心位于发展中国家的沿海制造业地区，贸易中心则位于发达经济体如纽约、伦敦等经济中心，这些地区以生产性服务业为主，承担着全球产业链和价值链的管理职能。生产中心与贸易中心首次分离，由此贸易理论将服务贸易的比较优势纳入研究范畴，强调了制度环境、人力资本以及与其他全球中心区域之间的联系强度为新的服务贸易的比较优势。

数字贸易与传统贸易最大的不同就是数据成为关键的生产要素和中间投入，因此数据和多元的数字技术应用场景就成为比较优势的重要来源，数据资源相对充足的国家（地区）将在贸易分工中承担数字化含量更高的产品生产及出口。第一，该国（地区）经济总量、人口、企业等经济主体的数量,决定了数据产生的潜力大小;第二,该国(地区)社会经济的活跃程度,经济行为(交易行为)越多产生的数据就越多,同时,应用场景就越丰富;第三,经济活动的多样化也显著影响了数据资源的多元性和价值,这是由于互联网空间天然存在容纳大量多样化的数据。因此,数据资源内生地具有"范围经济"效应,这些多样化数据的"交汇"是产生更大价值的关键。比如,贸易的交易信息、跨境物流信息与金融信息互联互通,才能使仅拥有"信息"的贸易商得到金融机构的"授信"。

另外,数字经济属人力资本密集型行业,一个国家(地区)的人力资本状况自然成为重要的贸易影响因素。数据资产的"无形性"与"可复制性"导致数据产权的确定、数据资产和知识产权的保护等法制环境状况也成为比较优势的重要来源。数字贸易的比较优势和各国对数字贸易监管政策差异将对数字贸易的生产中心和贸易中心带来"集中和分散"两种力量。第一,由于生产成本和贸易成本大大降低,以及数字化交付产品不断丰富,地理距离对生产和贸易活动的限制将减少,生产中心和贸易中心将变得更加集中。第二,生产中心和贸易中心将再度聚合。这是因为两者具有极为相似的要素需求和地方环境要求,如密集的人力资本、高效多元的生产性服务业、良好的法制环境等。第三,在数字贸易背景下,支撑制造业和服务业的实体地方集聚会被跨空间虚拟产业集群(平台)取代,数字贸易平台的双边市场效应带来了规模经济,虚拟"集聚"同样可以产生学习效应、资源共享效应、成本降低效应等。第四,各国对数字贸易的限制措施,尤其是对数据跨境流动的限制措施,导致全球主要经济体间数字贸易规则差异较大,规则呈现"碎片化",数据要素的跨境流动或者数字产品与服务的提供面临极大的政策壁垒。数字贸易企业为满足东道国监管要求、规避监管风险,只能在东道国设立数据中心和研发中心,以实现数据本地化采集和应用,并提供针对目标市场的差异化产品以满足本地的消费偏好。由于数字贸易规则以"国家"为空间单位,从全球空间范围看,将变得更加分散。由此可以将数字贸易的空间组织形式概括为"全球范围内分散、一国内部集中"的空间模式。

第 3 章
数字技术与国际贸易

3.1 数字技术与国际贸易成本

3.1.1 国际贸易成本

商品和服务的贸易成本分为五个组成部分：运输成本、物流成本、跨境成本、信息和交易成本以及贸易政策壁垒成本。前三类涵盖了供应商向客户交付货物的成本，它们包括运输、货物装载、仓储、港口服务的费用和遵守海关程序的费用。信息和交易成本包括企业在寻找贸易伙伴，获取有关客户偏好、法规和技术要求的信息以及执行合同过程中所付出的成本；此外，还包括跨国经营需要的交易成本，如跨境金融交易和货币兑换过程中产生的交易成本。最后一类则包括使外国公司相对更难进入国内市场的政策措施，如关税及非关税壁垒。

根据 WTO 研究人员的测算，在货物贸易中，最重要的贸易成本是运输成本，约占总贸易成本的 37%，其次是信息和交易成本；在服务贸易中，最重要的贸易成本是信息和交易成本，约占 30%。贸易政策壁垒对服务贸易的影响更大，约占总贸易成本的 15%；对货物贸易的影响小一些，约占总贸易成本的 11%。主要得益于新技术的运用，在 1996—2014 年期间，国际贸易成本下降了 15%。各个国家经济的开放度进一步深化，国际贸易自由化的程度大大加深。

3.1.2 数字技术对国际贸易成本的影响

数字技术革命不是以一种主导产品或主导技术为基础，而是以具有革命性的发展价值观为指引，以在几乎所有的领域都发生的技术创新为特征。数字技术革命的根本改变在于数字技术不再简单地作为一个独立的产业，而是成为所有产业共同的经营工具和底层基础。数字技术的广泛采用改变了服务贸易和商品贸易的构成，并重新定义了贸易中的知识产权。

数字技术可能会降低距离的相关性，无论是地理、语言还是监管；它们还会促进产品搜索，引入验证质量和声誉的机制，并简化跨境交易。第一，物流效率将会提高；第二，数字化将改善对海关程序的处理能力；第三，随着新技术的发展，语言差异的负面影响可能较小；第四，区块链等数字金融形式的出现可能会减少不良合同和信贷环境的影响。

1. 运输成本和物流成本

运输成本取决于运输的产品类型、各国之间的距离以及来源国、目的地国和过境国的贸易基础设施。运输成本与时间延误和不确定性有关，在数字技术的帮助下，全球供应链、即时库存管理和精益零售等成为降低运输成本的重要策略。

人工智能和自动驾驶提高了运输效率。近年来，导航和路线规划已与全球定位系统深度绑定，人工智能应用等新技术有望进一步压缩运输时间，目前人工智能应用包括自动驾驶能力和实时行程地图。例如，一家印度初创公司可能通过创建一个基于人工智能和大数据的中继网络来改变印度的长途卡车运输。这个网络将司机与卡车链接起来，这样几个司机就可以分别驾驶4～5个小时从而串联起整个行程，而不是一个司机独自进行长距离、长时间的运输。该系统还使用机器学习算法来精确预测卡车何时到达和离开，以及司机应该在哪些加油站加油。这个系统通过消除一个司机需要的休息时间，帮助减少了一半以上的运输时间。

运输跟踪系统优化了货物和运输物流，提高了操作效率；物联网（Internet of Things, IoT）传感器使公司减少了在运输过程中丢失的货物数量。运输跟踪系统使公司能够优化路线，可以更有效地使用运输集装箱。平均而言，运输集装箱的利用率只有20%，因为公司经常向许多地点运送商品，而使用物联网技术跟踪每个集装箱可以提高集装箱利用率。事实证明，在涉及许多生产阶段的全球供应链中，这也非常有效，有助于降低库存成本减少运输损失。

人工智能和智能机器人降低了储存和库存的成本。仓储、拖车和集装箱卸货和包装的自动化以成本的增加换取时间的节省，与人工智能算法相结合，智能机器人技术的使用将储存成本最小化，并加快了向最终客户的分销速度。大型电子商务公司已经集中使用人工智能和智能机器人技术来优化自己的储存和分销网络，规划最有效的交付路线并充分利用自己的仓库。电子商务平台上的客户会产生大量的数据，人工智能可以利用这些数据来开发预测工具，以更好地预测消费者的需求。例如，一家德国在线零售商使用机器获取算法来预测客户将购买什么，它开发了一个非常可靠的系统，可以以90%的准确率预测未来30天内的销量。这将通过减少库存来实现更好的供应管理，并减少交付所需的时间。

3D打印通过减少需要交易的零部件数量和接近消费者的分散生产，从根本上减少运输成本和物流成本。3D打印对生产链和全球价值链的组织有两个主要影响。一是它缩短了生产链。每个零部件都需要单独设计、原型制造，但又要能够无缝组装在一起。3D打印可以实现这样的复杂生产需求，从而减少了生产步骤。大型汽车和飞机制造商已经广泛地使用3D打印来快速制造可替代材料，同时试验3D打印整个产品。二是3D打印倾向于分散的生产策略，减少对特定组成部分的依赖，降低劳动力成本的相关性，使企业更容易分散生产，从而更接近消费者。

2. 跨境成本

影响跨境贸易的不仅仅是交通基础设施和距离，层层程序和海关规定也是货物流动的一大障碍。花费在遵守文件规定上的时间和资源有时可能是比关税等传统壁垒更大的贸易障碍。尤其是对于向新买家、对时间敏感的商品以及更难以到达的国家来说，海关造成的延误的影响更为明显。

使用 ICT 简化海关程序有助于降低企业的跨境成本。两个主要工具是电子数据交换（Electronic Data Interchange，EDI）系统和国际贸易单一窗口（Electronic Single Window，ESW）。EDI 允许通过电子方式转移与贸易相关的文件，而国际贸易单一窗口更广泛，允许贸易利益相关者通过单一入境点提交文件和其他信息，以完成海关程序。如果可以在网上提交和处理报关单，进出口货物花费在边境合规方面的时间将减少 70% 以上。2017 年生效的 WTO《贸易便利化协定》（*Trade Facilitation Agreement*，TFA）旨在通过鼓励采用国际贸易单一窗口系统，进一步简化现代化进出口进程，并简化海关程序。据 WTO 研究人员测算，全面实施 TFA 可将贸易成本平均降低 14.3%。

区块链和人工智能可以进一步降低海关合规成本。人工智能正被用来帮助企业处理监管合规问题。例如，基于人工智能的软件，用于持续监测和分析监管变化，并向客户提出建议以确保合规。分布式账本技术通过消除冗余流程、加快海关手续办理和清关速度、降低信任成本和欺诈交易风险、提高透明度和可审计性，以及改善参与跨境贸易的各机构、当局和利益相关方之间的协调，从而帮助进一步简化海关手续。此外，智能合同的使用使某些过程的自动化成为可能，如关税的支付。

3. 信息和交易成本

相比本地的合作伙伴找到有关潜在的买家和卖家以及他们的产品和产品质量的信息，来自外国的合作伙伴进行长途贸易是更加困难的，确定声誉、验证信息和执行合同也很困难。同时，在国际上进行买卖也需要进行国际金融交易。银行在 B2B 和 B2C 交易中的跨境交易市场的份额超过 95%。大型银行拥有这一细分市场的垄断份额，因为这涉及广泛的监管合规框架、替代方案的缺乏以及维持大型代理银行关系的成本。因此，跨境 B2B 交易成本是国内交易成本的 10 倍左右。

在线平台有助于克服在跨境交易中缺乏信息和信任的问题。在线平台有助于降低匹配买家和卖家、获取市场信息和向潜在消费者提供信息的成本。因此，比起国内贸易，这些平台更能促进国际贸易的参与，并提供反馈和保证等机制，以提高消费者对在线卖家的信任。数字市场创造了品牌声誉的替代机制，最常见的机制是在线评级系统，买家和卖家过去的评级将被公布给未来的市场参与者看到。此外，在线平台引领了"共享"经济，改变了旅游服务贸易。住宿和交通安排越来越多地通过平台，而不是通过旅行社等传统渠道进行交易。

物联网和区块链可以简化验证和认证程序。企业可以利用物联网和分布式账本（即区块链）技术的供应链中的电子追溯系统来证明产品的来源和真实性。已经有各种举措来增加供应链透明度，防止假冒。英国的企业 Provenance 通过分布式账本技术和智能标签，证明食品的来源并标记它们在到达消费者手上之前经过的所有地方。

实时翻译和在线平台降低了语言障碍。长期以来，许多经济文献一直在明确沟通壁垒对国际贸易的重要性。有研究发现，一种常见的（官方或口头）语言直接使贸易流增加了44%。当贸易伙伴在语言上距离遥远，语言差异非常明显时，他们之间可能很少相互交易。近年来，互联网在全面打破语言障碍方面发挥了突出的作用。技术的能力不再局限于文本翻译，执行实时口译的软件（如 Skype 翻译器，它对在线呼叫执行近乎实时的口译），在很大程度上降低了语言障碍，尤其是对于欠缺语言技能的小企业。电子商务平台是互联网降低语言和沟通障碍的另一个重要渠道，平台通过两种方式尽量减少了语言对贸易的阻碍。首先，平台尽量减少了买卖双方之间一对一互动的需求，一定程度地减少了对翻译的需求。其次，允许客户用自己的语言搜索商品，降低了搜索难度。实证研究证实了这一影响。例如，有学者研究发现，在易贝（eBay）上引入机器翻译系统增加了17.5%的出口量。

电子商务平台和移动银行业务促进了跨境支付。电子商务平台已经开发了自己的跨境电子商务交易支付系统，如中国的支付宝、美国的 Amazon Pay 和 PayPal。通过创建内部支付系统，能够进一步促进平台上的商品和服务的交换。它们绕过了相应的银行基础设施，加快了快捷支付的处理时间并减少了手续费用，这意味着国际交易的效率几乎等于国内交易的效率。移动银行公司的目标是跨境支付，特别是在某些非洲国家，这些国家的传统银行服务能力有限，普通转账运营商则收取高昂的交易费用。2015年3月，肯尼亚主要的移动电话运营商与坦桑尼亚的同类运营商合作，推出了一个跨境汇款系统，允许客户以与本地汇款相同的速度收发汇款。据肯尼亚中央银行研究测算，2017年，移动支付的价值达到了肯尼亚国内生产总值（Gross Domestic Product，GDP）的47%。

区块链可以进一步降低跨境金融服务的成本。越来越多的初创企业正在利用分布式账本技术，以进一步降低跨境支付的成本，特别是交易费用、汇率成本和与代理银行相关的成本。除降低包括跨境支付在内的金融服务成本之外，一系列知名金融机构正在研究分布式账本技术在简化国际贸易支付方面的潜力。分布式账本（即区块链）技术还可能会为贸易金融数字化开辟新的前景。贸易融资包括信贷或担保，这一领域的实验旨在将信贷和担保要素所需文件的数字化，并将金融中介机构、出口商和进口商以及商品（在许多情况下是抵押品）数字化地联系在一起。

新技术和在线平台有助于降低寻找贸易伙伴和获取相关市场信息的成本。在线平台提供的服务可以促进中小微企业直接参与出口活动。在美国，85%的 eBay 卖家是商品出口商，而全国只有18%的制造公司有出口行为。信息和交易成本的下降对发展中国家的公司具有特别大的潜力，这些公司在获取信息和保证交易方面往往面临较高的成本。数字平台的扩张可以给小型农业生产者以及生活在偏远地区的消费者带来实质性的利益。有研究表明，电子商务交易渠道降低了中国农村地区消费者的购买成本，增加了产品种类，并为当地卖家增加了商业机会，特别是在农村社区。对小型农业生产者来说，电子商务提供了一个直接接触到更多消费者的机会，消除了中介流转成本，提升了利润空间。

数字技术在降低企业跨境成本的同时，也带来很多新的风险和挑战。阻碍跨境数据流动的措施可能会阻碍数字贸易的扩张。例如，要求本地存储数据和服务器、限制支付方式，或将访问商业源代码或加密密钥作为进入市场的先决条件等。同时，监管上的不确定性，包括责任问题和现有平台缺乏互操作性，仍然是阻碍该技术广泛部署的挑战。

4. 贸易政策壁垒成本

监管合规在贸易政策壁垒中具有突出的特征。消费者要求相关部门对进口商品建立基本标准,贸易当局需要确保进口产品符合国家法规,从而产生了广泛的非关税贸易壁垒。此外,对环境、化学和生物安全标准的新的监管担忧正反映在国际贸易协定中,并正在转化为边境上更多的监管要求。这种合规负担在复杂的供应链中成倍增加,并影响了所有企业。

采用国际贸易单一窗口系统和电子证书可以显著减少企业在法规遵从性方面所花费的时间和资源。例如,数字技术在确保产品在出口市场上符合相关的卫生与植物卫生措施(SPS)标准方面发挥着不可或缺的作用。SPS 电子证书的初步应用经验表明,向自动化认证系统过渡可以减少用于处理和传输数据的时间,从而增加出口和私人储蓄。电子认证还可以减少欺诈证书的发生率,增加透明度,加强贸易伙伴之间的信任和价值链上的联系。

3.2 数字技术与全球贸易格局

3.2.1 全球贸易格局的演变

国际贸易格局是指世界的主要区域、国家或地区在国际贸易中的份额、国际贸易产品种类与数量、国际贸易区域范围与对象、国际贸易方式以及由此表现出来的参与贸易的各区域、国家或地区间的实力对比态势和总体的秩序与状况。国际贸易格局变化主要强调特定时期内主要区域、国家或地区在国际贸易总体结构中的地位变化。具体体现为进出口贸易总额或比重的变化,以及以不同产品作为贸易单位的对外贸易总额或比重即贸易结构的变化。

1. 以欧洲(英国)为中心的国际贸易格局

伴随着 15 世纪末的地理大发现、东西方航线的联通,葡萄牙、西班牙、荷兰等海上强国相继称雄。17 世纪,英国率先完成工业革命为其产业跃进带来了巨大推动力,并在 19 世纪初建立起以其为中心的单边垄断全球贸易格局。这一时期的国际贸易格局主要表现为以下几个特点。

第一,国际贸易由区域向全球扩张。新航线的拓展和美洲新大陆的发现扩大了国际贸易的市场范围,促使各区域市场由先前相对割裂的单元转变为联通交叠的整体。第二,以英国为中心的全球性贸易体系逐步形成。在为期 100 年的英国统治下的时代(1814—1914年),仅占世界人口 2% 的英国一直把世界工业生产的大约 40% 和国际贸易的 25% 控制在自己手中,形成了几乎是围绕"世界工厂"英国开展的单极贸易。第三,此阶段全球贸易秩序以自由贸易为主。

2. 三足鼎立的国际贸易格局

19 世纪后期,随着工业革命波及范围的扩展和加深,先进技术逐渐被其他国家学习吸收，德国、美国等后起之秀经济实力不断增强，直接导致英国贸易霸主地位岌岌可危。第一次世界大战令英国元气大伤，其对外贸易垄断地位逐渐丧失。德国和美国后来居上，国际贸易出现了英、德、美三足鼎立的局面。这一时期，德国、美国等赶超型国家的幼稚工业受到英国等强大竞争者的排挤。为保护培养本国幼稚产业迅速成长壮大，各国纷纷制定贸易保护主义政策。19世纪末，德国政府开始有意识地培育重工业，电气、化工、铁路、钢铁等产业迅速跃居世界前列。

3. 以美国为中心的单极国际贸易格局

两次世界大战彻底改变了当时的国际贸易格局。美国独享战争红利，二战结束至20世纪70年代，全球始终保持着以美国为中心的单极国际贸易格局。这一时期的国际贸易格局主要表现为以下几个特点。

第一，美国贸易份额全球独大，贸易额增长迅速。美国大发战争财，并通过战后自己主导建立的国际经济新秩序，在接下来的20年时间里，维持着以其为中心的新的单极国际贸易格局。第二，贸易品以工业制成品为主。欧亚大陆战后重建对农业产品和工业制成品形成巨大需求，1973年美国对外出口中工业制成品占全部出口贸易的62.8%，农业产品占比28.7%。第三，欧美大陆为主要国际贸易区。

4. "一强多极"的国际贸易格局

国际贸易格局从二战后美国单极主导转变为美国一强和欧洲、日本及新兴经济体等多极并存的国际贸易格局。这一时期的国际贸易格局主要表现为以下几个特点。

第一，德国、日本贸易份额迅速增长，美国进出口贸易稳中趋缓。20世纪七八十年代末，德国、日本经济飞速发展，进出口贸易额增长迅速。第二，"亚洲四小龙"腾飞，亚洲贸易份额上升。20世纪70年代后期，新加坡、韩国、中国香港、中国台湾等一批东亚国家和地区纷纷采取出口导向型经济模式，贸易规模不断扩大。第三，欧洲联盟的发展推动欧洲区域化贸易。欧盟成员国之间的贸易往来几乎没有什么贸易摩擦，不仅降低了贸易成本，使得欧盟成员国获得了一种集体的力量，还提升了它们对欧盟外国家贸易的竞争力。第四，贸易结构方面，技术贸易份额逐渐增加。在制成品贸易中，技术含量较高、产品附加值较大的机电产品脱颖而出，占据了最大的份额。

5. 新兴市场崛起后的国际贸易格局

自20世纪80年代以来，发展中国家及新兴经济体积极参与国际竞争，经济实力持续增强。新兴市场国家积极承接资本密集型、劳动密集型产业，贸易比重不断上升，而发达国家贸易份额逐渐收缩。这一时期，国际贸易格局主要呈现出以下特点。

第一，有较多发展中国家和新兴市场国家的亚、非、拉美等地区进出口贸易份额显著上升，欧洲、北美市场份额收缩。第二，南北间产品内贸易模式占主体。完整的产品价值链根据价值属性被拆分为不同环节在具有相应比较优势的多个国家进行生产、开发。除制成品外，产品内贸易尤其以中间品为贸易对象。第三，能源及矿产品贸易份额居前，文化、信息等商业服务贸易增长较快。第四，区域贸易成为主流。在当前全球一体化的大趋势下，地缘经济不但没有衰减，反而进一步加强，各国相互依存、相互促进。第五，多边贸易不进则退，双边贸易逐渐普及。WTO自身面临改革的困境，不仅受到美国这一主要成员国的频繁抵制和批评，其低效率和机制僵化也受到多个成员国的广泛诟病，在当下经贸治理中被逐渐边缘化。而双边贸易由于灵活度高、谈判成本低等优势逐渐兴起，在整合区域经济发展动力、促进区域经贸活动等方面发挥了巨大的积极效应。

6. 数字化背景下的国际贸易格局

全球数字经济蓬勃发展，数字贸易也将继制成品贸易、中间品贸易之后，成为国际贸易的主体，贸易将迎来数字贸易浪潮。根据联合国相关数据，预计到2030年，服务贸易出口占全球贸易比重将超过四分之一。这一时期的国际贸易格局主要有以下特点。

第一，全球数字贸易增速领先。其中，金融、研发、咨询等可数字化服务占据主导地位，知识产权服务增速亮眼。第二，市场集中度不断提升。数字平台同时具备网络效应和规模效应，全球数字贸易的出口呈现出集中度上升的态势。第三，国家间数字贸易发展差别较大。发达经济体具备更突出优势，美欧主导全球数字贸易市场，其中美国数字贸易规模排名第一，美国企业主导了大部分全球性的数字平台服务市场；发展中经济体、转型经济体数字贸易尚不成熟，其数字贸易出口增长陷入低水平均衡陷阱，国际市场占有率越少的经济体可能越难发展。

3.2.2 数字技术对全球贸易格局的影响

1. 数字技术与贸易结构

货物贸易一直是跨境贸易的重要组成部分，数字技术的发展对不同种类商品影响不一，影响方式可大致分为以下几点。第一，信息技术商品的贸易流量呈指数级增长，为信息处理和通信提供了基础设施，这不仅促进了数字经济的增长，也创造了新的贸易机会；第二，数字技术改变了跨境经商的经济模式，降低了跨境通信和交易的成本，使得低贸易成本商品规模得以扩大；第三，数字化导致某些可数字化商品（如唱片、书籍、游戏等）贸易额下降，并且随着3D打印技术的出现，这种趋势极有可能会继续下去。

服务业是最近技术革命的中心，得益于科技的发展，服务贸易日益重要。数字技术将从以下几点影响服务贸易。第一，打破地理位置限制。一些传统服务的生产过程与消费过程通常在同一时间出现在同一地点。这种对空间邻近性的要求阻碍了许多服务的跨境交易。数字化使服务流程通过人工智能和虚拟代理实现自动化，减少了对物理距离的需求，越来越多的服务以数字的形式参与跨境贸易。第二，降低交易成本。有一些服务需要通过通信网络提供。互联网语音、电子邮件和在线平台等数字技术显著降低了国际通信成本，向海外提供服务变得容易起来，交易成本的降低将带来更多的贸易机会。第三，影响服务贸易的构成。计算机和信息服务、金融服务等数字化服务增长势头良好，表现亮眼，增速远快于旅行或运输等传统贸易服务。

2. 数字技术与贸易产品

随着数字技术的日益普及，未来几十年，一些商品的贸易量可能会上升，而另一些产品的贸易量可能会下降甚至消失。

（1）时效性商品贸易规模扩大。尽管数字化无法缩短国与国之间的物理距离，但新技术让企业能够实时了解复杂的供应链，并实时协调全球供应商。数字技术还减少了交付时间和成本。例如，将移动支付系统与中国主要城市高密度地区的实体店相结合，可以成功实现快速配送。数字技术有可能进一步降低运输成本，扩大时效性商品的贸易规模。

（2）认证密集型商品贸易规模扩大。信息不对称和道德风险问题仍然存在于消费市场，尤其是在国际市场中，信息不对称程度更高。公司越来越倾向于将持有的信息提供给消费者，以减少消费者的搜寻成本，获取消费者信任。数字技术通过使产品属性和流程更加透明来消除一些信息不对称，使市场更有效地运作，提高认证成本产品的贸易量。

（3）合同密集型商品贸易规模扩大。国际贸易需要大量的文书工作，起草和执行国际贸易合同的复杂性可能会阻碍企业参与国际贸易。数字技术可以显著降低贸易中的信息和交易成本，并消除第三方管理交易和保存记录的需求，进一步简化贸易流程并提高贸易合同的透明度。数字技术以高效可靠的方式，在确认合同执行后自动发放货物或款项，提高了贸易效率，扩大了此类商品的贸易规模。

（4）定制商品贸易规模不确定。技术进步推动了从标准化商品向大规模定制的转变，创造了无限数量的品种以满足个人需求。商品种类的扩大满足不同消费者偏好，使相似但高度差异化产品的贸易量增加；但规模定制还可以使生产地点更靠近客户，从而减少某些产品的跨境贸易。

（5）可数字化商品的贸易规模缩减。数字化大大降低了复制、创作、访问和传播创意作品（如文本、图像和音乐）的成本，导致此类实物产品贸易下降。同时，3D打印技术的出现也在不断扩大可数字化产品的范围，技术的普及还将带来生产的本土化，从而减少相关领域商品的跨境贸易。

（6）商品可贸易化规模扩大。数字技术使得许多无法贸易的传统服务变得"可贸易化"，极大丰富了服务贸易的内涵与外延。以人工智能、平台经济、虚拟现实（Virtual Reality，VR）、大数据技术为代表的数字技术能降低接触成本，使"人"的流动性大大提升。数字技术革命带来更多的商业机会，越来越多的自动化技术和先进的机器人技术在制造业中的使用解放了更多劳动力。同时，服务流程也可以通过人工智能和虚拟代理实现自动化，为服务贸易在全球的扩展提供可能。

3. 数字技术与贸易模式

数字技术的发展创造了新产品，改变了传统产品的特性，降低了贸易成本，并改变了生产部门的构成，这些发展通过改变潜在决定因素的相对重要性来影响贸易模式。随着数字技术成为改变贸易模式的决定因素，发达国家和发展中国家都将迎来机遇。

对于发达国家而言，数字技术带来的比较优势将使高收入经济体继续进行高科技活动并成为数字密集型产品的净出口国，从而加强现有的贸易模式。可能的影响途径如下：首先，这些经济体通常拥有大量的资本存量和可供支配的熟练工人，为技术研发活动的进行提供了可能；其次，发达国家很少有互联网内容限制，宽带基础设施通常也很先进，信息的流通促进了数字产品的投资与生产；最后，数字化提高了工人可执行任务的复杂性，发达经济体可以加强其在技术密集型行业的比较优势。

对于发展中国家而言，其整体发展水平虽然较为落后，但仍可以从数字技术中获益。

首先，当贸易实现数字化时，发展中国家受不发达的基础设施和无效的边境程序的负面影响减轻；其次，区块链等技术的进步可以规避贸易中介，克服合同执行能力薄弱的问题；最后，跨越国界传播的知识外部性可以促进技术跨越，吸收发达国家的先进科技，借助知识的外溢加快规模经济的形成。数字技术将扩大发展中国家的贸易范围，随着发达国家越来越专注于高科技生产，发展中国家能够通过出口产品的多样化进入新的生产领域，并建立比较优势，获得更多的贸易份额。

3.3 数字技术与货物贸易

3.3.1 货物贸易概念

贸易货物是指能够进出口和替代进出口的货物，既包括实际进行贸易的货物，也包括在没有贸易壁垒（如关税）和数量限制情况下可以进出口的货物。它们的生产和使用都会直接影响到国家对有关货物的进口或出口。贸易货物可以分为两种情况：①将本国生产和加工的商品运往他国市场销售的为出口贸易货物；②将外国商品输入本国市场销售的为进口贸易货物。构成贸易货物的条件是：如果是出口货物，它们的离岸价格必须大于国内生产成本，或者是通过政府使用出口补贴或类似办法进行干预才能出口的货物和劳务；如果是进口货物，则它们的国内生产成本必须大于到岸价格。贸易货物主要包括：进口的各种投入物；用于出口或替代进口的产出物；由国内供应的各种用于出口的投入物。在大多数情况下，绝大部分工业企业的产品和原材料都可以看作贸易货物。

3.3.2 货物贸易特点

国际货物贸易属商品交换范围，与国内贸易在性质上并无不同，但由于它是在不同国家或地区间进行的，所以与国内贸易相比具有以下特点。

第一，国际货物贸易涉及不同国家或地区在政策措施、法律体系方面可能存在的差异和冲突，以及语言文化、社会习俗等方面带来的差异，所涉及的问题远比国内贸易复杂。

第二，国际货物贸易的交易数量和金额一般较大，运输距离较远，履行时间较长，因此交易双方承担的风险远比国内贸易要大。

第三，国际货物贸易容易受到交易双方所在国家的政治、经济变动，双边关系及国际局势变化等条件的影响。

第四，国际货物贸易除交易双方外，还涉及运输、保险、银行、商检、海关等部门的协作、配合，过程较国内贸易要复杂得多。

3.3.3 货物贸易发展

1. 工业革命时期

在工业革命之前，受限于技术能力，距离使得交通和交流难以实现，全球化无从谈起。第一轮和第二轮全球化的技术背景是工业革命和交通运输革命。第一次工业革命带来了蒸汽机的大机器生产，创造了大量物质财富，而蒸汽船和铁路的广泛使用大大加速了这些物质财富的贸易流通。第二次工业革命最早在19世纪70年代就开始出现，1866年，德国人西门子制成了发电机，随后电器开始用于代替机器，成为补充和取代以蒸汽机为动力的新能源。随后，电灯、电车、电影放映机相继问世，人类进入了"电气时代"。1885年，德国人卡尔·本茨成功地制成了第一辆用汽油内燃机驱动的汽车。内燃机的发明推动了石油开采业的发展和石油化学工业的产生。1870年，全世界开采的石油只有80万吨，到1900年猛增至2000万吨。在此期间，跨大西洋的海路运输成本从1870—1900年间降低了约60%，全球的铁路里程更是从零增至1913年前的100万公里，而内陆运输的成本也在1800—1910年间降低了90%以上。同时，1840年出现的电报大大缩短了信息传递的时间：欧洲与北美间的信息传递从10天变成了几秒。二战后汽柴油机的广泛使用进一步提高了贸易运输效率：1914年时全球贸易商船96.9%都还是燃煤蒸汽船，到1961年就仅剩4%。动力和设计的改善同时也带来更大的运输能力：1950年油轮平均吨位是1.6万吨，到1990年时已经高达10万吨，现代超级油轮有50万吨，一次可以运载300万桶原油。同时，空运时代的来临也大大促进了物流和人流的交往：到1980年时，航空货运的成本已经降到二战爆发前的四分之一，而旅客的航空里程从1950年的每年280亿英里（1英里=1 609.334米）快速类升至1998年的2.6万亿英里。随着运输技术的发展，全球货物贸易迅速发展，而在这个阶段数字贸易的概念尚未提出，网络普及率相对较低，货物贸易还停留在传统阶段，并未与数学技术结合起来。

2. 信息革命时期

以1975年第一款微型计算机Altair 8800问世为标志，"信息技术革命"出现，"摩尔定律"开始发生作用。计算机、互联网的产生让全球的通信成本低得接近于0。而交通和通信技术的突飞猛进，为如今我们熟悉的全球供应链的形成和全球价值链分工提供了技术和物质条件。在信息技术革命背景下，由于信息成本和运输成本的持续下降，生产的过程愈发呈现出"跨国碎片化"的特征。这从根本上改变了国际贸易的本质，即从"商品贸易"转向了"生产任务和活动"的贸易。生产者在价值链序列生产过程中附加价值，以中间品形式传递到下一个生产者，经过多阶段生产和多次跨境交易，最后到达最终需求者，这就是所谓的"全球价值链"的出现。全球价值链的兴起极大地改变了全球的生产格局和贸易本质。随着信息技术革命的出现，推动了以全球价值链分工为核心的第三次全球化浪潮，全球价值链是指将生产过程分割并分布在不同国家，企业专注特定环节，不生产整个产品。全球价值链的兴起是20世纪80年代后国际贸易快速增长的核心动力。在全球价值链分工的背景下，世界贸易格局发生了根本改变，表现为货物贸易中的零部件、原材料、中间品的比重得到了极大提升，影响和产生了新的世界贸易规则。全球化催生了中间品的贸易，货物贸易中中间品的比重上升到 50% 以上。在这个阶段，ICT 的发展，特别是互联网的出现使得全球内的沟通成本降低，为数字贸易的发展奠定了基础。

3. 大数据信息化时代

随着互联网、云计算、3D 打印等数字技术的广泛应用，全球数字经济蓬勃发展，数字贸易也将继制成品贸易、中间品贸易之后，成为国际贸易的主体。当前，以数据促进贸易正成为继传统贸易（制成品贸易）、全球价值链贸易（投资和中间品贸易）之后新一轮经济全球化的主要表现形式。任何产品和服务在数字技术包装下，都可以成为数字产品，但能否产生数字经济以及能否获得数字红利却仍然有许多制约因素。同时，不同的数字产品类型产生的规模经济和范围经济是不同的，但它们却在不同的领域和以不同的方式改变着全球价值链的运动轨迹。对于传统货物产品，数字贸易在一定程度上促使货物贸易向更高端的方向延伸和发展。数字贸易更强调数字技术与生产活动的有机融合发展，不仅仅停留在货物交易流程阶段，其最终目标是实现货物贸易的智能化升级。具体有三种表现形式：①数字服务。从内容制作到销售的电子传输产品全球价值链。②数字嵌入。传统制造业和服务业不断嵌入中间数字产品，使其产品或服务不断符合消费者的需求，并不断降低生产成本，提高效率。③数字产品。以 3D 打印技术和工业互联网为主导的新型数字产品正在颠覆全球价值链的全球分布体系和全球贸易利益分配。

3.3.4　数字技术对货物贸易影响

数字化转型赋能传统贸易增长，根据相关研究，10% 的数字化增长促进货物贸易增长近 2%，推动服务贸易增长超过 3%。随着数字化的发展和全球化进程的加深，传统货物贸易模式正在向以数字化为主导的数字贸易模式转型升级，数字技术对传统货物贸易产生了深远的影响。

1. 对货物贸易方式影响

从直观上讲，数字化贸易与传统货物贸易存在着很大的不同。在数字经济时代，货物贸易的整个流程和传统情形相比出现了很大的变化，表现出了诸多新的特征。

一是线上的、电子化的订单获取逐渐成为主流。传统货物贸易中，参与贸易的各方之间要生成一个订购合同，往往需要很长时间的线下磋商，其交易成本通常是巨大的。数字贸易时代，电子商务取代了传统的商务形式，让商家取得订单的难度大幅降低。原本需要复杂的线下互动才能完成的任务，现在只需要几个简单的线上操作就可以实现，交易成本大幅降低。

二是平台开始在货物贸易过程中扮演越来越重要的角色。传统货物贸易中，贸易的开展多是贸易各方之间单独进行的。数字贸易时代，互联网平台开始成为贸易过程中的关键角色，这种交互形式的改变为整个贸易过程的效率提升带来很大的帮助。贸易各方不仅可以通过平台提供的标准流程来鉴定和履行合同，省去不必要的成本，还可以享受由平台提供的风险担保以及其他的配套服务。这让整个贸易的过程变得更为方便，也让贸易变得更加安全。

三是数字化也对商品的交付方式产生了巨大影响。数字贸易时代，一方面，在贸易的商品中，其数字化的含量会出现大幅度的提升。另一方面，数字化因素对于贸易的影响会越来越大，大批的货物交付可以通过数字方式直接实现。比如，一款网络游戏的交付，就是只有几百 MB 的数据在网上进行了传输。

2. 对货物贸易内容影响

（1）货物贸易商品结构优化与大宗商品数字化管理。随着数字技术对经济的影响逐渐加大，数字技术所触及的货物贸易边界在不断发展。其突出特征反映在两个方面：一是贸易方式的数字化，二是贸易商品的数字化。一方面，贸易对象虽然还是传统的货物、商品，但贸易方式在数字化。例如，通过跨境电子商务的方式来达成交易交付，通过线上展会的方式来实现宣传、推广、促销等。另一方面，大量数字产品生产出来，诸如信息娱乐产品、电子产品、智能机械等高技术、高附加值的产品不断参与到国际贸易中，优化了我国货物贸易商品格局。

大宗商品产业链互相牵连，但现货贸易模式过于依赖企业主体信用，因而风险控制始终是大宗商品贸易的最大问题。随着新技术发展，区块链技术有望成为破题的一把钥匙。大宗商品体量大、货值大、波及面广，现货贸易中供应链容易出现危机，导致巨额经济损失。通过物联网技术可以将大宗商品贸易全部数据实时上传到云端，检测商品物流全过程，到货—入库—看货—出库—离场，以及盘库、移库、过户等变动行为都能实时呈现。

（2）重塑全球货物贸易价值链体系。数字技术嵌入全球价值链带来的贸易、投资和产业转移效应包括两个方面：一方面，数字技术的发展会提升货物贸易效率，进一步降低不同国家之间分工协同的需求，从而缩短全球价值链长度，重塑全球生产过程，全球价值链会加速向发达国家转移，这个过程又会给不同国家或地区带来不同程度的影响。数字技术发展相对较为落后的发展中国家在全球价值链中的位置可能会进一步降低，而具有数字技术优势的发达国家在全球价值链中的位置则会进一步提升，这将进一步加剧全球价值链的不平等。另一方面，数字技术带来的效率提升为中小企业参与到全球价值链中提供了可能，数字贸易发展不仅不会弱化全球价值链，反而会强化全球价值链。这为发展中国家的中小企业进一步融入全球价值链、参与全球数字化分工、实现跨越发展提供了机遇。面对数字贸易发展新趋势，发展中国家能否审时度势、因势利导，以及准确识别本国数字贸易发展的比较优势，就显得尤为关键。发展中国家应以比较优势为抓手推动核心数字技术攻关与创新，将数字产品融入全球价值链，从而逐步改变自己在全球价值链中的低端锁定地位。

（3）重塑全球货物贸易支付体系。货物贸易的高速发展需要全球支付体系提供跨境结算服务，但当前全球跨境支付体系由 SWIFT（Society for Worldwide Interbank Financial Telecommunications 国际资金清算系统）和 CHIPS（Clearing House Interbank Payment System，清算所银行同业支付系统）主导，被美国高度掌控，美国利用 SWIFT 进行霸权主义式的金融制裁，阻碍全球贸易的正常运行。为打破美国在金融领域的控制格局，有关经济体正加紧建立相应的跨境支付系统。例如，德国、英国和法国三国拟联合建立与伊朗的结算机制 INSTEX SAS（Instrumene for Supporting Trade Exchanges，贸易往来支持体系）。

长期来看，数字货币或将担负起重塑全球支付体系的使命，基于法定数字货币的跨境支付网络将成为支撑数字贸易发展的金融基础。数字货币通过分布式账本技术实现交易，确保交易的可追溯性和不可篡改性，大大提高支付的安全性，且利于提高监管效能。同时，数字货币借助于区块链技术"去中心化"，有利于打破国际支付体系为一国所控的局面，并打造公平、合理、高效的全球支付生态。

3.4 数字技术与服务贸易

3.4.1 服务贸易

服务贸易又称劳务贸易，是指生产者向消费者销售和提供无形的服务类产品。其中，服务包括商业服务，通信服务，建筑及有关工程服务，销售服务，教育服务，环境服务，金融服务，健康与社会服务，与旅游有关的服务，娱乐、文化与体育服务，运输服务等。如果服务贸易当中的生产者和消费者分别处于不同国家，则称为国际服务贸易。根据《服务贸易总协定》（*The General Agreement on Trade in Services*，GATS）规定，服务贸易有跨境交付、境外消费、商业存在和自然人流动四种提供方式。

跨境交付指服务提供者从一成员的境内向另一成员境内的消费者提供服务。这种服务贸易方式强调服务提供者和消费者在地理上的界限，跨越国境和边界的只是服务本身，它与一般的货物贸易方式非常相似。例如，在美国的律师为在中国的客户提供法律咨询服务。这种形式仅是服务本身跨越国界，没有人员、物质的流动。

境外消费指服务的提供者在一成员境内向来自另一成员的消费者提供服务，即服务消费者移动到提供者境内享用服务。例如，中国公民到美国旅游或求学。

商业存在指一成员的服务提供者在另一成员境内设立商业机构，为其境内的消费者提供服务，商业机构包括法人和非法人的分支机构或代表处。商业存在实际上就是一国服务提供者到东道国去设立外商投资企业，进行就地生产、就地销售服务。商业存在可以由东道国人员组成，也可由外国人参与，但这些外国人应以自然人流动方式提供服务。例如，一成员的银行或保险公司到另一成员境内开设分行或保险公司，提供金融、保险服务。

自然人流动指一成员的服务提供者以自然人身份进入另一成员境内提供服务。与商业存在不同的是，它不涉及投资行为，如境外劳务服务等。服务业本身固有的属性在一定程度上限制了服务的可贸易性和服务贸易的发展。由于服务业具有异于制造业的自然属性，过去，人们认为服务不可能像产品一样完全可贸易。服务业和制造业的主要差异在于服务是无形的，产品是有形的；服务一般要求生产与消费同时进行，不可分割，而产品的生产和消费可分离、可运输、可出口，服务通常无法出口，只可出口服务系统；服务不可储存、不可移动、不可运输，因而难以进行贸易。现在，由于信息技术革命的飞速发展突破了服务业要求生产与服务同时进行、产品不可再次出售等限制,远程服务的便捷与高效使得原来不可贸易的产品变得可贸易。同时,GATS加速了全球服务贸易自由化的进程,服务业的可贸易性明显增强。

3.4.2 数字技术对服务贸易的影响

当前,数字技术与服务贸易融合渗透不断深化,五大关键基础性数字技术对服务贸易的发展产生了较大影响,它们在数字贸易开展中扮演重要角色,可以为几乎所有的数字服务的开展提供支持。

其一,云端存储、计算改变服务创造模式。云计算是分布式计算的一种,使用户可以通过网络灵活调用各种信息技术资源,按使用量付费和进行大规模计算。云计算由三类数字服务构成,分别是基础设施即服务(Infrastructure as a Service,IaaS)、平台即服务(Platform as a Service,PaaS)和软件即服务(Software as a Service,SaaS)。其中,基础层 IaaS 提供了云端的存储和计算服务,通过网络对外提供信息技术基础设施服务;中间层 PaaS 进一步提供软件开放平台服务,是把服务器平台作为一种服务提供的商业模式;最高层 SaaS 则将软件部署在服务器上,并通过网络提供软件服务。随着服务的可编程化和软件的云端化,"云端经济"生态逐步形成,催生出众包、云外包、平台分包等新模式,带动数字贸易的发展。

其二,数字平台服务串联数字世界。数字中介平台及其服务是数字经济和数字贸易高效有序运转的重要保障,其提供一种将有关当事人聚集在一起进行在线互动的机制,为数据、商品和服务的供需对接以及研发、创新、生产等的分工协同提供支持。UNCTAD 报告中,将数字平台分为交易平台和创新平台。其中,交易平台是具有在线基础设施的双边或多边市场,支持多个不同交易方之间的交易;创新平台是为代码和内容生产商创造的开发应用程序和软件的环境。

其三,人工智能服务推动数字服务自动化、智能化。随着各行各业应用人工智能进行转型需求的爆发式增长,国内外多家人工智能企业开始对外提供人工智能解决方案服务。中国百度推出 EasyDL,内置百度自研的 AutoDL 技术,向企业用户提供零门槛人工智能开发平台,一站式支持智能数据服务、模型训练、服务部署等全流程功能,包含丰富的预训练模型,支持图像分类、物体检测等多类模型,只需少量数据就能训练出高精度模型,为人工智能应用开发者定制人工智能服务。

其四,5G 应用新场景带来新的数字贸易机会。5G 网络服务具有高速率、低时延、高可靠、广覆盖等优势,不仅能满足人们在居住、工作、休闲和交通等各种区域的多样化业务需求,为用户提供超高清视频、虚拟现实、增强现实(Augmented Reality,AR)、云桌面、在线游戏等极致业务体验,而且还将渗透到物联网及各种行业领域,与工业、设施、医疗仪器、交通工具等深度融合。5G 应用新场景将催生出海量数字服务需求,推动新的数字服务产业出现、发展并形成全球产业链,带来新的国际分工机会,激发数字贸易潜能。

其五,区块链服务重塑数字资产交易生态。区块链具有去中心化、信息不可篡改、公开透明、信息可追溯等技术特点，其在"缺乏信任"的国际贸易中的价值逐步显现。2020年，WTO和全球贸易融资组织发布的国际贸易区块链项目分类报告指出，区块链贸易创新项目在全球范围内正日益成熟，区块链可以给国际贸易带来两大好处：一是提高贸易流程的透明度和贸易标的的可追溯性，确保产品和服务质量，增强信任；二是简化贸易文件、流程，确保数据的安全交换和监控。相比传统货物贸易，在数据、数字产品和数字服务的贸易中，区块链的作用可能更为基础和关键。

总体而言，各类数字技术在不同服务领域发挥关键力量，对服务贸易产生了以下作用。

第一，数字技术正在颠覆传统服务贸易领域，改变传统服务贸易的交付模式和商业模式。数字化正在改变服务流程及服务要素的重要性，传统服务贸易数字化、线上化的特征日益突出，企业的服务流程可以通过人工智能和虚拟代理来实现自动化。将机器学习嵌入这些虚拟助手之后，它们可以完成更多的任务。

例如，在客户服务领域，随着关键技术难点被攻破，语音识别的智能终端、无线网络和云计算平台等条件的基本完善，语音识别技术已经被广泛地应用于金融领域。在软件外包服务领域，自动编程技术在美国进行的PLINY计划中得到发展；在文化服务贸易领域，5G技术使得解决虚拟现实、增强现实应用关键痛点可能性大大增强；在医疗服务贸易领域，远程机器人手术得到实际应用，通过5G技术可以实现快速传输高清4K画面，实时稳定传输手术机器人远程控制信号；在教育服务贸易领域，在线教育爆发式增长，跨境教育或将成为重要趋势，网络教育平台注册人数大幅跃升，教育产业呈现全球化的趋势。

第二，数字技术使得许多无法贸易的传统服务变得"可贸易化"，从而极大地丰富了服务贸易的内涵与外延。数字经济降低了面对面的接触成本（Face-to-Face Cost），带来全球第三次分拆。以人工智能、平台经济、虚拟现实、大数据技术为代表的数字技术能降低接触成本。数字技术革命带来的商业机会，让越来越多的自动化技术和先进的机器人技术在制造业中得到应用，从而解放了劳动力。同时，服务流程也可以通过人工智能和虚拟代理实现自动化，为服务贸易在全球的扩展提供更多可能。

在数字化时代，语言不再是跨国贸易的障碍。通过翻译软件可翻译的语言多达100种，并且实时翻译已经达到了很高的准确性。这意味着一国的服务生产者即使不懂海外服务消费者的语言，也可以提供服务，这大大降低了国与国之间的服务贸易壁垒。

在传统的12类服务贸易领域之外，随着大数据、云计算、人工智能、移动互联网等数字技术的出现，技术发展也将推动产品和服务的演变，并在此过程中改变贸易流动，带来了全新领域服务贸易的迅猛发展。例如，在数字内容服务贸易领域，作为个人消费品的电影、相册和游戏开始从实体流动转向数字流动，随着流媒体模式和订阅模式在各大媒体公司的推动下日益普及，这种趋势再度发生演变。与此同时，从消费互联网到产业互联网，更多的数字服务不断出现。在网络空间，企业服务海量消费者的边际成本非常低，范围经济极为显著，一个网络平台形成之后，可以销售多种产品和服务。因此，在网络和数据时代，服务业成为高效率产业和可贸易产业。

第 4 章
数字贸易的价值链与生态圈

数字贸易不仅仅是数字化的交易方式,还代表着一种全新的贸易生态和价值链的重塑。通过整合各类数据,数字贸易可以加强农业、工业以及制造业之间的知识和技术要素共享。而这种共享并不仅限于本地或国内,而是通过互联网的强大传输能力,使产品和服务能够跨越国界,从而推动传统的国际贸易活动向全球价值链的高端发展。

而在这样的价值链中,平台经济起到了至关重要的作用。数字贸易网络及其参与者构成的是一个以数据为核心驱动的系统。在这个系统中,规模经济和范围经济逐渐显现,推动了新的贸易服务功能的不断出现。这使得数字贸易的生态圈具有了一种动态性,这种动态性反映在其对外部变化的快速响应和内部结构的适时调整上。更有趣的是,这个生态圈在演变过程中,呈现出与生物学演化相似的特点,为我们提供了一个全新的、有趣的视角来看待和研究数字贸易。

4.1 平台经济与数字平台

4.1.1 数字时代的平台经济

随着信息技术的进步,我们迎来了数字经济时代,其背后的动力是数据资源、现代信息网络和全要素数字化转型。数字经济在很大程度上已经超越了传统的农业经济和工业经济,形成了一种公平而高效的新经济形态。此观点可由中华人民共和国工业和信息化部(简称工业和信息化部)2021 年的数据得到支撑,其中数字经济的规模达到了惊人的 45.5 万亿元,占 GDP 的近 40%。

这样的经济转型背后是平台经济的兴起,它代表了数字经济的一种特殊形态。平台经济利用最新的技术,如人工智能、大数据和物联网,为各种经济活动和关系提供了全新的基础。我们可以从电子商务、社交媒体、搜索、数字金融到文化娱乐等方面见证平台经济的力量和影响。从更深层次来说,平台经济不仅是一种更先进的生产方式,它还象征了一种新的生产组织和经济关系形态。现代信息技术,特别是互联网,极大地促进了这种变革,为各种经济活动提供了更为开放、便捷和包容的平台。

在平台经济中，资源的分配和交易都受到了大数据、人工智能、区块链等技术工具的助力。这种创新的交易模式突破了传统的时空、规模和信息障碍，极大提高了信息传输的速度和全球贸易的效率。根据功能的差异，我们可以将平台分为两类：交易促成型和内容传输型。前者以促成交易为主，如电子商务平台、支付平台和网约车平台等；后者则以传输内容为主，如数字娱乐平台、数字学习平台以及各种社交和短视频平台等。

此外，平台经济具有以下三大特点。

第一，高度的用户参与。平台通过充分调动用户的参与度增加企业的商业价值，通过大数据等手段提取用户的"精准画像"，降低信息交互的摩擦，企业可以根据用户的访问记录和购物偏好等信息为用户提供个性化的产品和服务，提高交易的效率。

第二，双边匹配的精确性。平台经济以突破时间和地理空间限制为优势，让全球的买卖方通过更低的交易费用完成交易，并实现价值增值。在传统交易中，消费者往往为时间和固定的区域所限制，交易对象和商品范围也随之受限，而数字平台的出现突破了这种局限，使消费者可以利用碎片化的时间选购全球商品。此外，企业可以通过电子商务平台较为准确地获得消费者的购物习惯和偏好，更为精准地推送产品和服务，降低的消费者选择的机会成本。

第三，网络外部性的增长。平台经济的"网络外部性"意味着平台的交易数量、规模和经济收益都随着平台参与者的数量增加而快速增长，通过这种资源整合和协同上下游满足多方参与者的需求，必然使产业内部的边界越来越模糊，从而为不同产业的跨界合作和整合提供更广阔的空间，打造平台生态圈。

总体上，数字经济下的平台经济是一种充满活力和创新的新经济模式，它为传统产业提供了升级的机会，同时也催生了新的产业形态。

4.1.2　我国数字平台的产生与发展

进入 21 世纪，随着互联网和移动通信技术的迅速发展，我国在全球数字经济的舞台上越发熠熠生辉。这背后，平台经济的崛起和壮大为我们展现了一个令人惊叹的数字转型之旅。

1. 产生背景

数字经济和实体经济的融合使平台经济成为新时代的标志性形态，各种各样的平台应运而生。这其中包括生活服务类平台（如网络约车和外卖平台）、社交娱乐类平台（如短视频和社交平台）、网络销售类平台（如淘宝等电子商务平台）、信息资讯类和金融服务类平台等。根据其功能性质，这些平台可被归纳为交易促成型和内容传输型两大类。

2. 发展历程

20 世纪 90 年代末：我国平台企业的雏形开始显现。在这一阶段，如腾讯、阿里巴巴、百度和淘宝等初创平台蓬勃而生。

2008—2015年：这是我国平台经济的黄金时期。在这短短的几年间，许多现如今家喻户晓的平台，如美团、微信、滴滴打车和拼多多等，快速崭露头角并成为行业巨头。独角兽企业——市值超过10亿美元的创业公司，如雨后春笋般涌现，其中大多数成立于2011年前后，并在2014年进入快速增长阶段。

数字基础设施：我国在这一时期的经济转型与数字基础设施的大规模建设是分不开的。这为平台经济的蓬勃发展提供了良好的土壤，为独角兽企业引进了新技术和模式，催生了技术创新，使这些企业能够迅速地在各自的领域取得领先地位。

网民的增长：数字经济的另一大推手是我国网民数量的持续增长。根据中国互联网信息中心的数据，我国网民数量从2010年的5.6亿人增长到2020年的10.51亿人，这也为平台企业提供了巨大的市场空间。

市值增长与上市记录：网易、京东等老牌企业需要十多年时间才能达到市值超过100亿美元，但进入2010年后，新兴的互联网平台企业则刷新了这一纪录。例如，今日头条和瑞幸咖啡分别在成立6年和不到19个月的时间里实现了这一壮丽的业绩。

我国数字平台经济的发展已经站在了全球的前列。截至2019年底，全球市值超过100亿美元的数字平台企业共有74家，而我国占据了其中的30家，仅次于美国的35家，这足以证明我国在这一领域的领先地位和巨大的潜力。

4.2 平台的经济学理论

平台经济，作为新型的生产关系和商业模式，旨在基于现代信息技术颠覆传统经济形态。这种经济模式具有五大特征：规模经济、网络外部性、双边市场、范围经济和开放性。

第一，平台经济具有规模经济的特点。从微观经济学的角度看，公司的盈利能力与其生产规模有关。平台经济得以通过技术（如大数据）破解时间和空间的束缚，迅速汇聚用户，进而达到规模效应。在用户与参与者增长的推动下，平台的边际成本逐渐趋近于零，从而加强了规模经济的效应。在网络平台，那些非主流的产品或服务，虽然每一种可能需求不大，但加起来的市场规模却非常巨大。这也是经济学常说的"长尾效应"，它强调非主流市场的积累价值；长此以往，经济学将产生明显的"帕累托法则"，即企业80%的利润来自20%的主流产品。

第二，平台经济具有网络外部性。当一个平台的用户数增加时，它的价值也会相应上升。这种外部效应确保了平台价值的持续增长，平台企业在这种环境中往往也会表现出规模收益的增长趋势。网络外部性可分为直接网络外部性和间接网络外部性。直接网络外部性是指通过消费相同产品的用户数量的变化导致经济收益的变化，即消费某一产品的用户数量的增加直接导致产品价值的增加；间接网络外部性则是指随着某一产品使用者数量的增加，其产品的互补产品数量增多、价格下降而产生的产品价值的增长。通常而言，在网络外部性趋势下，平台企业往往也会体现规模收益递增的特点。

第三，平台经济是一个双边或多边市场。平台经济经常涉及两个或多个用户群体，它们之间的互动关系形成了独特的市场动态。为了维持平台的健康发展，各方需要共同努力，为所有参与者创造价值。平台一边面对消费者，另一边面对商家，平台从双方或多方收取费用，为了使平台良性发展，商家也会通过平台运营商集聚社会资源和合作伙伴，扩大用户规模，提供更有价值的产品，从而为双（多）边创造更大的价值，提高平台的黏性。例如，Uber连接了司机和乘客，每一方都从另一方获得价值——司机获得收入，乘客获得便捷的出行服务。

第四，平台经济具有范围经济的特点。范围经济是指企业同时生产多种产品的总成本往往低于分别生产每种产品所花费的成本之和。当企业同时生产多种产品时，其总成本常常低于单独生产每种产品的成本。因此，已建立的平台在拓展新服务和产品方面具有优势，这反映了范围经济的效应。比如，阿里巴巴在电子商务平台淘宝和其移动支付平台支付宝上都开发了餐饮、超市、外卖、商圈、电影院、美容美发等多场景的产品和服务。

第五，平台经济具有开放性。平台经济的魅力部分源于其开放性和包容性。平台越开放，其价值也随之增长。比如，在开源软件平台GitHub上，任何人都可以提交代码、参与项目、分享资源，从而创造更大的价值。

4.3　数字贸易平台的特征和趋势

数字贸易平台融合了现代信息与技术手段，有效地打破了传统贸易中地理和时间的制约。依赖于互联网和ICT，这种平台确保了各类资源在更广泛、更合理的区间内流动，使产品和服务能实现自愿、有效的交换。我们可以从以下几个角度深入探讨其主要特征。

第一，交互全球化。数字贸易平台不仅定位于本土市场，还具备全球化的战略视野。借助互联网无物理边界的特质，数字贸易平台可以吸引来自各个国家和地区的用户，并促进他们之间的互动。这意味着不论身处何地，任何人都可以跨越地理和时间的限制，与全球的用户进行互动和交流。

第二，交易数字化。相较于传统的跨境交易，数字贸易平台的交易都是以数字化形式存在的。这种交易方式具有无形性、即时性和跨时空的特点，使得交互的各种内容——无论是文字、音频、图像还是视频都能以数据的方式进行全球传输和交易。

考虑到数字贸易平台所具备的这些特征，我们可以明显看到其对国际贸易的巨大影响，具体体现在以下几个方面。

一是降低贸易成本。贸易商通过数字贸易平台可以以更低的成本、更快的速度进入国际市场，进出口企业无须自建实体商店、铺设境外渠道，有效降低了国际市场的进入门槛和风险。依托数字贸易平台，贸易商和消费者大大降低了搜寻成本和匹配成本；平台还可以利用大数据的积累，为供应商提供市场分析，使目标客户群体更明确、线上广告投放更精确、运营策略更有针对性。

二是减少交易环节。在数字贸易平台，境外的进口商和分销商环节被去除，生产商直接与消费者或零售商进行跨境交易，大大缩短了交易链条，从而减少渠道费用加成。

三是创新贸易模式。借助大数据、物联网、人工智能等数字技术，依托数字贸易平台不断衍生出国际贸易新业态、新模式，跨境电子商务渗透率不断提升，仓储、运输、配送物流全产业链覆盖领域持续扩大，海外仓和市场采购贸易成为国际贸易新形态。

当前，全球数字贸易平台的发展表现出以下趋势。

第一，数字贸易平台推动全球贸易规模持续扩大。以跨境电子商务市场为例，线上零售市场因其便捷化、多元化、移动化等优势规模不断扩大，尤其是2020年新冠疫情以来，在全球疫情暴发且持续蔓延的大背景下，消费者大规模转向线上消费，海外零售线上化趋势加速。

第二，数字贸易平台赋能更多中小型企业参与国际贸易。在全球范围内，2019年共有120万个新卖家加入亚马逊平台，即平均每天有3 287个新卖家，不到1分钟就有1个新卖家通过亚马逊平台开始参与国际贸易，且新加入的卖家中有90%以上是中小型企业。

4.4 数字贸易的全球价值链

近年来，数字技术与制造业、服务业加速融合，深刻改变了国际竞争的资源基础和比较优势，重塑了全球价值链，主要出现了两方面变化：一是传统全球价值链的改变；二是产生了数据价值链这一新型价值链。其中，后者将在未来的发展中深刻地影响全球贸易格局的发展和演变。

4.4.1 数字技术驱动下全球价值链的改变

从20世纪80年代起，全球价值链的分工模式开始对国际贸易流动产生深远影响。大型的跨国公司，特别是那些发达国家的企业，开始将生产过程中的各个环节分解、专业化，然后将这些"碎片化"环节外包给全球各地的合作伙伴。这样的分工模式确保了每个生产环节都能在具有最佳比较优势的地方完成，从而实现了整体的成本最小化和利润最大化。

在这种全球价值链的分工体系中，发达国家的企业通常将其核心研发、设计、品牌营销和高附加值的服务活动保留在母国，而将相对附加值较低但属于劳动密集型的生产环节转移到发展中国家。

然而，随着数字技术，特别是云计算、物联网、大数据和人工智能等技术的广泛应用，传统的全球价值链正在经历深刻的变革。

第一，降低了物理距离的制约。数字技术使得数据和信息可以实时、无缝地跨越国界流动，跨国协同工作也变得更为简单和高效。

第二，提高制造环节的附加值。随着智能制造和自定义化生产的崛起，制造环节的附加值得到提升。传统上被视为低附加值的制造环节，现在越来越能够融合高端技术，从而提高其在全球价值链中的地位。

第三，"微笑曲线"变得更平坦。传统的"微笑曲线"理论认为，产品设计和市场营销等前后端环节的价值远高于中间的制造环节。但在数字技术的推动下，制造环节的附加值逐渐提升，使得这一曲线开始变得更加平坦。

1. 数字技术与制造业深度融合凸显制造环节的创新功能

在传统模式下，制造环节主要在创新链的尾端，是将研发和设计思路付诸实践的环节，而研发和设计大多依赖实验室环境，与制造环节相对分离。但现今，随着数字技术与制造领域的紧密结合，制造过程不再仅仅是执行环节，而是与研发、设计共同参与创新过程。

这种整合使得创新从过去的"线性"模式转变为"并行"模式。数字化工具和技术使产品从概念、设计到实际制造的每一环节都能实时互通信息，从而使得创新更为高效和应变。

数智制造的核心在于整合资源和信息。这种综合方法确保了产品、设备、工厂和各种资源在制造过程中的每一步都能够无缝衔接。这不仅提高了制造效率，更重要的是，它还提高了整个创新链的效率，包括研发和设计。此外，数智制造也促进了新产品开发的速度，使其从原型到市场的时间大大缩短。

总体上，数字技术的引入使制造环节在全球价值链中的角色发生了根本性的变化，制造环节不再是简单的执行者，而是创新过程中的重要参与者。

2. 服务与制造深度融合提高制造环节的增值能力

传统上，制造环节往往在整个价值链中被视为"低增值"环节。然而，随着数字技术的渗透，新型制造技术应运而生，制造环节的价值开始得到重新定义。

第一，智能制造提高生产效率。在智能生产过程中，传感器、智能诊断和管理系统通过网络互连，生产设备成为物联网的智能终端，使得单一、分散的程序控制上升到综合智能控制。智能制造系统不仅可以对生产过程中的部件和产品进行实时监测，而且可以对系统本身进行检测和诊断，制造工艺根据制造环境和过程进行实时优化，提升制造过程的柔性、质量控制和生产效率。智能制造改变了以往制造环节的简单流水线作业，通过将数据系统化来实现制造成本、安全性和环境影响的大幅改善，具有"省钱、省力、省时、省能耗"的巨大优势。

第二，制造范式的定制化提高产品差异化价值。数字化、网络化、智能化技术正在使制造范式从大规模标准化生产向小批量、个性化、定制化、柔性化生产转变。制造范式的转变依然基于智能制造对制造流程的重塑，在一条生产流水线上预先设置了全流程的控制程序，所有流程、元件都进行实时监测和数据挖掘分析，使以规模化的方式来获得个性化、定制化的产品成为可能，有效解决了小批量生产的成本与周期问题。在智能制造范式下，个性化、差异化的需求直接拉动制造业生产，可重构的柔性生产系统对多样化的市场需求具备了更加快速的反应能力。制造业企业一方面利用用户交互平台将碎片化、个性化需求汇聚成批量订单,另一方面通过信息物理系统,促进制造工艺和流程的数字化管理以及产品个性化需求的柔性匹配,实现规模化定制生产,通过灵活满足差异化的市场需求来提高产品的价值能力。在服装、家电、家具、汽车等消费品行业,已经涌现出大量个性化定制的案例。

第三,制造的服务化增加附加价值。利用大数据、人工智能等新一代信息技术,企业可以深度挖掘用户数据中的商业价值,更好地进行分析、决策和优化,通过提供主动跟踪、及时响应、智能应对的高质量服务来拓展最终产品的潜在附加价值,全面改善用户体验。企业根据即时的数据反馈对用户进行精准营销和按需定制,进而满足了不同用户个性化、差异化的长尾需求。制造业企业普遍向提供"产品+服务"整体解决方案的方向发展,制造不再是单纯的产品生产,而是越来越向服务创造倾斜。制造业企业在产品之外为用户提供持续的"增值服务",形成新的价值创造模式,在提供整体解决方案的过程中实现价值增值和价值链的延伸。例如,三一重工将在全球售出的30多万台机械设备接入"根云"平台,利用云计算和大数据技术实时采集近1万个运行参数,远程监控庞大设备群的运行状况,并能在短时间内完成故障维修,有效提高了产品竞争力和客户黏性。

3.数字技术与制造业深度融合升级制造环节的要素投入

智能制造使数据成为制造环节重要的要素投入,并改变了制造环节的资本劳动投入结构和技能劳动投入结构。智能设备的使用提高了制造环节的资本劳动比,在替代低技能劳动投入的同时,高技能劳动投入变得愈发重要。要素投入的高级化促使制造环节的知识、技术和资本密集度提高,劳动密集度降低。

第一,数据成为核心要素。大数据是智能制造的基础支撑技术之一。在智能生产中,数据直接成为重要的要素投入。全过程数字化工厂以数据为纽带将制造系统和信息系统连接,车间智能设备通过传感器采集工业大数据,并上传到云计算中心进行存储、分析和决策。工业大数据的积累和投入不仅能提升生产效率、降低资源消耗和提高产品质量,还能直接助力服务型制造。例如,西门子B2B业务利用长期积累的制造数据优势,为其他制造业企业提供产品设计、实现和优化整体解决方案,帮助客户完成产品设计、生产计划、制造执行、运营维护的全过程数字化,创造出基于数据投入的新增价值。

第二,智能制造"挤出"低技能劳动投入。智能制造以人工智能、工业机器人为重要支撑:人工智能使制造系统具备了自行决策、自行维护、自行学习甚至自行组织的能力,以数据挖掘和智能决策为主的工业应用能力大幅提升;而工业机器人集精密化、柔性化、软件应用开发等先进制造技术于一体,可以对生产过程进行检测、控制、优化、调度、管理和决策,成为工业自动化水平的最高体现。新型制造技术的推广正大规模替代简单体力劳动和简单脑力劳动等低技能劳动岗位,制造环节的资本劳动比随之提高。

第三,智能制造"创造"高技能劳动需求。新型制造技术的推广过程是"现代机械和知识型员工"对"传统机械和简单劳动"逐步替代的过程。在智能制造模式下,具有稀缺性和差异性的高技能劳动是制造环节的核心人力资源,也是企业竞争的战略性资产。智能制造系统体现以人为核心的生产系统设计,生产系统可以最大程度地利用人的技能和知识,而不是简单、重复的机械操作,人在生产中的作用是利用自己的知识创造性地"主导"生产过程。可以预见,智能制造时代对掌握机器学习、自然语言处理等知识的高技能劳动需求将急剧增长,劳动者需熟练掌握新一代信息技术在制造业的应用场景。

这种转型标志着制造业从传统的工艺驱动进化到数据和技能驱动的新时代,为行业带来更高的效率和更大的价值创造能力。

4.4.2 新型全球价值链的出现:全球数据价值链

数据是数字贸易的基础性资源,跨境数据流动及相关服务是国际数字贸易价值流动的核心媒介。在信息技术的带动下,基于数字平台的商业场景使得承载数据要素的信息流得以进入交易网络并产生独特价值,由此形成了一种新的价值创造模式——数据价值链。

1. 数据的属性与特征

数据是来自在各种数字平台上开展的个人、社会、交易和生产活动的数字足迹,是云中大量数据的聚合。数据可以产生于网络浏览记录、个人位置信息、线上留言信息、购物支付信息、个人通话记录、社交媒体信息、网上求职信息以及生产中机器设备运行等方方面面。由于数据是从系统中多个来源和多个点实时连续收集的,因此不断发展的数字经济带来了极为庞大的数据流,全球数据量正以惊人的速度急剧增长。数据作为生活生产活动的"伴生"结果,属于独立于货物和服务的知识载体产品范畴。数据具有以下特征。

第一,非竞争性。数据被一个人获得后,其他人还可以继续获得该数据,而且数据被共享使用的次数越多,价值越大。同时,非竞争性使得复制数据的成本低(边际生产成本为零或接近于零)。

第二,数据具有非消耗性。有别于传统的固定资产(如机器或建筑物)会在使用中自然地衰减或损耗,数字化形式的数据可以永久存储,且在使用过程中往往不会衰减或损耗。

第三,数据在汇集与融合中才能实现增值。单一数据的价值往往有限,但是通过与其他数据融合,能够挖掘的有效信息会更多,数据价值也会增加。例如,当企业将销售数据与消费者行为数据相结合时,就可以更有针对性地研发产品或创新服务,从而获得更高的利润。

第四,数据的价值与应用场景有关。数据的价值取决于其如何被应用。例如:交通数据可以被网约车公司用来匹配司机和乘客,提高效率和收入;而政府则可能利用这些数据来优化交通网络,从而提高交通效率和安全性。

2. 全球数据价值链

随着数据驱动商业模式的盛行,数据成为生产的投入"要素"和"中间产品",数据同时还是生产的结果,由此,数据价值链被正式提出。有学者提出了"数据收集、数据存储、数据分析和数据应用"四个阶段的数据价值链框架,即从非结构化的、低价值的数据形态转变为结构化的、可被应用于特定使用场景的高价值数据形态。数据是数字贸易的基础性资源,跨境数据流动得以进入交易网络并产生独特价值,因此,上述的数据价值创造过程,一旦跨越"边界"(独立关税区)就成为全球数据价值链。由此,我们给出以下全球数据价值链的定义:全球数据价值链是基于数字技术,以跨境数据流动为核心,基于数字贸易的比较优势，将数据收集、存储、分析和应用的价值创造过程进行全球化分工的新型价值链模式。

在现行的分工体系中，少数掌握大型数字平台的国家处于主导地位，并控制了数据价值链的高端部分。这些国家通常使用其先进的技术和服务来获取发展中国家的大量原始数据。通过其技术，这些原始数据被转化为有价值的数据产品，并进一步货币化。因此，这些主导国家从数据价值链中获得的经济利益远远超过发展中国家。

相反，大多数发展中国家只是数据价值链中的原始数据供应商，并且是增值数据产品的消费者。这些国家的实际利润较低，并且它们在价值链中的位置往往是中低端。例如，一些企业会将数据标注的工作外包到非洲等发展中国家，这些工作通常是重复性的、低价值的。更糟糕的是，随着技术的进步，这些重复性工作可能被自动化替代，使得发展中国家在数据价值链中的位置进一步下降。

对于发展中国家来说，这些国家面临的挑战是如何从数据价值链的低端位置升级到高端。这需要这些国家投资于技术、培训和教育，以确保其在未来的数据驱动的经济中有一个稳固的位置。此外，对于全球数据价值链的公平性和可持续性也需要进一步的讨论和考虑，以确保所有参与者都能公平地从中受益。

4.5 数字贸易生态圈

技术提升和贸易唇齿相依，技术提升是企业增强自身能力的必然要求。谁掌握了最重要的生产要素，谁就掌握了权力。随着科技创新带来的生产率大幅度提升，数据成为全新的关键生产要素，数字驱动的贸易正在重塑全球价值链，将国际贸易和全球化上升到一个新高度。数字经济平台不仅将贸易的多方聚集在一起，而且平台本身也是生态系统的重要部分。

商业生态系统可定义为"在数字技术繁荣背景下以实现产品或服务创新为共同目标而连接在一起的组织集合"。本书所提出的数字贸易生态圈即从事数字贸易相关的生产者、供应商、贸易商、金融机构、互补技术的制造商以及海关、检疫等政府监管机构，为实现跨境交易共同目标而连接在一起的组织集合。该生态圈是以数字贸易平台为组织方式，以数据驱动为特征，以数字技术为支撑，通过整合跨境交易参与者、聚合各节点数据，在规模经济和范围经济驱动下，不断衍生、发展和进化，通过集体创新来共同发展价值主张和增强价值杠杆，以贸易数字化和数字贸易化的螺旋上升来推动数字贸易发展。

数字贸易生态圈的核心在于数字贸易平台，通过数据驱动和数字技术支撑，整合了跨境交易的各参与者和数据，进而促进创新和发展。与传统的基于价值链的货物贸易和服务贸易不同，数字贸易更强调其"生态性"和"网络性"。这不仅体现在产业链的纵向关系，还涉及横向的服务体系。这种集聚不仅强调规模经济，还考虑了相关服务的范围经济，从而形成了纵向与横向的企业合作网络。

世界经济论坛在其发布的《推动亚洲数字贸易发展》报告中用"数字生态系统"来描述这一网络，它由多个在数字贸易中互相关联的要素组成。我们可以将其视为数据价值链的高级形态，它不仅是静态的，而且具有动态的演化特性。在这个系统中，各种功能的企业，如金融、物流、研发设计等，都实现了紧密的互联。通过这种方式，企业和个体用户可以在单一平台上完成广泛的商业交易，这种价值流动的规模和频率是数字生态系统活力的体现。大型数字企业（如亚马逊、阿里巴巴）以及其他提供数字赋能的企业（如 Uber、滴滴），都将其作为其核心的商业模式。

第二篇 部门篇

第 5 章
数字产品贸易

5.1 数字产品贸易概述

5.1.1 数字产品贸易的内涵

截至目前,仍然没有一个针对"数字产品贸易"统一的、能够被广泛认可的定义。相关文献显示,数字产品贸易并非传统意义上或统计学意义上的独立产业的数字贸易,还涉及文化创意结合信息技术形成的产业形态,所以它不是传统的、定位产业链很清晰的产业。不同的国家或国际组织对数字产品贸易的定义有所区别,但其共同点是以数字内容为核心,以互联网和移动互联网为传播渠道,以平台为模式的产业群组的经济活动。

OECD、WTO、IMF 在 2020 年《数字贸易测量手册》中指出,数字贸易是"所有通过数字化形式订购和/或交付的贸易"。2021 年,我国商务部发布的《中国数字贸易发展报告 2020》首次明确了数字产品贸易的类型,即包括数字游戏、数字出版、数字影视、数字动漫、数字广告、数字音乐等在内的数字内容产品的跨境贸易。

在综合多种观点基础上,本书认为:数字产品贸易指通过数字化、多媒体和网络技术等数字化形式,利用信息资源和其他相关资源,向境外订购或交付资讯、音乐、视频、图书等内容的贸易活动。

5.1.2 数字产品贸易的分类

数字产品是以数字格式承载信息内容并可以通过信息网络传输的产品,由多个细分领域交叉融合而成。例如,我国台湾把数字内容产业分为数字影音应用、电脑动画、数字游戏、行动应用服务、数字学习、数字出版典藏、内容软件、网络服务和数字艺术产业等八类。鼎韬产业研究院报告《全球化 4.0:数字贸易时代的到来》指出,数字内容产业以内容特征作为分类依据,可分为数字传媒、数字娱乐、数字学习、数字出版。中国音像与数字出版协会、中国新闻出版研究院联合出版的《中国数字内容产业市场格局与投资观察(2019—2020)》显示,数字内容产业包括网络游戏、数字动漫、在线教育、网络视频、短视频、在线直播、自媒体、在线音乐、数字阅读、新闻资讯App、互联网期刊、知识付费12个细分领域。

总体上看，上述数字内容产品的共同点包括：一是以互联网和移动互联网为传播渠道，以平台为服务模式所形成的数字生产与消费的产业形态；二是打破边界、跨界融合，主要依据数字内容、提供者、消费者、媒体人和学者等约定俗成的分类；三是在媒体融合时代，分类无法严格划界，细分领域存在交叉和渗透。

本书主要参考中国商务部《数字贸易统计监测试点方案》的相关分类，并综合上述多种观点，认为数字产品贸易包含数字资讯贸易、数字游戏贸易、数字动漫贸易、数字音乐贸易、数字影视贸易和数字图书贸易等。

5.1.3 数字产品贸易的核心范畴

2022年，国务院印发的《"十四五"数字经济发展规划》中指出，数字经济包括数字产业化和产业数字化。2020年，OECD、WTO、IMF发布的《数字贸易测量手册》提到，数字贸易包括数字订购贸易、数字交付贸易以及数字中介平台赋能贸易。结合国际组织的定义与我国有关数字经济概念和分类衔接，数字产品贸易的核心范畴包括数字化的产品贸易、数字产品支持的贸易。

其中，数字化的产品贸易是指通过数字技术对贸易方式和对象的改造，特别是互联网技术实现的产品和在线服务的跨境贸易及电子支付；数字产品支持的贸易是以数字形式存在的产品和在线服务成为跨境贸易形态的主要交易产品，如以数字形式交付的文化、娱乐内容、数据的跨国交易和流动等。

5.1.4 数字产品贸易的作用

根据理查德·鲍德温（Richard Baldwin）的全球大分拆理论，自第一次经济全球化以来，世界经济发生了两次大"分拆"（Unbundling），推动全球化不断迈上新的台阶。由于新冠疫情，数字贸易中跨境交付的地位在疫情中得到了推动。目前，日益增长的数字化跨境服务贸易为世界各国经济体提供了"第三次分拆"。以数字产品贸易为例，数字技术全面赋能文化产业创意、生产、传播、交易、消费全链条，从各个环节带来效率的提升，催生了极为显著的规模经济，通过数字化便利条件实现更广泛的物理贸易，快速改变着我们交易什么（What）以及怎样（How）交易。第一，数字产品贸易突破了时间和空间障碍。在互联网时代，信息化技术革命核心解决了全球贸易过程中的沟通成本，通过跨境支付等形式，突破传统贸易面对面交付的局限，为海外客户开展数字产品服务贸易活动提供了便利。第二，数字产品贸易突破了信息有限的障碍。从全球贸易角度，数字技术带动服务业生产效率和全球化水平显著提高，使全球消费者能够在海量的文化产品中随意选择他们感兴趣的内容，突破新创意、新作品"面市"的障碍。第三，数字产品贸易突破了精准传播的障碍。随着信息技术的发展，企业生产出海文化产品，生产者如何能寻找到喜爱自己产品的消费者成为难题。全球推进云网协同和算网融合发展，通过大数据分析及挖掘消费需求，制作出受市场欢迎的节目，扩大消费群体。

5.2 数字游戏与动漫贸易

5.2.1 数字游戏贸易

1. 数字游戏的概念

美国贸易代表办公室发布《数字贸易的主要壁垒》，指出数字游戏包括完整格式和手机游戏、附加内容下载、游戏订阅、社交网络游戏、在线多人游戏等形式。根据中国音数协游戏工委的划分标准，数字游戏包括移动游戏、客户端游戏以及游戏电竞、游戏直播等。全球电子游戏产业凭借蓬勃发展的态势，成为融合连接多元产业、发展数字经济的重要连接点。数字游戏最鲜明的特征是，产业平台的可扩展性使得传统游戏的方式或内容都可通过数字的平台加以扩充。

2. 数字游戏贸易的核心特征

第一，数字技术正在颠覆传统游戏贸易领域。数字游戏行业与芯片、5G网络、信息技术、人工智能等前沿技术相伴而生，作为个人消费品的游戏从实体流动转向数字流动。我国"十四五"规划纲要和《"十四五"国家信息化规划》提出，要加快数字经济、数字技术的发展，进而推动整个数字中国建设进程的加速。游戏技术被运用到数字文保、工业仿真、智慧城市、影视创作等众多不同的领域中，在助力数字经济发展中起到了重要作用。

第二，数字游戏贸易以数据流动为主要载体。数据流动成为全球贸易新形态。移动互联网和智能手机驱动全球数据量迎来了拐点，人工智能、大数据、云计算的兴起驱动全球游戏贸易的数据量再次迎来爆发式增长。

第三，数字游戏贸易在中国文化产品贸易中发挥重要作用。作为数字产品贸易的重要组织部分，数字游戏贸易已成为我国扩大高水平对外开放、融入新一轮全球化的新引擎。据《2021年中国游戏产业报告》，近5年，中国游戏出海份额稳定上升，出海游戏在用户下载量、使用时长和用户付费三个方面均保持较好增长。2021年，中国自主研发游戏的海外市场销售收入达到180.13亿美元，同比增长16.59%。出海涉及的国家和地区明显增多，产品类型也更多元。

3. 中国数字游戏贸易的发展现状

一是移动游戏占多数。手游的制作模式在当今中国游戏行业仍是主流模式。2021年，全球游戏规模已超过 2 031 亿美元，玩家数量突破 30 亿大关。根据中国音数协游戏工委发布的《2021 年中国游戏产业报告》显示，中国游戏产业用户规模达 6.66 亿人，成为全球游戏产业第一大国，其中移动游戏收入占比 76.06%，占据国内游戏市场主导地位。

二是行业垄断形势明显。腾讯和网易作为头部企业，垄断国内近 60% 的游戏市场，其中国内游戏收入前 20 名的公司有 13 个属于这两家公司。此外，腾讯等大公司不断收购海外游戏工作室，通过收购直接利用国外先进技术，进一步巩固其行业头部地位。

三是新冠疫情成为发展催化剂。网络和数字技术大大降低了全球服务贸易成本，疫情期间跨国服务贸易活动更加频繁。在 2020 年春节期间，手机游戏用户规模较平日增长 30%，人均单日使用时长增长 17.8%。王者荣耀、和平精英的用户规模迎来 30% 的增长。2021 年，中国游戏在海外的市场份额已经位居全球第一。

四是数字游戏贸易成为"出海"的文化符号。网络游戏为中华优秀传统文化的开发、利用与传播提供了多元路径，成为传播中国文化的新载体。以《原神》为例，外国人通过游戏了解中国的传统文化与思想，让数字游戏贸易成为一个新的出海文化符号。此外，数字游戏出海不断完善其产业布局，以电子竞技为载体，助力中国文化"出海"。

4. 推动数字游戏贸易未来发展的建议

第一，培养适应数字游戏贸易发展的国际化人才。游戏引擎是游戏制作的根源，中国游戏开发商却经常不得不向国外游戏引擎公司支付高昂的版权费。行业发展关键在人才，培养优秀的游戏策划、设计、运营、推广人才，为游戏企业输送对口的专业人才。

第二，搭建优质的合作交流平台。数字游戏创新性强、科技含量高、应用广泛。搭建交流平台，有利于促进大、中、小型游戏企业互动互助，进一步整合资源。

第三，完善科学合理的出口统计指标体系。通过大数据、云计算等手段，建立和实施文化出口统计制度，加强数据研究分析，通过官方渠道及时提供游戏出海的相关数据和信息，为游戏企业参与数字游戏贸易提供决策参考和市场应对。

5.2.2 数字动漫贸易

1. 数字动漫的含义

数字动漫产业是以创意为核心，以艺术和科技为支撑，以动画和漫画为主要表现形式，以动漫形象符号、世界架构和故事内容为主要载体，以动漫内容产品创作生产和营销传播为基础，以版权运营（跨体裁改编）和品牌授权（开发衍生产品）为延伸，从而形成的巨大版权价值链产业。数字动漫产业的上游是动漫内容的生产和制作体系，中游是动漫内容的传播和观看渠道，下游是围绕 IP 形象应用和授权的衍生产业，如手办玩具、授权商品等。在线动漫是通过互联网平台实现动漫内容传播的动漫作品的统称，运营并传播在线动漫作品的平台即在线动漫平台。

2. 数字动漫贸易的特征

数据成为数字动漫贸易的关键生产要素。在数字贸易时代，数据流牵引和驱动物流、服务流、技术流、资金流和人流，全球贸易活动从物理世界延伸至数字世界。在视频传播领域，数字动漫产业运用最新的人工智能技术，通过以数字技术为基础的数字化运营，利用大数据分析及挖掘消费需求，生产符合用户爱好的原创内容。

数字技术的发展改变了全球数字动漫贸易方式。数字动漫文化产业通过大数据、人工智能、虚拟现实/增强现实、区块链等技术与动漫产业深度融合，通过数字技术赋能传统动漫产业。根据《中国互联网络发展状况统计报告》显示，截至2022年6月，中国网民规模为10.51亿，互联网普及率达74.4%。互联网的发展进一步促进了数字动漫贸易的发展，在视觉艺术、虚拟现实/增强现实技术开发、数字体验、主题创意、空间设计、影视特效、原创动画等方面实现多维跨界整合。

数字动漫贸易的发展为全球经济增长带来了强劲驱动力。数字动漫贸易是经济全球化、数字化的必然产物。2022年，我国以大部分95后、00后为主的二次元用户规模已突破4亿人，进一步带动动漫产业发展。随着数字内容产业的迅速崛起，动漫产业凭借其广阔的市场空间和对周边产业的带动作用，成为当今的朝阳产业。据商务部数据显示，2021年，中国文化产品进出口额为1 558.1亿美元，增长43.4%；文化服务进出口额为442.2亿美元，增长24.3%。动漫产业在经济整体下行的环境下，呈现出良好的发展势头，为全球经济社会复苏提供了重要助力。

3. 中国数字动漫贸易的发展现状

数字动漫提升了动漫行业的市场竞争力。一方面，我国动漫产业发展势头迅猛，以中国传统文化为主的《大鱼海棠》《哪吒之魔童降世》《雄狮少年》等优秀动画电影不断涌现。快看漫画、腾讯动漫、有妖气等新媒体动漫平台也逐渐兴起，领先企业利用原创动漫IP打造衍生产品。以中国盲盒市场和手办市场为例：盲盒市场2021年的市场规模为139亿元，同比增长37.62%；手办市场2021年的市场规模为52.1亿元，同比增长42.35%。另一方面，中国动漫产业出海的行业类型单一，面临着内容本土化能力不足、出海品类不够丰富等问题。

数字动漫市场供给侧不平衡。中国数字动漫贸易存在严重不平衡的现象。日本和美国是动漫输出大国，不少动漫作品在中国获得了巨大的经济效益和社会影响力。与此同时，作为服务贸易的重要组成部分，中国国产动漫的国际竞争力不足，现阶段中国依然为动漫贸易逆差大国，出口动漫规模远不及进口动漫规模，动漫出口发展薄弱，中国动漫的全球化输出道路仍需进一步探索。

动漫行业的发展为对接数字贸易、对接全球高标准规则创造条件。近年来，中国动漫行业多渠道布局海外市场，推动数字内容成功出海。例如，B站与全球知名动漫流媒体平台Funimation达成战略合作，在版权获取、IP运作及海外市场拓展等方面加强合作，推动动漫产业全球化发展。但目前中国动漫企业还没有形成较为成熟的产业化运作，存在创新缺乏动力、侵犯海外版权、行业标准不统一、缺乏国际化人才等问题，在参与全球贸易竞争时存在限制。

5.3　数字音乐与影视贸易

5.3.1　数字音乐贸易

1. 数字音乐的内涵

数字音乐的参与对象包括：独立音乐人、音乐版权所有方、唱片公司、下游企业及平台、数字音乐平台等。其中，音乐版权所有方主要分为词曲版权和录音版权两种；唱片公司从运营流程上可分为新歌的出版发行以及积累曲库的运作与分发；下游企业及平台可进一步分为数字音乐平台、电信运营商、其他在线音乐平台等；数字音乐平台为占据唱片公司版权运营收入最高的平台，是整个数字音乐产业链中最为核心的中心枢纽。

2. 数字音乐贸易的特征

数字技术的快速发展，在加快传统音乐数字化的同时，不断颠覆原有的商业模式，创造出新的音乐模式，推动数字音乐贸易方式发生变化。数字技术对传统音乐贸易的影响和改变，其突出特征反映在三个方面。

一是音乐开发的数字化。数字技术改变了传统音乐的开发方式，以大数据为基础的算法成为音乐热度的重要标准。音乐传播的成本大幅下降，效率显著提升。基于海量用户和大规模的数据存储分析能力优势，数字音乐在人机交互、软硬件组合、生态互通、大数据及智能推荐等方面持续优化和迭代，在声音合成、复刻、识别、内容理解等技术领域填补了技术空白。以酷狗公司为例，在音乐制作环节，音乐公司可通过灰度测试流量音乐样品，再根据流量推出成品。软件以算法精准预测歌曲热度，依托精准的大数据体系，可准确定位受众，高效触达用户。

二是音乐对象的数字化。数据和以数据形式存在的产品和服务可以通过信息通信网络进行全球贸易，对各国传播的影响不断扩大。2018年，加拿大说唱歌手德雷克成为全球第一位流媒体播放量突破500亿次的歌手，他的专辑《蝎子》（*Scorpion*）在一星期内的全球流媒体播放量高达10亿次。

三是丰富了中国服务贸易的内涵和外延。据《2020中国音乐产业发展报告》显示，2019年我国数字音乐产业规模达到664亿元，在线音乐用户规模超过6.07亿人，网络音乐用户渗透率达到71.1%。《中国互联网络发展状况统计报告》显示，截至2022年6月，网络音乐的网民使用率为69.2%。

3. 中国数字音乐贸易的未来发展

第一，以人工智能新技术革新推动数字音乐贸易发展。随着经济全球化快速发展，尤其是人工智能、大数据、区块链、云计算、网络安全等新兴数字产业的竞相发展，将成为推动传统音乐行业未来数字化转型的重要驱动力。音乐产业中数字音乐会成为撑起整个产业的关键要素，在线音乐成为数字经济的主要模式之一，促进数字文化经济繁荣发展。以腾讯音乐为代表的公司将进一步利用人工智能等新技术，拓展数字音乐业务，帮助用户更智能高效地获取优质音乐内容和音乐衍生品，并以用实际行动助力人工智能与数字经济产业融合发展。

第二，以音乐产业的数字化转型助力创新可持续发展。在数字经济的背景下，数字音乐行业应承担起新阶段的新责任：一是市场音乐审美上的培养，二是在数字音乐稳定后为音乐产业的数字化转型提供助力。从推歌推人的能力提升到人才培养、建立评判体系的补充，数字音乐行业会为行业的持续性、开拓性服务，助力音乐产业数字化转型下的创新可持续发展。此外，数字音乐公司逐步改变人们的收入模式，鼓励更多独立音乐人进驻音乐平台，通过各大平台的直播等形成生态化矩阵。

第三，以数字音乐贸易扩大国际传播影响力。习近平总书记多次强调"讲述好中国故事，传播好中国声音""讲故事是国际传播的最佳方式"。音乐是中国文化的重要组成部分，发展音乐可改善目前中国在国际舞台话语权较弱的问题。国风音乐在全球流行象征中国文化的输出，可参照"李子柒"模式，通过音乐传播中国文化，加强国际传播能力建设，讲好中国故事。此外，中共中央、国务院印发的《粤港澳大湾区发展规划纲要》提到，"加强国家音乐产业基地建设，推动音乐产业发展"。作为文化纽带，音乐领域交流是全球交流的重要载体。通过音乐交流微平台，携手音乐人、音乐文化企业、音乐演出机构等，构筑艺术交流作平台，推进全球音乐艺术创新发展。

5.3.2 数字影视贸易

1. 数字影视贸易的内涵

数字影视贸易的可持续发展离不开基础设施、数字技术和支撑政策体系的支持。

（1）数字影视贸易基础设施方面。云计算、人工智能、大数据中心、互联网、物联网等，是推动数字影视贸易发展的有效保障。数字基础设施建设有助于推动数字影视的数字出版、实体授权、海外原创、IP内容及版权输出等多元化的数字贸易自由化。

（2）数字技术方面。随着互联网无线技术、存储技术、大数据运算技术等发展，影视公司通过"科技拍摄+数字制作"，在视效制作中积极尝试应用虚拟拍摄、人脸捕捉、云计算、人工智能等最新影视科技，推动电影视效技术革新。此外，基于互联网技术创新的人工智能机器翻译将在很大程度上降低语言翻译的时间与人力成本，解决影视出海中的语言障碍。

（3）支撑政策体系方面。我国商务部等27个部门先后出台《关于推进对外文化贸易高质量发展的意见》等文件，包括扩大优质文化产品和服务进口、大力发展数字文化贸易、扩大出版物出口和版权贸易、鼓励优秀广播影视节目出口、加强国家文化出口基地建设、加强知识产权保护等。支持扩大优质文化产品和服务进出口，积极推动中华文化"走出去"。

2. 中国数字影视贸易现状

第一，数字影视贸易成为中国文化产品进出口的重要领域。其中，中国文化企业在影视剧、网络文学、网络视听、创意产品等领域出口迅速发展，相关文化产品和服务广受欢迎。中国影视作品"出海"的目的地主要分布在亚洲，尤以东南亚地区数量最多，其次是韩国、日本、新加坡等国家。在影片类型方面，伦理剧、古装剧、历史纪录片最受海外观众欢迎。

第二，数字影视贸易"出海"新模式不断涌现。数字平台是我国数字文化贸易的主渠道。在Netflix、Disney+等流媒体巨头加紧全球布局的大背景下，以爱奇艺、腾讯、优酷为代表的头部影视视频平台积极制定中国影视出海战略，一方面自建平台，如iQIYI和WeTV等，另一方面寻求与Netflix、BBC、NHK和Astro等海外视频平台和媒体合作，扩大出海渠道。

第三，数字技术的发展推动数字影视贸易的蓬勃发展。随着数字科技制作技术成熟，科技、未来题材影视作品逐渐形成我国影视作品"出海"的新趋势。2019年，由金逸影视联合出品的《流浪地球》被誉为"中国的第一部科幻电影"。该片被翻译成英语、法语、西班牙语等多种语言，发行至全球20多个国家和地区。此外，互联网无线技术、存储技术、大数据运算技术等让影视内容交流与传播变得更加便捷，基于互联网技术创新的人工智能机器翻译将在很大程度上降低语言翻译的时间与人力成本，解决影视出海中的语言障碍。

3. 数字影视贸易面临的挑战

一是复杂的地缘政治关系。当前国际局势复杂多变，国际关系的不确定性增强，数字文化受到意识形态较量和国家间竞争的影响。例如，2020年中印边境冲突期间，印度政府以国家安全和信息安全为由，强制下架一系列含影视类应用在内的中国手机应用软件。

二是对接全球高标准的数字影视贸易规则力度仍需加强。国际社会已形成一套版权保护的国际条约和协定，但在包含数字影视在内的版权领域的法律法规仍未达成共识。中国数字影视贸易文化出海企业要提升版权意识，提前了解所在国的相关法律法规，避免因版权纠纷带来不必要的损失。

三是国际化复合型高端人才不足。数字影视贸易是传统影视产业的国际化，需要既懂数字技术又懂文化创意，还可以进行国际传播的复合型人才。大部分数字影视贸易企业缺少高层次人才，需提高国际化的中高端人才人数。

四是创新型头部企业数量较少。近年来，我国虽实现了爱奇艺iQIYI和腾讯视频海外版WeTV加速出海，但仍未能准确把握国际文化新业态和新消费趋势，因此，创造更具吸引力的文化产品和文化业态，需进一步寻求突破。

5.4 数字图书贸易

5.4.1 数字图书贸易的定义

随着云计算、大数据、移动互联网的迅猛发展，数字图书已经成为图书行业的重要组成部分。鼎韬产业研究院报告《全球化4.0：数字贸易时代的到来》指出，数字出版是建立在计算机技术、通信技术、网络技术、流媒体技术、存储技术、显示技术等高新技术基础上，融合并超越了传统出版内容而发展起来的新兴出版产业，主要包括电子出版（包括电子图书、数字报纸、数字期刊、网络原创文学等）和数字阅读两个细分门类。

一般而言，数字图书产业链共有三个环节：内容提供方、数字阅读渠道和内容衍生开发。产业链上游的内容提供方，包括出版社、个人创作者和其他版权持有方；中游数字阅读渠道是各类数字阅读平台，包括网页和移动端的文字和有声阅读；下游是传达最终用户的衍生内容，如影视剧、广播剧、游戏等。

5.4.2 数字图书贸易的特点

第一，新一代信息技术支撑引领数字图书贸易的发展。一方面，技术升级赋能深度数字化将提升用户体验，加速了阅读从数字化向数智化转型；另一方面，数字阅读的应用场景将更为丰富。数字阅读行业不断探索"5G+"阅读模式，通过人工智能、虚拟现实、增强现实等新技术、新模式，集合了虚拟现实阅读、5G高清视频、5G高清听书、人工智能导读等创新阅读服务，让云端图书馆、云书店、听书等新场景、新模式不断涌现，进一步实现万物互联。

第二，新冠疫情成为数字图书贸易发展的催化剂。在疫情期间，由于网络和数字技术大大降低了服务贸易成本，跨国远程服务贸易活动更加频繁。受新冠疫情的影响，出版业加大转型融合步伐，网络文学、有声读物等领域都呈现出良好的发展势头。2021年，网络文学作品上架超3 200万部，作品质量显著提升，题材结构进一步优化，现实题材创作热度持续，抗疫医疗题材成为网络文学创作热点。中国音像与数字出版协会发布的《2021年度中国数字阅读报告》显示，2021年中国数字阅读产业总体规模达415.7亿元，增长率达18.23%，成为数字产品贸易新的增长点。

第三，数字图书贸易的发展推动了数字产品贸易创新。数字图书产业有效整合各种资源要素，创新数字图书贸易的业态、传播方式和运营模式，成为壮大数字内容贸易的新引擎。2022年，中宣部发布了《关于推动出版深度融合发展的实施意见》，提出要立足扩大优质内容供给、创新内容呈现传播方式、打造重点领域内容精品，强化出版融合发展内容建设，充分发挥技术对出版融合发展的支撑作用，进一步优化数字内容贸易。

5.4.3 中国数字图书贸易的发展现状及未来发展

一是国内市场优势明显。《2021年度中国数字阅读报告》显示，截至2021年底，上架作品约3 446.86万部，较2020年增长11.06%，其中网络文学作品约3 204.62万部；数字阅读用户规模达5.06亿，增长率为2.43%；Z世代成为数字阅读主力军，电子阅读受热捧。未来，数字图书的内容仍是发展核心的要义。中国数字图书贸易应深耕数字图书内容，通过数字出版人才队伍建设、版权保护等形式，积极推进数字阅读平台的内容建设，创新平台的服务模式。

二是图书行业数字化转型正在加速。随着技术升级，数字阅读服务更加精细和多元。面对用户多样化需求，数字图书产业为用户提供了多层次、专业化、智能化、有声化和场景化等更加全面的服务。2022年,商务部等27个部门出台了《关于推进对外文化贸易高质量发展的意见》,鼓励扩大出版物出口和版权贸易,支持扩大优质文化产品和服务进出口,积极推动中华文化"走出去"。未来,中国数字图书行业的头部企业应加快数字化转型,借助数字文化平台等新模式参与国际业务,全面提升在全球价值链中的地位。

  三是供给侧结构性改革不断深化。在数字出版物"走出去"方面,2021年,中国出海作品总量超40万,成为书写和传播中国故事的重要力量。从输出地来看,从原来的英美等国家逐步输往小语种国家、"一带一路"国家;从输出类型来看,以都市职场、玄幻奇幻、武侠仙侠为主;从合作方式来看,从原来的版权贸易、实物出口逐步发展成图书出版、IP改编、在线翻译、游戏、动漫、影视、海外本土化传播、投资收购合作平台等方式,呈现出多语言、多形态、成规模的发展趋势。未来,数字图书行业应结合"一带一路"倡议、《区域全面经济伙伴关系协定》(*Regional Comprehensive Economic Partnership*,RCEP)等区域自贸协定,根据对象国的特点优化海外战略布局成为新的着力点,健全数字文化贸易统计体系和形成数据安全保护条款,推动数字图书贸易高质量发展,实现多维度的国际传播。

第 6 章 数字服务贸易

6.1 数字服务贸易概述

6.1.1 数字服务贸易发展的背景

近年来，大数据、云计算、物联网、人工智能等新一代信息技术迅猛发展，为服务业的贸易化和全球化带来新的发展机遇，全球贸易服务化趋势明显加快。作为数字技术与服务贸易融合产生的新业态，以数据为生产要素、数字服务为核心、数字交付为特征的数字贸易正在蓬勃兴起，并在全球经济大变局和新冠疫情的双重冲击下，凭借其强大的活力和韧性逐渐演变为国际贸易和经济增长的新引擎。

从全球范围来看，世界各国正在积极促进数字经济和数字贸易的发展。UNCTAD数据显示，全球数字服务贸易占服务贸易的比重已由 2011 年的 48% 增长至 2020 年的 63.6%。一直以来，中国高度重视数字经济带来的发展机遇，在规划引导、法规保障、行业监管、开放合作、参与全球治理等方面开展积极探索，持续改善数字服务贸易发展的制度与市场环境，推动数字服务贸易开放发展与互利合作，发展数字服务贸易的重要性被再三强调。因此，发展数字服务贸易既是中国经济高质量发展的需要，也是应对新一轮全球竞争的有力方式。

6.1.2 数字服务贸易的含义

数字服务贸易的官方概念可以追溯到美国国际贸易委员会在 2013 年提出的《美国与全球经济中的数字贸易 I》研究报告中指出，"数字贸易指通过互联网提交的产品和服务"。这意味着数字交付是数字服务贸易的主要特征，具体包括数字交付内容、社交媒体、搜索引擎和其他数字产品和服务等。这与跨境电子商务在很多方面具有相似的特征，仅仅在侧重点方面有所不同。其中，跨境电子商务是借助互联网渠道实现跨境的货物贸易，重点在于货物流动；而数字服务贸易是借助互联网渠道实现跨境的数字信息流动，重心在于数据传输。

随着互联网技术的不断深化和发展，数字服务贸易的内涵正在不断丰富，其外延也在持续扩展。随后，美国国际贸易委员会在 2014 年提出的《美国与全球经济中的数字贸易 II》研究报告中进一步放松数字服务贸易概念的范畴，即使用了数字技术在交易中"起主要作用"的提法，将数字订购线下交付也包括在数字服务贸易的范畴。2017 年，鉴于美国服务贸易出口的竞争优势和重点在于数字内容和数字服务的跨境流动，美国国际贸易委员会对数字服务贸易的概念进行收窄，将数字服务贸易的范畴锁定在"数字交付"。

我国商务部服务贸易和商贸服务业司（简称商务部服贸司）于 2019 年发布的《中国数字服务贸易发展报告 2018》中对数字贸易的界定是："数字服务贸易是剔除了货物贸易数字化的数字贸易，也可以认为是狭义的数字贸易。……既包括传统服务贸易产业的数字化，也包括技术迭代后所催生的全新经济模式或业态，也就是数字产业化。"数字贸易分为数字服务贸易和货物贸易数字化的数字贸易，并进一步区分了数字产业化和传统服务贸易产业的数字化。

随着中国数字贸易不断深化和持续发展，有关数字贸易的定义也经历多次更新。为及时准确客观了解数字贸易发展形势，研判数字贸易发展趋势，中国商务部联合多个部门共同发布《数字贸易统计监测试点方案》，并对数字服务贸易进行明确定义："数字服务贸易指可通过网络跨境远程交付的服务，包括数字保险、数字金融、数字教育、数字医疗、数字媒体、数字商务服务和其他数字化服务等。"这是现阶段对中国数字服务发展最具权威性、最全面的高度概括。

6.1.3 数字服务贸易产生与发展的原因

受全球新冠疫情影响，航班停飞、边境管制、旅行限制等措施对境外消费、自然人流动等服务提供模式产生显著影响，传统服务领域受到严重冲击。传统服务业不得不结合数字技术，找寻新的发展模式，稳定服务贸易规模、提高服务贸易抗风险能力，加快推进服务贸易高质量发展。

全球数字服务贸易快速发展。2011—2020 年，全球由数字驱动的服务贸易从 2.14 万亿美元增长到 3.17 万亿美元，数字服务贸易在服务贸易中的份额从 47.89% 上升到 63.55%，规模已占到了服务贸易的一半以上。2011—2020 年，中国数字服务贸易总额由 1 648.38 亿美元增长到 2 947.60 亿美元，在服务贸易中的比重从 36.72% 上升至 44.55%，服务贸易数字化发展势头强劲。数字服务贸易发展不仅在于它能够扩量，而且更重要的是能够改变贸易内容和贸易方式。例如数字研发服务能够通过设计服务平台提供全球并行研发；从数据服务上看，跨境数据交易日趋活跃。

中国具备发展数字服务贸易的基本条件。中国数字消费市场规模大，数据更新快，产业基础好。中国网民数居全球第一，有 11.8 亿移动互联网月活用户，人均网络使用时间排在全球前列，每天移动端的人均上网时长接近 7 小时，这些用户合计提供了每天接近 80 亿小时的移动端线上时间，如此规模巨大的数字消费市场无人可以比拟，使国内数字产业能同时获得规模经济和竞争效应的双重优势，驱动商业模式不断创新，持续开拓新的增长空间。随着国内年轻劳动者教育水平提升,意向就业岗位除"世界工厂"之外,越来越倾向于软件开发、商务服务等"世界办公室"等类型,服务贸易出口与现阶段的人力资本供给结构有较好的匹配度。

制造业全球规模第一,数字服务应用场景丰富。中国长期出口大量资源含量高的制造业产品,这是中国部分资源消耗占全球比重较高的一个重要原因。减少资源能源含量较高的制造业产品出口,增加人力资源密集、资源消费和碳排放较少的服务业出口,是改善中国出口商品结构的内在要求。我国制造业转型升级也需要发展高水平生产者服务贸易,特别是研发服务、技术服务、商务服务、营销服务等,将对中国制造业提升国际竞争力有积极促进作用。

6.1.4 数字服务贸易的种类

数字服务的种类繁多,主要包括:数字保险服务、数字金融服务、数字教育服务、数字医疗服务、数字文娱服务、数字媒体服务、数字商务服务、数字化平台服务等。根据商务部等10部门发布的《关于支持国家数字服务出口基地创新发展若干措施的通知》(商服贸函〔2021〕564号),不同种类数字服务的含义如表6-1所示。

表6-1 数字贸易服务的种类及其含义

种　类	含　义
数字保险服务	依托互联网订立保险合同、提供保险服务的保险经营活动,主要包括互联网保险
数字金融服务	借助数字技术和互联网提供的金融服务,包括互联网金融、银行金融服务、数字资本市场服务及其他数字金融服务
数字教育服务	利用数字技术和信息化平台进行跨境教育内容传播和快速学习的活动,包括数字教育培训服务和评测、交流、教育科技等相关服务
数字医疗服务	利用数字技术和信息化平台开展的医学检查检验影像以及在线诊疗、远程医疗等服务活动,包括数字医疗健康服务及智慧健康技术、健康知识普及等相关服务
数字文娱服务	充分渗透数字技术的文化和娱乐活动,包括数字文化、数字体育和数字游戏
数字媒体服务	利用信息化、数字技术开展的创作、发行、分发影视音的媒体类服务,包括广播、电视、广播电视集成播控、电影和广播电视节目发行和数字直播
数字商务服务	利用信息化、数字技术开展的数字化商务服务,包括数字广告、在线管理咨询和调查服务、数字会展、数字化供应链管理服务、数字技术研究和试验发展、互联网居民生活服务、互联网房地产业、数字化社会工作及其他数字化商务服务等
数字化平台服务	通过数字化平台赋能贸易活动,为交易各方提供交易产品展示、磋商、订购、支付,甚至交付或在线使用(消费)等功能的平台服务。依据服务内容的不同,可分为网络销售平台、生活服务类平台、信息资讯类平台、金融服务类平台、计算应用类平台及其他互联网平台。通常平台贸易服务收入仅包括平台服务费收入、广告收入等中介服务收入,不属于基于平台促成的交易的总交易额
其他数字化服务	其他未列明的数字化服务,包括建筑、运输、旅游、加工、维修维护等服务中可能存在的数字交付形态,如云旅游、电子导览、远程运维等

6.2 数字保险服务贸易

6.2.1 数字保险服务贸易快速发展的原因

数字保险的参与对象一般包括保险公司、保险中介机构、保险科技公司、投保人和保险监管主体五种。其中，保险公司可以进一步分为传统保险公司和互联网保险公司；保险中介机构包括保险经纪人、保险代理人和保险公估机构；保险科技公司是提供数字技术服务支持的供应商；投保人是对保险有需求的消费者；保险监管主体是指保险监管机构。

数据资源是数字保险的关键要素。数据是数字经济中最关键的要素，数据的广泛应用能够帮助保险机构收集客户消费习惯和个人偏好的行为数据。通过掌握客户特征和潜在需求生成精准的客户画像，保险机构能更好地满足客户多层次的保险需求。

数字保险依托于数字技术的发展。当前，利用数字技术打造数字化平台，调整和优化传统保险业务运作是数字保险最突出的发展特色。保险机构能够运用新型数字技术不断推演和完善智能定价、智能风控等流程，从而提升数字保险的智能化水平和盈利能力。

优化保险价值链和构建数字保险生态圈是数字保险未来的发展方向。其中，优化保险价值链指的是以客户需求为导向，充分运用数字技术收集客户数据，从而挖掘出客户的真实需求并反馈到保险业务之中，提供与客户需求更加匹配的保险产品与服务；构建数字保险生态圈指的是打通上、下游产业链，实现与同行业各个主体高效联结与协作。

数字保险服务是中国在服务贸易中进口增长较快的领域。根据商务部2022年的数据，中国服务贸易进出口总额在第一季度同比增长25.8%，数额为14 569.9亿元。其中，保险服务是进口增长较快的领域，同比增长134.9%。这类领域主要由两方面组成：其一是主要以海运为主的，与货物贸易有关的货运保险；其二是航空运输保险服务，指的是游客出入境乘坐航班、购买机票时包含的保险服务。

6.2.2 数字保险对服务贸易的作用

第一，数字保险能够扩大保险产品的承保范围，增强保险经济补偿的作用。在过去，由于保险技术落后、再保险市场规模较小，保险机构通常很难承担自然灾害所造成的损失。但随着数字技术在保险业的不断推广，数字保险能够突破现有风险的界限，利用大数据和人工智能实现事前风险预防，替换传统事后补偿形式。这使得保险业务范围得到极大的拓展，从而增强了保险经济补偿的作用。

第二，数字保险能够提升保险机构的市场竞争力。一方面，数字化转型不仅能够帮助保险机构实现产品的个性化定制，还能够与通信、汽车、出口运输等领域加速融合，更好地满足客户需要。另一方面，数字化转型能够减少企业的人工依赖和降低人力成本，并通过数字化流程加快沟通效率和审核效率，突破时间空间的限制，有利于促进保险结构的降本增效。

第三，数字保险服务的发展能够支持数字经济的发展。根据已有的发展经验可知，新技术的发展常常会催生新的消费方式和就业模式，从而成为经济新增长动力。在诸多传统行业中，保险业是拥有万亿庞大市场规模的国民经济重点行业，其数字化转型对推动国家数字经济体系建设、实现国家"十四五"数字经济规划目标以及建设国家现代化经济体系具有极其重要的推动作用。

第四，保险科技正在重构保险业格局。首先，大型保险公司开启数字化转型进程，多元化市场主体提供保险科技创新解决方案。其次，保险科技广泛渗透财险、寿险、健康险业务。大数据、区块链、云计算、人工智能等技术通过对保险业务流程的全面渗入，提升了保险业业务效率，改变了产品形态与服务交互方式，在财险、寿险及健康险业务中广泛应用。最后，保险科技赋能保险业务全流程，风控能力得到精准性提高，数字技术应用落地发展前景向好。

6.3 数字金融服务贸易

当前，数字金融的覆盖范围较为广泛，很难概括出其完整的参与主体。通俗来说，传统金融服务贸易是指通过金融服务业进行贸易的过程。而数字金融服务贸易则是指利用大科技平台以及大数据、云计算等数字技术，创新传统金融产品、传统金融商业模式、传统金融技术应用和传统金融业务流程。

6.3.1 数字金融服务贸易快速发展的原因

第一，中国传统金融供给不足的矛盾十分突出。中国社科院金融所、国家金融与发展实验室财富管理研究中心主任王增武曾在主题为"长镜头下的财富管理市场逻辑"的演讲中提到，传统金融机构提供的金融产品服务的规模占居民可投资资产规模的比例不足35%。中国社科院农村发展研究所社会问题研究中心曾做过一项调查，在中国农村，56.8%的农户表示资金很紧张，而认为农村贷款不便利的农户占69.6%。

第二，数字技术快速发展为实现数字金融与服务贸易的深度融合提供了更多可能性。金融业是产业数字化转型中的重点行业之一。近年来，不同的金融机构围绕移动支付、人工智能、区块链、云技术、大数据等不同种类的数字技术进行深度创新，持续提升金融科技的实力。据《2021中国金融科技专利技术报告》统计，2016—2020年，已有1.7万余家企业在中国申请了金融科技相关专利，总数已超9万项；根据赛迪顾问《金融科技发展白皮书》，中国金融科技市场规模2022年达到5 423亿元，增长率与2021年的17%大致持平。在金融科技的大力发展下，大数据风控、智能客服机器人、智能理财等金融新业态不断涌现，分布式架构转型加速推进，金融机构经营模式和服务模式正在发生深刻变革。在可预见的将来，金融科技的大力发展将持续释放数据要素的应用价值，积极引导"金融活水"流向实体经济和服务贸易，促进经济的高质量发展和推动高水平的对外开放。

第三，前期相对宽松的监管环境。以中国移动支付发展为例，2004年，《中华人民共和国电子签名法》正式颁布，确立了在线合同电子签名的法律效力；2005年，国务院办公厅出台《关于加快电子商务发展的若干意见》等指导性意见，进一步鼓励在线支付的发展。中国人民银行在2010年才开始对移动支付进行监管和牌照管理，使得在线支付能在宽松的监管环境和法律保障下实现"跨越式"发展。然而，由于互联网金融科技相关的业务和产品具有跨行业、跨地域的特征，规模效应和网络效应十分明显。随着金融数字化程度和影响范围不断扩大，宽松的监管环境容易引发市场的野蛮生长，损害金融消费者的合法利益。近年来，国家出台了更多的政策规范数字金融平台的行为和运作流程。在未来，推动数字金融服务发展的原因将会由"相对宽松的监管环境"转向"日渐完善的制度体制"。

6.3.2 数字金融对服务贸易的作用

第一，缓解企业参与出口贸易的融资约束。融资约束是中国企业参与对外贸易的一个重大障碍，对发展中经济体的企业来说尤其如此。相比于发达国家，发展中国家的融资更为不足，而且大量中小企业受影响更大，从而导致出口贸易结构的失衡。数字金融科技的广泛应用能够为不同层级的企业提供收集客户征信数据、交易信息等技术支持，帮助金融机构全面评估各层级外贸企业的资金往来、经营状况、盈利情况以及能否按时还款履约等，从而提高了信贷配置效率。由此，出口企业将更容易获取资金支持，缓解出口前期所需要的固定成本和搜寻成本投入压力，并在后续加速外贸企业的资金周转，为保证充足的营运资本创造了条件，突破了企业拓展出口业务的限制。

第二，数字金融能够改进贸易融资方式。当前，全球国际贸易大多需要通过银行提供交易凭证。例如，通过信用证、贷款和担保提供资金。但大量的贸易融资交易仍然依赖于纸质文件，这难免会出现人为过失和延期支付的行为。此外，大部分国家会出台反对和限制洗钱的法律法规，而传统的金融贸易很难兼顾这类风险。但是，数字金融可以利用移动互联网接入、区块链、人工智能和大数据等工具，以较少的安全担忧改善信息获取。同时，区块链和人工智能的应用可以减轻信息不对称的成本，解决贸易融资的堵点，提高国际贸易各个阶段的效率，从而吸引更多中小企业参与全球贸易。

第三，数字金融推动外贸新业态的发展。销售网络的数字化使碎片化、移动化、小单化的对外贸易更便捷，为企业带来更多拓展出口贸易订单的机遇。同时，凭借跨境电子商务的"互联网平台"，金融机构可以通过运用大数据、人工智能等先进技术，依据每一笔交易的资金流、信息流、物流，匹配其交易背景，实现对外贸企业的信用评估和风险控制，创新开发跨境快贷系列金融产品，使得企业可以线上办理信用贷款，简化审批手续，为企业提供更高效率、更低成本的服务支持。

6.4 数字教育服务贸易

数字教育产业是指借助互联网思维、设计思维、大数据思维和人工智能思维，运用数字工具和数字技术设计开发数字教育产品，提供在线教育培训、教育大数据分析与决策支持、技术解决方案、治理与评测、战略规划与设计等数字教育服务的产业。常见的数字教育产品包括智慧教育装备、教育软件与平台、教育机器人、教育动漫、教育游戏、在线课程、"短视频+直播"课程、数字教材、云教材、3D教学资源、虚拟仿真实验等。

6.4.1 数字教育服务贸易快速发展的原因

第一，中国积极培育数字人才，破除"数字鸿沟"，抢占数字经济转型升级的发展先机。在全球经济数字化转型的过程中，不同国家、地区、行业、企业、社区对信息、网络技术的拥有程度、应用程度以及创新能力存在明显的信息落差。在中国，数字教育发展不均衡、不充分的问题依然存在。部分偏远地区、贫困家庭仍然存在值得关注的"数字鸿沟"现象。对于发展中国家而言，其不可避免地受到"数字鸿沟"所带来的阻力。因此，中国的数字经济发展战略多次强调有教无类、全民普惠和开放共享，让所有人都能分享数字教育带来的便利。

第二，世界各国正在积极制定数字教育发展战略，加速数字人才的培育。当前，数字经济的重要性日益凸显，数字人才需求空前迫切，各国都认识到教育数字化发展对提升数字时代国家竞争力的重要作用。例如，欧盟发布了《数字教育行动计划（2021—2027年）》，德国出台了《数字教育倡议》和《技术劳动移民法》，法国出台了"教育数字领地"项目等。通过顶层设计，世界经济大国纷纷从教育环境、资源、模式、素养及安全等多方面实施了一系列战略举措，加强推进数字教育转型进程，以抢占发展的制高点。故此，中国把教育、科技、人才进行"三位一体"统筹安排、一体部署，肯定了教育数字化对于实施教育强国、科技强国和人才强国战略的重要支撑作用，这不仅是社会发展的时代需求，也是当前激烈国际竞争环境下强化人才支撑的必然选择。

第三，受新一代智能技术和新冠疫情等外部因素推动作用，高等教育数字化转型迎来难得的发展机遇和挑战。新冠疫情期间，各地区大中小学校推迟开学，日常教学普遍转为线上教学，引发一场超大规模的青少年数字教育实验。随着全国范围内疫情形势得到缓解，中小学教学逐步回归课堂。但是，这一教育试验对未来教育数字化转型的积极作用仍在持续。根据当下的实践经验可知，教育行业已经出现"短视频+直播"教育、"5G+直播"教育、线上线下融合（Online-Merge-Offline，OMO）教育、数字化弹性教学、移动在线教育、"教师+机器人教师"的双师教学等新形态。总体上，人们正在形成数字学习、数字工作和数字生活的习惯。人类社会正在形成数字文化，迈向数字文明新时代。

6.4.2　数字教育对服务贸易的作用

第一，提供更多的数字人才，打造更好的数字环境。目前，数字经济改变了就业市场对劳动力的需要；狭义上的信息技术人才已经很难满足数字经济发展的需要，经济数字化的发展需要更多能够使用数据进行决策，熟练掌握数字化工具进行工作，在业务侧和技术侧都能发挥作用的复合型人才。教育的数字化推动了产学研合作形式的产生，推进了当代教学的改革和发展。在企业提供数字技术应用实践经验、高校提供数字技术基础理论和学生积极参与数字教育活动的产研学过程中，数字教育正在打造一批未来技术学院、现代产业学院、高水平公共卫生学院和专业特色学院，推进国家产教融合创新平台建设，并进一步培育建设了一批特色化高端医疗装备工程实践创新教学中心，推进虚拟教研室试点建设。

第二，加强数字教育的国际合作和交易，加速数字资源的全球流动。在后疫情时期，越来越多的重量级国际教育会议在线举行，为中国方案在全球教育合作发展中的推广和宣传提供了更好的条件；进一步优化了信息化的服务水平，简化留学服务流程，提高管理服务的效率；全时空学习成为可能，"不出国留学"梦想成真，进一步倒逼中外教育体系的改革；孔子学院（课堂）开发各类在线中文教育课程，举办各式各样的线上活动，吸引更多的学生接触中国文化、了解中国文化、创造新的中国文化……此外，数字教育还带来云学习、云会议、云实验等新的交流合作形态，有利于推动中国教育数字化与国际接轨。可以预见，未来的教育国际交流合作将在更广的领域拓展，师生"跨时空"交流互鉴的机会将更加广泛，人才培养模式将更加多元。

第三，教育数字化可以推动国家治理现代化，助力高水平对外开放。一方面，以数据要素为核心建立网络化、数字化、智能化的全业务、全流程教育治理体系，可以有效提升教育的治理效果和效率；另一方面，教育数字化可以加速数据共享和办公协同，形成更丰富、准确、科学的教育基础，提升全面教育质量，继而提升政务的服务水平，创新服务公共支撑体系。由此，随着国家治理体系和治理能力现代化加快推进，中国对外贸易的制度性壁垒将得到极大地削弱，有助于简化贸易流程和保障产业链条安全稳定，进而助力中国实现高水平对外开放。

6.5　数字医疗服务贸易

数字医疗是数字技术赋能的医疗健康产业集合，其通过健康医疗数据的产生、收集、分析、应用，实现诊疗全流程的优化，为医疗健康行业各相关方以及医疗卫生系统的建设带来全新价值。相对于传统医疗产业，数字医疗具有数据驱动、以客户为中心并提供完整解决方案等优势。数字医疗创新呈现出与医疗结合由浅到深、由全科到专科的整体趋势，并且越来越关注提升医疗供给端的能力和效率。

6.5.1 数字医疗服务贸易快速发展的原因

第一,中国医疗体系规模虽大,但民众的医疗需求尚不能得到完全满足。一方面,从2017—2021年,中国数字医疗市场的规模呈现了数倍规模的快速扩张,其中2020年的增长率高达104.3%,2021年的增长率稍有回落,但在规模上仍然相当可观。截至2022年6月,据《中国互联网络发展状况统计报告》统计,国内在线医疗用户规模已经高达3亿人次,国内互联网医院数量、在线问诊需求持续增长;根据《"十四五"全民健康信息化规划》公开信息,中国已经建成1 700多家互联网医院,7 000多家二级以上公立医院接入区域全民健康信息平台,260多个城市实现区域内医疗机构就诊"一卡(码)通",2 200多家三级医院初步实现院内互通。另一方面,2020年,新冠疫情肆虐全球,世界各国对医疗服务的线上化、数字化需求急剧增长,中国医疗在疫情期间实现疫情防控、疫情治理、患者诊疗等多个应用场景的数字化转型,迎来了新一轮的海外市场扩张。

第二,中国出台大量数字医疗的利好政策。自2015年以来,中央牵头各省市出台一系列推动医疗数字化改革的重要政策,为数字医疗行业的发展提供了有力政策支持。代表性政策意见是《关于积极推进"互联网+"行动的指导意见》,其对移动医疗、远程医疗、互联网健康服务、医疗数据共享和医疗大数据平台等给出具体指导意见。2016年,中国出台《健康中国2030规划》,对数字医疗未来发展指明了前进的方向。2018年,中国先后出台《国务院办公厅关于促进"互联网+医疗健康"发展的意见》《国家健康医疗大数据标准、安全和服务管理办法》,进一步完善了数字医疗的监管和体系建设目标。2021年,中国发布《公立医院高质量发展促进行动(2021—2025年)》,对充分发挥公立医院保障和改善民生的作用,提出更多的鼓励条件和更高的发展目标。

6.5.2 数字医疗对服务贸易的作用

第一,建设数字医疗技术出口试点基地,推动打造高水平对外开放的新模式。2016年6月22日,习近平总书记在乌兹别克斯坦的最高会议立法院演讲时,首次提出要携手打造绿色、健康、智力、和平的丝绸之路。为此,中国开始在全国各地构建数字医疗技术试点。2020年,西部首个"一带一路"服务贸易数字医疗技术出口试点基地成功落地。在经过"一带一路"国际大健康合作产业园、"一带一路"国际医疗技术智库、数字化医疗大健康交流平台等一系列重大工程建设后,中国正在形成全国智慧医疗企业"走出去"的新局面,推动中国智慧医疗服务贸易高质量发展。

第二,全面构建监测、预警、防控、救治的"四位一体"境外医疗保障体系。"一带一路"倡议是实现中国高水平对外开放的顶层设计。但是,中资企业积极推动沿线建设项目建设的过程中,内部员工一直面临着健康风险。一方面,大部分"一带一路"沿线国家不仅存在公共卫生条件较差、医疗水平较低、语言交流困难等问题,而且还是结核病、艾滋病、疟疾等常见传染病的高发地区,可能面临着高死亡率传染病的威胁;另一方面,这些国家的医疗保障系统还不足以支撑新冠疫情"常态化"。在国务院国资委指导下,2020

年6月，以中央企业海外员工医疗健康安全为核心业务的中央企业远程医疗平台正式成立。这一平台为防治新冠疫情提供了极具针对性的解决方案，助力境外合作项目的顺利运作，降低境外项目受到的冲击。同时，这一平台可以实现参与境外项目的员工身体健康状况的动态监测，深化了境外疫情防控、供给远程医疗服务、实现跨境健康管理。

第三，数字医疗推动传统医疗迭代升级，向更深层次的用户需求迈进。在生物医药领域，部分企业开始使用新算法研究新药，试图提升新药研发的效率和成功率；在医疗器械方面，大数据检测、数据读取等技术正在用于临床实践，减少不确定的人为因素对治疗效果的干扰；在医疗服务方面，线上挂号、线上缴费等环节体现了数字化转型对医疗流程简化的重要性，为患者和医生都节省了许多时间和精力，使救治更加及时。

第四，医疗健康领域进入了全面数字化的新时期。这主要体现在两个方面：一方面，随着新一代数字技术融入医疗健康领域，互联网医药、远程诊疗、网上问诊、网上买药等新模式被逐一开发；另一方面，医院的信息化逐渐完善，从最初的门诊管理、住院管理、药房管理衍生出多个子系统，所有信息均可联网处理，医疗机构覆盖面也逐步扩大。但也要注意，医疗数据共享还面临诸多障碍。不同医疗机构拥有不同的信息系统；甚至在同一医疗机构内部中，由于存在许多细分的子公司，其信息系统的运算逻辑也可能存在差异。由此，非标准化的流程导致数据难以在不同医疗机构（或子公司）之间流转起来，难以实现数据接轨，导致数据共享受到明显阻碍，并在深层次上制约着医疗的数字化转型进度。此外，数字医疗监管还存在不足。当前，在互联网诊疗中，还存在由于缺乏政府部门的监管，部分平台盲目推送医师和药品，导致治疗效果不佳的问题；同时，线上购药由于缺乏规范性，可能会出现消费者盲目囤积药品、平台不法商家贩卖假药等问题。这难免导致数字医疗的野蛮生长，严重影响了医疗质量的有效提升。近些年，虽然相关部门开始规范医疗数据保护，但从实际情况看，受实施主体不清、操作规范不细致、监管惩罚不到位等影响，个人医疗健康数据的保护和使用中的规范性问题仍亟待解决。

6.6 数字商务服务贸易

如果对应数字经济的产业数字化和数字产业化构成，电子商务就是数字商务的数字产业化部分，其未来的发展方向和增长空间必然会聚焦于如何促进传统商务活动的数字化和持续催生新的数字商务模式。因此，充分发挥电子商务的先导作用和拉动作用，促进数字商务发展，可以有力支撑中国数字经济发展和数字中国建设。

6.6.1 数字商务服务贸易快速发展的原因

第一，数字商务能够更好地满足民众美好生活需要。现在人们的生活节奏加快，尤其是大城市的人，几乎没什么时间去逛实体店。但民众对于美好生活的愿望越来越强烈，产生了更多样化、更新颖的消费需求。数字商务的出现（如网络购物）极大地满足了民众在新时期的消费需求。人们只需要在网上浏览、咨询、下单、支付，之后就可以直接等待收货，这使得人们足不出户就可以在国内外市场采购到自己想买的产品。不仅如此，数字商务在创造新的交易渠道的同时，也改变了传统的面对面直接交易或洽谈方式。数字商务与传统商务活动相比具有许多明显的优势，包括利用大数据算法更好地推送产品、原产地直销商品，降低交易成本。

第二，数字商务能够加速商品和要素的流通，有利于国内统一大市场的建设。电子商务的流行在网上形成了要素和商品的统一大市场，打破了时空限制。依托于前端活跃的网上消费，商品、信息、资金得到快速流转；这无疑是极大地加速了社会资源在生产、流通和消化环境的循环和流转。在此基础上，电子商务依托平台生态及数据要素在生产与消费间建立起快捷的直通通道，通过开展顾客对工厂订制促进产销直接触达消费者模式（Direct-To-Consumer，DTC），带动了一大批"新国货"品牌加速涌现，这已经成为中国制造业转型升级的典型代表。

第三，各国政府的大力支持和推动。电子商务的优势和美好前景已经引起世界各国的广泛关注。它们充分认识到，谁在电子商务领域领先，谁就能在未来的国际市场竞争中抢得先机。于是，各国政府纷纷出台各种鼓励和刺激其发展的政策，以求在这个全新的战场上夺取一席之地。因此，为了赢取中国数字经济在全球分工洗牌阶段的发展优势，中国需要加强数字化转型的力度和速度。

6.6.2　数字商务对服务贸易的作用

数字商务可以畅通国际国内双循环。以国内不断升级的巨大消费需求市场为牵引，全球优质商品可以通过数字商务（跨境电子商务）的渠道进入国内市场，持续释放中国经济增长的发展红利，带动全球经济发展；同样，依托电子商务平台，可以更好地整合国内产业链、供应链资源，建立网上市场的中国渠道，支撑中国品牌建设，服务中国制造业全球化发展，实现新时期的"引进来"和"走出去"。

数字商务这一外贸新业态的发展，大幅降低了国际贸易专业化门槛，为全球贸易注入了新动能。一方面，根据 Melitz 的新新贸易理论可知，出口具有较强的贸易壁垒。数字商务使一大批"不会做、做不起、不能做"的小微主体成为新型贸易经营者，为更多中小企业提供了新发展机遇。另一方面，数字商务使消费者商品消费范围进一步扩大。更多国外的优质产品可以通过网购等方式进入国内市场，更多国内优质产品可以通过跨境电子商务向世界流通，并且可以通过打造要素集聚、反应快速的柔性供应链，更好地满足了海外消费者个性化、定制化需求。

数字商务广泛渗透应用于贸易各环节，为货物贸易和服务贸易提供了巨大增长空间。数字商务极大地消除了供应厂商和消费者之间的贸易壁垒，拓宽了消费者购买的选择空间，带来了消费者效用的整体提升。数字商务为数字产品生产企业提供更为广阔的市场，并借此产生的规模效应，实现了成本的节约与效率的提升。数字贸易的普及为中小微企业、个体商户及广泛的消费者提供了参与国内及国际贸易的机会。

第 7 章 数字技术贸易

数字技术的更新和应用为数字经济的蓬勃发展奠定了重要的技术基础。新型数字技术，如大数据、物联网、云计算、人工智能、区块链技术的广泛应用推动数字贸易发展边界向外延伸，在扩大了数字贸易的规模和范围同时，也提高了贸易效率、优化了贸易流程、降低了贸易成本。数字技术贸易本身作为知识密集型服务贸易的典型形式，是数字贸易的重要组成部分。

7.1 数字技术

7.1.1 数字技术概念

数字技术是ICT最新的发展，是由计算技术、微电子技术和现代通信技术组成的新技术群体不断发展演变而来的，其本质是借助一定的设备将各类信息转化成为电子计算机能够识别的二进制数字，再将标准化的信息进行运算、加工、存储、传播、还原和应用的技术。数字技术是数字应用的基础和核心，其主要是基于信息通信，而ICT是信息技术和通信技术的综合应用。其中，信息技术是指用于管理和处理信息所采用的各种技术，主要是通过计算机科学和信息解码技术来设计、开发、安装和实施信息系统及应用软件。信息学中的鼻祖香农提出，信息的意义在于它是按照某种关系与实体的物质或者概念产生联系。未被加工整理的初始"信息"以人类某种语言表达的形式存在，但人类的语言都有一定的统计结构和冗余度。在日常语言中，冗余可以辅助理解，但对于信息所传递的与实体的物质或概念的关联则是毫无意义。而信息技术的任务就是找出涉及"离散信息"的一般数据结构和属性，即为了"消除冗余"而进行形式化编码的过程。香农理论中的"信息"与日常生活中所指的"信息"不同，从信息的本体论角度出发，信息是可利用的事物属性。日常生活中的"信息"实际上就是各种事物属性的集合，包含冗余属性、日常意义，属于广义的"信息"；而狭义的"信息"是可形式化的数据，信息技术就是挖掘广义信息中所具有利用价值的事物属性。将事物的属性转化为信息的人是信息的所有者，将应用这些信息决策的人则是信息的使用者。信息的所有者既可以自己利用这些信息，也可以把信息的使用权利转让给其他人。信息是企业最重要的资源，但使用者有时会将有价值的信息和数据混为一谈。数据是由原始的事实组成，如商品的库存量、客户的订货记录、企业员工的个人信息等。只有当这些数据被有组织、有规律地收集在一起，并按照一定的方式组合在一起时，才具有了价值。比如说，沃尔玛通过分析顾客的购物账单信息后，将啤酒和尿布毗邻陈列，从而提高了啤酒的销量。一条单独的数据可能毫无意义，就如同一块积木，但如果我们将很多积木按照一定的规律组合，就可能搭建出一个雄伟的建筑，信息在很大程度上也与之类似。人们通过定义已有数据之间的关系，将数据转化为有用的信息，即通过信息处理系统的处理过程完成一系列逻辑任务来达成预先设定的目的。定义数据之间的关系以创建信息的过程需要使用到信息技术，简单的数据处理可以通过人脑借助简单的工具（笔、纸以及简单的图表）来完成，复杂的数据处理则需要使用到计算机信息处理系统，云计算的应用实际上提高了数据处理的效率。

通信技术是为了满足人们互通信息的需求。从这个意义上来说，通信在远古的时代就已存在。人之间的对话是通信，用手势表达情绪也是通信，烽火传递战事情况同样是通信。现代通信，国际上称为远程通信。从1838年莫尔斯发明电报开始，通信技术经历了从架空明线、同轴电缆到光导纤维，从固定电话、卫星通信到移动电话，从模拟通信技术到数字通信技术，从电路到IP，从语音到多媒体，从互联网到移动互联的演进。目前主要通信技术有数字通信技术、程控交换技术、信息传输技术、通信网络技术、数据通信与数据网、综合业务数字网（Integrated Service Digital Network，ISDN）与异步传输模式（Asynchronous Transfer Mode，ATM）技术、宽带IP技术和接入网与接入技术。数字通信技术是现代通信技术的基础，主要包括光纤通信、数字微波通信、卫星通信、移动通信及图像通信。

通信技术与信息技术是两个完全不同的范畴：通信技术着重于消息传播的发送技术，信息的接收方几乎复制了发送方挑选的信息；信息技术着重于信息的编码或解码，以及在通信载体的传输方式。信息技术侧重于对信息以及信息加工方法的认识和理解，通过信息技术，数据可以变成更加有价值的信息。信息技术（计算机技术）负责处理信息，通信技术负责传输信息。在计算机技术日臻完善、通信技术普遍数字化后，这两大信息技术在兼容与共存的基础上有机结合在一起，从而渐渐融合成为一个范畴，使信息技术进入了信息传输、处理、存储一体化的新时代。一方面，这种融合实现了现代通信系统在计算机的控制下传播的自动化和高效化，实现了各种通信方式一体化；另一方面，这种融合使计算机借助通信线路实现了网络化。随着互联网的广泛接入和信息技术的关键性突破，全球范围内由网络连接所催生的海量数据已大大超出了传统分散终端的处理能力，形成了目前占主导地位的数字新技术，即大数据、云计算、物联网、区块链和人工智能五大数字技术，其中大数据技术为数字资源，云计算技术为数字设备，物联网技术为数字传输，区块链技术为数字信息，人工智能技术为数字智能，五大技术相互融合呈指数级增长。

7.1.2 数字技术基本特征

以人工智能、区块链、云计算、大数据和物联网为代表的新兴数字技术具有以下特征。

(1) 可数据性。"数据"一词在拉丁文里表示为"已知"的意思，也可以理解为"事实"。数据代表对某件事物的描述和记录，以便人们更好地理解和分析不同事物。数字技术使得文字、图像、视频和音乐等内容可被转化成计算机可识别、可处理的二进制码，即实现了数字化进程。但是，数字化和数据化有本质上的不同，数字化带来了数据化。比如，经授权许可后，可以将书籍资料扫描和存储，人们可以通过网络进行阅读，但这些未被数据化的数字文本不能通过搜索词进行检索，也不能被分析，直到数字识别图像软件的出现将这些数字图像转化成计算机可以处理和分析的数据化文本。数字化改变了记录和存储信息的传统物理形态，但数据化使更多领域、更大规模地深度挖掘数据信息和附加价值成为可能。数据是计算的基础，物联网等数字技术打破了数据与实体之间原本的割裂状态，将不同场景中信息转换为可编辑的数据。可数据化为经济活动提供了丰富的数据资源，但不同于物质实物，数据的价值不会随着使用而减少，而是可以不断地被创新再使用，个人的使用不会妨碍其他人的使用，从而带来"非竞争性"的好处。

(2) 基础性。计算是数字技术的基础功能，其他延伸功能也都建立在计算功能之上，数字经济时代，不同行业的运行都无法脱离对计算的需求，并且随着经济社会不断发展，这种需求从简单低级向复杂高级发展。通过将各行业中的不同信息转换为标准化二进制数据，来自不同行业的计算需求变得统一、高效和便于操作，从而提高数字技术自身的通用性，带来了规模经济效应。

(3) 外部性。数字技术的可沟通、可关联，大幅提高主体间的交互效率，产生了强烈的外部性。一方面，数字技术推动用户主导市场模式取代厂商主导市场模式，扩大了企业获取数据源的范围，提高数据获取效率。通过不断收集用户使用和产品运行数据，企业可以针对用户使用习惯对产品进行优化升级，从而提高企业在市场上的竞争力。随着市场中优质产品的增多，用户的整体期望和要求也会逐渐提高，来自用户和竞争者的双重压力将迫使其他企业加速转型，以迎合用户需求、获取竞争优势。另一方面，数字技术推动产业价值网的形成。数字技术打破产业内的信息壁垒，使产业链中的企业可以更好地无缝衔接，促进产业内的资源流动、能力互补和分工协作，形成网状的价值创造体系。

(4) 高渗透性。数字技术作为数字经济的物质技术基础，与经济社会各领域深度融合，不断释放数据要素价值，催生出以数字化转型整体驱动生产方式、生活方式和治理方式变革的全新范式。工业经济时代，分工模式主要是产业间分工，这种模式决定了农业、工业以及服务业之间的界限明朗，彼此相互渗透较少，存在关联渗透的地方仅限于部分产品的交叉使用和服务对象的部分重叠。数字经济时代，数字技术的多样性和应用的广泛性特点决定了数字信息产业具有高渗透性。数字技术与其他生产、经营管理等技术产生互补，对生产方式、组织方式等各种要素资源进行重构整合，引发生产范式改进和产业联动效应，推动生产部门结构优化。数字信息产品以互联网为载体，利用数字技术与传统产业相互的渗透融合，促进了传统产业效率的提升和交易量的大幅增加。

（5）通用性。不同的技术对于生产效率的影响的广度和深度是不同的，一些技术的发展能够影响各行各业的生产效率。它会颠覆既有的生产方式，造成创造性毁灭（Creative Destruction）的效果。经济学文献把这类科技成果称为通用目标技术。数字技术的广泛应用在催生了新的产品、新的业态、新的服务的同时，也对部分传统行业和业态产生了巨大的冲击甚至颠覆。例如，微信的普遍使用给电信运营商的语音和短信业务造成巨大的冲击，尤其是对短信业务造成"毁灭性"的打击。根据工业和信息化部数据，2012 年中国手机用户共发出 9 000 亿条短信，之后逐年下降。熊彼特认为"当新组合是间断地出现的时候，那么具有发展特点的现象就会出现了"，该新组合包括"新产品、新市场、新方法、新供给、新组织"。熊彼特认为，在竞争性环境中的新组合会打破旧组合的平衡，从而"意味着对旧组合通过竞争而加以毁灭"。

（6）可分离性。数字技术服务的生产与消费在时间上分离后可以实现标准化、机械化生产，提高生产率，获得规模经济效应。从空间上看，服务提供者与服务本身的分离，一方面获得了类似于商品贸易的专业化分工带来的效率提升，因为通过把产品供其他人消费，可以充分利用自身生产的比较优势，无论是产业层面的优势还是个别公司自身的优势，否则可能产生较大的机会成本；另一方面也可以使交易的规模不受制于服务提供者的数量多少。

7.1.3　数字技术的发展推动了数字经济的同步发展

数字技术的发展和应用推动了数字经济的发展，并使后者与之保持着一致的节奏，数字经济的每一阶段进程都与同一时期的技术特征紧密相关。华为在 2016 年《量化数字经济进程》报告中将数字经济进程分为三个时期：第一阶段，以个人计算机（Personal Computer，PC）的普及和网络浏览器为标志，自 1970 年开始，电子计算机的大规模使用将企业带入"信息化"阶段，企业的数字化转型减少了信息不对称、降低了交易成本，在为企业提质增效的同时，改变了企业组织管理结构，出现了网络化、扁平化的组织形式。第二阶段，以移动互联网技术和智能手机的发展为标志，以 SaaS 的云架构应用技术支持下的企业服务进入"SaaS 化"阶段。第三阶段，以物联网、大数据、人工智能、云计算、区块链等数字技术集成应用为标志，企业依托移动互联网和移动支付等数字应用技术，线上与线下融合，实现了普遍的"移动化"；2016 年以后，随着大数据处理与应用能力增强，人工智能基础上的预测用户需求、精准市场定位等推动企业服务进入了"AI 化"阶段。

数字技术的发展还催生了数字经济中关键的数字服务行业，即以互联网、人工智能、云计算和区块链等为代表的新兴通信信息技术服务以及与之相关联的数字平台、数字基础设施所组成的智能技术集合。数字服务行业既包括数字硬件等物理部分，也包括网络连接、访问和操作等逻辑部分，还包括数据、产品、平台和基础设施等结果部分。其中，数字硬件提供硬件产品支持，构建数字经济基础，如通信设备、存储设备、计算设备和感知设备；

数字服务技术提供各类生产性服务支持，推动数字经济智能化、串联各方的要素和服务，如用户端系统及软件开发集成、维护及咨询服务和租赁业务为一体的综合服务业务，数字服务供应商搭建可信数字经济环境、拓展数字经济全新场景，并利用自身在网络及信息专业技术服务领域积累的丰富经验，为客户提供专业化的信息技术服务，使客户可以更专注于自身的核心业务发展。

7.2 数字技术贸易

7.2.1 数字技术贸易的概念

数字技术贸易指与数字化应用相关技术服务的跨境贸易活动，具体包括软件开发服务，电信、广播电视和卫星传输服务，互联网相关服务，信息技术服务和其他新兴的数字技术服务。在现行服务贸易统计中，"ICT服务"属于典型的数字技术贸易的范畴，除此之外，还包括"新兴数字技术服务"。数字技术贸易的供给方是"向市场提供信息产品或信息服务的企业"，这些企业构成了数字经济的基础部分，具体包括电子信息制造业、信息通信业和软件服务业等。

7.2.2 数字技术贸易的种类

1. 软件开发服务

软件开发服务指根据用户要求建造出软件系统或者系统中的软件部分的过程，包括基础软件开发、支撑软件开发、应用软件开发以及其他软件开发。基础软件开发是能够对硬件资源进行调度和管理、为应用软件提供运行支撑的软件的开发活动，包括操作系统、数据库、中间件、各类固件等。支撑软件开发是软件开发过程中使用的工具和集成环境、测试工具软件等开发活动。应用软件开发则较为常见，指独立销售的，面向应用需求和解决方案等软件的开发活动，包括通用软件、工业软件、行业软件和嵌入式应用软件（IBM将其称为第四种类型软件，主要用于控制通常不被视为计算机的机器和设备，如电信网络、汽车、工业机器人等，这些设备及其软件可作为物联网的一部分实现连通）。其他软件开发指其他未列明软件的开发活动，如平台软件、信息安全软件等。与硬件设备不同，随着硬件技术的发展，硬件的成本会有明显的下降趋势；而伴随着软件结构越来越复杂，软件实现的功能会越来越强大，而软件研发的耗时会越来越多，成本也会随之增加。

2. 电信、广播电视和卫星传输服务

电信、广播电视和卫星传输服务业，涵盖三种不同技术的传输服务，分别是：电信业，是指利用有线、无线的电磁系统或者光电系统传送、发射或者接收语音、文字、数据、图像、视频以及其他任何形式信息的活动;广播电视业,指利用有线广播电视网络及其信息传输分发交换接入服务和信号,以及利用无线广播电视传输覆盖网及其信息传输分发交换服务信号的传输服务;卫星传输服务业,指利用人造地球卫星作为中继站来转发无线电波,从而实现多个地球站、航天器、空间站之间的单向或双向通信。典型的通信形式为音视频广播、数据广播(导航、定位等)、音视频通话、数据传输(遥感、遥测等)、互联网连接等。数字贸易中的卫星定位服务,也属于广义的通信服务,如卫星定位服务的核心——北斗卫星导航系统。

3. 互联网相关服务

互联网相关服务指除基础电信运营商外,通过互联网提供的相关网络技术服务支持,它包括:第一,互联网接入及相关服务,如互联网安全服务,互联网搜索服务和其他互联网相关服务。这些大多能在生活的方方面面中接触到,如互联网搜索服务(百度搜索引擎)、互联网游戏服务(王者荣耀)、互联网资讯服务(今日头条)、互联网安全服务(360杀毒)、互联网数据服务(阿里云盘)等方面。第二,基于基础传输网络为存储数据、数据处理及相关活动提供接入互联网的有关应用设施的服务活动,但不包括通过互联网提供的网络视频、音乐、游戏等数字内容服务,以及网络支付服务、互联网基金销售、互联网保险、互联网信托和互联网消费金融和数据处理服务。

4. 信息技术服务

信息技术服务指通过促进信息技术系统效能的发挥,来帮助用户实现自身目标的服务。它包括集成电路设计、信息系统集成服务、物联网技术服务、运行维护服务、信息处理和存储支持服务、信息技术咨询服务、地理遥感信息及测绘地理信息服务。

5. 其他新兴的数字技术服务

新兴的数字技术主要包括大数据、云计算、物联网、区块链和人工智能技术五大技术,其中大数据服务在数字贸易分类中归属于数据贸易,因此这里的其他新兴数字技术服务只包括云计算、人工智能、区块链和物联网4个领域。

1)云计算服务

云计算服务将大量用网络连接的计算资源统一管理和调度,构成计算资源池向用户提供按需服务,包括提供云主机、云空间、云开发、云测试和综合类服务,用户通过网络以按需、易扩展的方式获得所需资源和服务。随着云计算应用的加快发展,基于云计算等新一代信息技术的专业服务提供商将为客户提供公有云、私有云和混合云等服务,主要有:SaaS、PaaS、IaaS。

2)人工智能服务

利用机器人、语言识别、图像识别、人脸识别、自然语言处理、视频分析、无人驾驶、专家系统等各类应用技术为传统企业提供人工智能、机器学习等技术咨询及整套专业解决方案服务,主要包括智能语音服务、自动识别服务、人工智能引擎平台服务、制造流程智能化服务、智能交通服务、智能安防服务、智能环卫服务、智能家居服务等多种业务类型的人工智能技术融合服务。

3）区块链服务

区块链服务包含以下三个细分领域。

区块链平台服务，指区块链即服务（Blockchain as a Service，BaaS），即基于去中心化平台提供云服务。区块链技术平台主要分为信息加解密、广播通信、验证共识以及智能合约等关键环节，为客户提供基于公有链、联盟链或私有链的从 lass 到区块链技术平台的整体应用底层的技术服务。

区块链技术服务包括四类：基础协议服务，作为区块链的操作系统，提供 API 供调用；匿名技术，主要解决数据发布中的隐私泄露问题；智能合约指可编程合约；数据服务是提供数据共享、数据库、数据保护服务，信息安全即保障区块链系统安全性等服务。

区块链行业解决方案服务，指区块链技术在金融、医疗、能源、娱乐、汽车、企业服务、物联网等行业的应用，尤其是金融服务和数字货币领域，是当前区块链技术的核心应用领域。

4）物联网服务

1999 年，美国麻省理工学院 Auto-lD 实验室首次提出物联网的概念，是指把所有物品通过射频识别等信息传感设备与互联网连接起来，实现智能化识别和可管理的网络。国际电信联盟对物联网的含义进行了扩展，即 ICT 的目标已经从任何时间、任何地点连接任何人发展到连接任何物品的阶段，而万物的连接就形成了物联网。物联网创新联盟的定义是："物联网"是一种能够连接嵌有电子、软件、传感器、执行器和网络连接的物理对象、设备、车辆、建筑物以及其他物体，并使得这些不同对象能够收集和交换数据的网络。基于云的开放式物联网服务，可以将产品、工厂、系统和机器设备连接在一起，完成物联网海量数据的采集、传输、存储、分析和应用，为特定行业、特定场景提供数字化解决方案。

7.3 数字技术贸易的全球发展

随着全球信息通信网络日益完善、国际网络互联互通水平不断提升，以软件服务和信息服务贸易为代表的 ICT 服务贸易增长迅猛。2010—2019 年，全球 ICT 服务出口年平均增长率达到 8.7%，是细分数字服务中增长最快的一项，对数字贸易出口增长的贡献率达到 26.8%。另外，ICT 服务、ICT 服务贸易对其他商品和服务贸易有极强的辐射带动作用。不论是哪一类数字服务企业在为海外用户提供数字服务时，都将不可避免地使用通信、云计算、人工智能等 ICT 服务。数字服务企业从本土或境外获取 ICT 服务支持的多寡与优劣将在很大程度上决定其提供数字服务的品质。

在互联网、云计算和人工智能等数字技术的作用下，数字技术的广泛应用将进一步推动服务贸易模式、规模和结构朝着创新性和持续性方向转变。随着数字技术的提升，数字应用不断普及，国家间服务贸易政策壁垒逐渐降低，服务贸易成本也会随之下降。尽管自 2020 年以来全球服务贸易受疫情影响较大，但知识密集型数字技术服务贸易实现了新增长，迎来了新的发展机会。作为知识密集型服务贸易的典型代表，由电信服务贸易、计算机和信息服务贸易共同构成的通信服务贸易是可贸易的对象，软件、云计算和数字内容服务等已成为通信服务贸易的重要内容，通信服务贸易规模进一步扩大。

由于各经济体的数字技术、应用能力以及服务贸易的发展水平等不同，不同经济体推动数字技术贸易的因素具有明显的差异，表现为不同的数字技术贸易发展模式。概括起来包括以下四种模式。

第一种模式是数据服务和专业服务相结合的驱动模式，代表国家是美国。美国充分利用数字技术全球领先的优势，不仅成为数据服务的最大出口国，而且通过数字技术加快金融、保险和专业服务等数字化转型，并使美国保持了服务贸易的国际竞争优势，同时也使美国形成了数据服务国际竞争的新优势。

第二种是云计算数字技术服务驱动模式，以爱尔兰最为典型。爱尔兰实行低税制，用以吸引来自美国等国家数字跨国公司的数字基础设施投资，形成了从美国进口数据服务，进行数据处理后出口到欧洲的数字贸易形态。爱尔兰除采用低税制外，在数字技术密集型行业的技术优势也起到了至关重要的作用，这也是基于云计算国际数字服务分工体系中获得数字要素比较优势的结果。

第三种模式是信息服务外包驱动的数字贸易模式，以印度为代表。印度在20世纪90年代就形成了跨国软件企业，为欧美跨国公司提供软件外包服务，目前印度是具有CMMI5级认证资格最多的国家之一。2020年，印度ICT服务出口约为680亿美元，出口到美国的ICT服务为122亿美元，占美国ICT进口的四分之一。2005—2020年的年复合增长率为9.81%。除印度外，中国在信息服务外包方面也具有一定的优势。

第四种类型是知识服务数字化推动的数字贸易模式，以德国、英国、法国和日本等发达经济体最为典型，当然也包括美国在制造业和服务业领域的跨国公司。工业经济使这些国家的跨国公司基本控制了关键中间品和最终品，并以外包和国际投资方式形成了跨国公司主导的全球分工体系；而在数字经济时代，跨国公司正全面进入数字化转型阶段，通过数据基础设施和数字技术的投入，除获得产品销售收入和产品服务收入外，还通过数据服务获得第三种收入。

数字技术不仅影响局部领域的产业发展，而且影响整个社会、经济和文化，因而数字技术贸易之争往往会上升到国家安全战略层面。

目前具有全球数据收集、处理、存储和传输能力的企业有两大类，一类是数字跨国公司，另一类是产品（服务）类跨国公司。前者是专业性数据服务企业，而后者是为全球产品（服务）价值链提供数字化服务的企业。在全球数据市场，只有美国数字跨国公司具备全球性大规模收集、处理、存储和传输能力，除有算法、算力技术外，还有数字基础设施作为支撑，这些基础设施基本配置在母国和区域低税地。从贸易利益上看，绝大多数经济体包括欧盟都成为美国主导的全球数字贸易平台的原始数据提供方，并支付原始数据处理以后的数字智能服务。因此，要改变全球数字贸易绝对不平衡的局面，必须要提升本国的数字技术能力。

与工业经济时代产业边界和组织边界相对清晰的商业模式完全不同，数字经济时代数字企业特别是全球数字平台边界相当模糊，并且与数据流动相关的商业和非商业交织在一起，从而在数据使用上有着复杂的商业关系。因此，数据及其数据流动不仅会影响贸易、创新和经济发展，而且还会涉及数字化收益分配、人权、执法以及国家安全等一系列问题。

欧盟委员会发布《塑造欧洲的数字未来》，提出欧洲数字化变革的理念、战略和行动，其目标是建立以数字技术为动力的欧洲社会，使欧洲成为数字化转型的全球领导者。在《塑造欧洲的数字未来》中，欧盟委员会指出技术主权就是要确保数字基础设施、网络和通信的完整性和弹性，为欧洲开发和部署自己的关键数字基础设施和数字能力创造适当的条件，从而减少对全球其他国家或地区最关键技术的依赖。全球主要经济体继续围绕数字技术展开竞争。主要经济体一方面使用国家力量攻克前沿数字技术，争夺全球数字贸易技术主导权；另一方面又通过实施"技术主权"政策（欧盟等经济体）或使用"技术脱钩"政策（美国等经济体），以保持其在数字贸易领域的优势。

7.4　中国的数字技术贸易

7.4.1　中国数字技术贸易发展概况

当前，我国数字技术贸易实现量质齐增，国际竞争力持续增强。数字技术企业自主创新能力和国际市场开拓能力大幅跃升，涌现出华为、阿里、腾讯等一批世界领先的ICT企业，以及5G、量子通信等为代表的国际领先技术。软件出口市场日益多元化，规模实力显著提升。新一代数字技术贸易成为推动数字经济发展的引擎，"引进来"与"走出去"并重发展，组合全球技术资源的能力更加突出，全面发展的新格局基本形成。ICT企业基于完善的数字基础设施体系，提供云计算、区块链、人工智能服务和信息技术研发等通信服务，优化通信服务贸易结构，同时也进一步创造相关的市场需求。2021年，我国ICT出口规模约为1 171.1亿美元，同比增长27.3%，其中，出口规模达到769.9亿美元，同比增长30.4%，全球占比约为8.6%，位居世界第三，仅次于爱尔兰和印度。其中，软件出口保持稳步增长，出口业务额达521亿美元；人工智能服务出口协议金额约为2.4亿美元，区块链技术服务协议金额达10.38亿美元。

1. 数字技术贸易保持高速增长

从出口看，数字技术贸易一直保持着两位数的增长速度，占我国服务贸易出口额的比重约为五分之一；从进口看，数字技术贸易同样保持着两位数的增长速度，反映出技术进口对产业结构升级的支撑作用更加突出。数字技术贸易顺差是我国知识密集型服务贸易的最大顺差项，我国ICT服务贸易的国际竞争力有了大幅提升，对于优化我国服务贸易结构和改善贸易平衡发挥着重要作用。在新冠疫情影响下，我国服务贸易出口增速下降，但数字技术服务出口仍逆势上扬，体现出较强的抗冲击能力。

2. 软件出口整体规模实力明显增强

我国软件业结构不断优化，出口价值链持续向高端跃升，出口由数量扩张向质量提升转型。近年来，我国软件出口全球 193 个国家和地区，除美国、欧盟、中国香港、日本等传统出口目的地外，对"一带一路"沿线等新兴市场出口规模和增速稳步提升。软件业出现由外资主导向内资主导的重大结构性变化，通过长期承接离岸信息技术外包，本土企业的技术能力不断提升，逐步形成内生增长的产业发展格局。产业的优化升级促进我国经济效益保持较快增长，创新能力显著提升。

3. 新兴数字技术贸易表现优异

我国数字技术服务出口结构不断改善，基本形成了软件、集成电路、电子商务平台、云服务、人工智能、区块链等服务出口多元化格局。2020 年，信息技术解决方案服务、云计算服务和电子商务平台服务等数字服务离岸执行额同比分别增长 213.6%、16.2% 和 14.5%。行业权威研究机构高德纳（Gartner）发布 2021 年全球云计算 IaaS 市场份额数据，其中阿里云全年营收 601.2 亿元，同比增长 50%，全球市场份额占比 9.55%，排名全球第三，较 2020 年上升了一位，仅次于亚马逊云、微软云，华为云和腾讯云而分列第五位和第六位；阿里云排名亚太市场第一，市场份额约为四分之一。北斗卫星导航系统作为全球卫星导航系统四大核心供应商之一，相关产品和服务已输出 120 余个国家和地区。基于北斗卫星导航系统的土地确权、精准农业、数字施工、车辆船舶监管、智慧港口等解决方案，已经在东盟、南亚、东欧、西亚、非洲等地区得到应用。

4. 企业的自主创新能力和全球影响力大幅提升

我国已经涌现出一批具有自主创新能力和全球影响力的 ICT 服务企业，这些企业逐步由单纯的硬件设备制造商向软硬件一体化的服务型制造商转型，尤其是软件企业不断拓展融合应用，加强产业链协作，整合上下游和跨领域资源，对产业转型升级的支撑和带动作用日益突出。大数据、云计算、人工智能、工业互联网、开源软件等新一代信息技术领域正在加速拓展。一方面，软件业正加速与传统产业融合。例如，华为、阿里巴巴、浪潮、用友等企业纷纷建设工业互联网平台。另一方面，制造企业的信息技术能力快速提升。2020 年《中国智能制造企业百强榜暨中国智能制造业发展与趋势》白皮书显示，中国制造企业向数字化、智能化的服务型制造升级步伐加快。

7.4.2　中国数字技术贸易发展的优势

发展数字技术贸易，中国在基础设施、市场需求和市场规模上已具备了一定先行基础和优势。

首先，数字技术贸易的发展离不开数字基础设施或新一代信息基础设施。新一代信息基础设施主要包括三个层面：一是通信网络层面的基础设施，主要包括 4G 网络、5G 网络、光纤宽带、IPv6、卫星互联网等；二是存储计算层面，主要包括数据中心、云计算及人工智能等；三是融合应用层面，即通用软硬件基础设施＋传统基础设施的数字化改造等。总体来看，三个层面的新一代信息基础设施，中国目前均具有一定的优势。在通信网络层面，目前我国处于世界领先地位，具有一定的先发优势。2022 世界 5G 大会的数据显示，中国 5G 网络基站数量达 185.4 万个，终端用户逾 4.5 亿户，均占全球 60% 以上。国家知识产权局知识产权发展研究中心报告显示，全球声明的 5G 标准必要专利共 21 万余件，涉及 4.7 万项专利族（一项专利族包括在不同国家申请并享有共同优先权的多件专利）。其中，中国声明 1.8 万项专利族，全球占比近 40%，排名世界第一。5G 标准必要专利布局较多的目标国家或地区依次为：美国 4.6 万件、中国 3.9 万件和欧洲 3.1 万件。在超大数据中心建设方面，虽然中国与美国相比有一定差距，但是差距正在逐步缩小。在融合应用层面，以软件为例，中国的供给体系正逐步趋于完善，包括基础软件的开发，如华为的鸿蒙移动操作系统、阿里云的 PolarDB 云原生数据库。在新一代信息基础设施建设方面，在大部分领域中国已经处于世界先进水平。这为中国率先在数字技术服务方面构筑先动优势奠定了良好的基础。

其次，我国拥有超大本土市场规模优势。经过长期高速的经济增长，中国已经成长为一个巨型开放型经济体，经济总量仅次于美国。中国人口众多且中等收入群体规模巨大，仅中等收入群体的人口数量就比美国的总人口数量还要多。由此决定了中国的市场规模必将成为全球最具影响力以及最有可能形成本土市场规模优势的市场，由此形成的消费需求潜力也将得到充分释放，并产生需求驱动创新的积极效应。巨大的消费需求数量必然形成强大的需求引致创新效应，驱动数字技术进步，为中国赢得数字技术服务的竞争优势和发展主动权。

最后，从巨大产业规模优势角度看，数字应用技术产业发展的速度、程度及层次，从根本上取决于其在其他产业领域中的渗透和应用情况，或者说取决于该区域其他产业领域的市场规模。从这一意义上说，庞大的产业市场规模不仅意味着利用数字技术实现产业转型升级有着巨大的空间，也暗含了其对数字技术进步和发展具有的重要支撑作用。《中国互联网发展报告（2021）》提供的统计数据显示，无论是大数据产业规模还是人工智能产业规模，无论是云计算市场规模还是物联网产业规模，无论是工业互联网产业规模还是智能网联汽车销量等都呈现出迅猛发展的良好势头，并在很多产业领域领跑全球。中国目前在包括数字产业等领域方面取得的规模优势很大程度上得益于产业规模优势的基础和支撑。数字经济中数字产业化和产业数字化之间良性互动、相辅相成的关系，在具有庞大产业规模优势作为基础和支撑的条件下，只要战略得当，必将能够在构筑全球数字经济竞争新优势方面发挥显著作用。

7.4.3 中国数字技术贸易发展的劣势

目前中国在发展数字经济的不足和劣势主要表现在以下两个方面。

一是发展数字经济的核心技术自给率不足。虽然目前中国在发展数字经济方面存在着各种优势条件，包括新一代信息技术设施方面所具备的优势，但就发展数字经济所需要的关键技术和设备而言，仍然存在着显著的短板和劣势，这突出表现在很多核心技术和关键零部件的自给率仍然比较低。长期以来，中国进口贸易中高端芯片、基础软件以及核心元器件等核心技术和关键部件的比重一直较高。此外,全球软件产业链中的一些核心技术,如操作系统和中间件等对国外的依赖程度也相对较高。这表明中国在关键领域自给率不足,在全球价值链、产业链、供应链分工中,容易出现"卡脖子"问题。与美国等发达国家相比,中国在基础领域中的底层核心技术、开源底层架构以及融合应用技术开源生态等方面、在高端领域的高端工业软件设计和应用等方面,均存在一定差距。当然,技术等方面的差距实际上是人才方面的差距所决定的,凸显了中国当前在大数据等新一代信息技术领域人才短缺的短板和困境。这在一定程度上制约了数字产业链自身高端化发展。

二是数字化交付能力不足。数字经济条件下,衡量一国参与国际分工竞争能力的重要指标之一,就是数字化交付能力。UNCTAD发布的《2021年贸易和发展报告》研究表明,中国虽然与其他发展中国家相比在服务数字化交付方面表现出了一定优势,但是与美国等发达国家相比仍然存在较大差距。该报告提供的统计数据表明,2019年美国、英国和德国等发达经济体在全球服务贸易数字化交付出口额中占比高达77%,而中国服务贸易数字化交付出口额远滞后于美国等发达经济体,在全球主要贸易大国中仅排名第八。这一事实意味着中国不仅在服务贸易领域依托数字化开展分工和贸易还有待加强,在其他产业领域也可能存在着同样的问题。这不仅与中国贸易大国的地位不相称,与巨大的产业规模优势地位也是不相称的。

第 8 章 数据贸易

随着传统产业的数字化转型升级，新一代数字技术的出现，海量数据不断涌现，数据可得性大幅提升。而企业为了增强竞争能力、了解消费者偏好、打造更具个性化的产品或服务，对数据的需求也与日俱增。2020 年 4 月 9 日，《中共中央 国务院关于构建更加完善的要素市场化配置体制机制的意见》对外公布，数据作为一种新型生产要素被写入文件中，与土地、劳动力、资本、技术等传统要素并列为要素之一。

2021 年 9 月 1 日，《中华人民共和国数据安全法》（简称《数据安全法》）开始实施。2021 年 12 月，国务院发布《"十四五"数字经济发展规划》，指出我国数字经济发展面临的问题和挑战——数据资源规模庞大，但价值潜力还没有充分释放，强调数据要素是数字经济深化发展的核心引擎，数据对提高生产效率的乘数作用不断凸显，成为最具时代特征的生产要素。2022 年 12 月 2 日，国务院印发《关于构建数据基础制度更好发挥数据要素作用的意见》，强调数据作为新型生产要素，只有经过流动、分享、加工处理才能创造价值，建立数据要素市场体系，促进数据要素的高效配置，充分发挥数据要素作用，是推动数字经济发展的关键一环。

8.1 数据贸易概述

8.1.1 数据贸易的内涵

根据《数据安全法》中对数据的定义，数据是指任何以电子或者其他方式对信息的记录。数据处理包括对数据的收集、存储、使用、加工、传输、提供、公开等。

参考国家统计局《数字经济及其核心产业统计分类（2021）》中对数字经济进行的分类，数据贸易是指以数据为直接交易内容，或以数据和信息作为作用对象的加工、处理等相关服务，包括数据资源与产权交易、数据衍生产品和服务等。

数据资源与产权交易指对数据资源与数字产权的交易活动以及相关的数据经纪活动，包括数据资源与产权交易、数据交易中介服务等。

数据衍生产品和服务指对数据进行加工处理形成的增值产品和服务，包括数据衍生产品、数据处理服务、数据咨询服务等。

8.1.2 数据产品形态

2020年12月，国家发展改革委、网信办等四部门发布《关于加快构建全国一体化大数据中心协同创新体系的指导意见》，提出要完善覆盖原始数据、脱敏处理数据、模型化数据和人工智能化数据等不同数据开发层级的新型大数据综合交易机制，确定了数据交易的四种产品形态（表8-1）。

表8-1 四种数据交易产品的对比

交易产品	数据确权基础	要素形态	隐私风险
原始数据（零阶）	原始数据所有权、使用权	数据	高
脱敏数据（一阶）	原始数据所有权、使用权	数据	低
模型化数据（二阶）	原始数据使用权、结果数据所有权	数据+服务	低
人工智能数据（三阶）	原始数据使用权、人工智能模型所有权	服务	低

一是原始数据（零阶数据），即通过物理传感器、网络爬虫、问卷调查等途径获取的未经处理、加工、开发的原始信号数据，零阶数据是对目标观察、跟踪和记录的结果，如气象领域的高空卫星原始信号、网络领域的网络流量数据包等。二是脱敏数据（一阶数据），即为便于数据流通，确保数据安全和隐私保护，需要将原始数据中敏感或涉及隐私的数据进行脱敏处理后形成的数据。前两种要素形态都是数据本身。三是模型化数据（二阶数据），如互联网企业用于精准营销的用户画像"标签"，其本身也是一种数据，但需要在原始数据基础上结合用户需求进行模型化开发，要素形态是"数据+服务"。四是人工智能化数据（三阶数据），即在前三层数据之上结合机器学习等技术形成的智能化能力，如人脸识别、语言识别等，主要依托海量数据实现，要素形态则是服务。

如表8-2所示，从几家公布数据服务类型的数据交易所看，目前，常见的数据交易以数据应用程序接口（Data Application Programming Interface，API）、数据集（也称数据包）、数据报告等为主，还有一些机构提供数据质押、模型算法、可视化组件、数据管理、数据应用等服务。数据交易形态则覆盖了原始数据、脱敏数据、模型化数据集及人工智能数据等。具体来看，数据API是以API形式提供的数据服务，可以满足标准化或定制化的数据需求；数据集则是在原始数据基础上衍生出来的数据产品及服务；数据报告就是基于统计、建模、分析等处理后的数据报告产品。

表8-2 数据交易所的数据服务与数据类型

机构	数据服务	数据类型
武汉东湖大数据交易中心	数据定制、API商城、东湖AI（气象数据、宏观经济等数据集）	气象数据、车辆数据、企业数据、征信数据、电子商务数据、旅游数据、通信服务、医疗数据

续表

机　构	数据服务	数据类型
华东江苏大数据交易中心	数据解决方案（身份核验解决方案、电子商务风控解决方案、电力大数据解决方案、金融行业解决方案）	金融（银行、保险、创新金融）、交通（物流、汽车、船舶、铁路）、政务（工商、司法、公安、电力、税务）、消费（房产、旅游、新零售、电子商务、共享）
浙江大数据交易中心	数据安全岛解决方案（隐私计算平台）、数据质押（知识产权）	金融、智慧城市等
青岛大数据交易中心	数据源、模型算法、可视化组件、数据管理等	运营商数据、政府数据、金融数据、企业数据等
山东数据交易有限公司	数据接口、数据集、数据报告、数据应用	企业管理、电子商务、交通地理、金融风控、大宗商品、公共事务、制造数据、工业数据等
北部湾大数据交易中心	数据API、行业数据包、数据解决方案及数据共享平台	运营商、公安、金融、企业、交通、工业、物流、媒体、农业等
北京国际大数据交易所	数据API、数据包、数据报告及数据增值、交易保障、数据中介等数据服务	公共数据、行业数据、研究数据、社会数据
上海数据交易所	挂牌数据产品及覆盖数据交易前、中、后的服务	金融、交通、通信等八大类

8.1.3　数据贸易的方式

1. 撮合交易

2020年以前，数据尚未被认定为生产要素。从交易模式看，大部分数据交易所的落地业务主要集中于"撮合交易"，即数据交易所通过构建中间平台来链接数据供需双方。在这种简单的撮合方式下，数据供需双方通过交易平台来进行数据买卖，数据交易所则充当交易中介。数据不同于一般商品，在这种交易方式下，不仅数据的质量难以保证，还可能存在数据泄露风险。而且这种简单的数据买卖方式也难以发挥数据的最大使用价值，不利于数据要素市场的建立。

2. 组合交易

随着新一波数据交易所建设热潮的到来，新的数据交易方式正不断被挖掘。北京国际大数据交易所和上海数据交易所的发展也被寄予厚望。北京国际大数据交易所构建了以"数据可用不可见、数据可控可计量"为代表的新型数据交易体系，利用在隐私计算、区块链及智能合约技术、数据确权标识技术、测试沙盒等相关技术搭建了数据交易平台IDeX系统，并推出了保障数据交易真实、可追溯的"数字交易合约"。根据官方介绍，"数字交易合约"是数据提供商、应用商和服务商共同达成的数字交易约定，涵盖交易主体、服务报价、交割方式、存证码等信息，是交易连续、真实、可追溯的高可信"动态交易账本"。从本质上来看，"数字交易合约"是针对具体数据交易问题的整套解决方案，不仅突破了单一数据买卖的传统初级模式，发展为涵盖数据、算法和算力的综合交易模式，还扩展了数据资源的价值实现范围，把算法、算力及综合服务应用也变成了可供交易的数字资产。上海数据交易所上线了新一代智能数据交易系统，可以保障数据交易全时挂牌、全域交易、全程可溯。同时，还推出了数据产品登记凭证，通过数据产品登记凭证与数据交易凭证的发放，实现一数一码，可登记、可统计、可普查。此外，在交易规则方面，上海数据交易所制定了涵盖从数据交易所、数据交易主体到数据交易生态体系的各类办法、规范、指引及标准，确立了"不合规不挂牌，无场景不交易"的基本原则。

8.2 数据贸易发展的动因

8.2.1 数据贸易的要素动因

相较于传统生产要素，数据要素除具备低成本、规模化等要素基本特质外，还具备低竞争性、非排他性、可复制性、强正外部性和时效性等独有特点。其中，低成本和规模化是数据可以作为贸易标的物的基本前提，低竞争性、非排他性、可复制性、强正外部性和时效性则是决定数据贸易能够快速发展的主要动因。

低竞争性是数据作为贸易标的物有别于其他商品最突出的特质。大部分传统商品的国际贸易基于比较优势理论，国家间、同类企业间的竞争关系十分显著，极易导致贸易发展不均衡问题。但数据异质性强，因为所有国家、所有经济领域都可以产生数据，这就导致数据具有高多样性、低竞争性的特征，有利于数据贸易的多元化发展。

非排他性是数据区别于传统贸易标的物的另一重要特质。数据的非排他性源于数据生产过程中涉及的多个主体，包括数据持有者、数据交易平台等，这使得数据在生成时就依附于多个行为主体，被多个主体同时掌握。数据的非排他性虽然容易造成产权确权问题，但也提高了数据作为贸易标的物的可能性。

低成本性是数据贸易得以快速开展的重要基础。数据虽在收集前期需要大量的一次性投入，但收集完成后的整理、加密、打包、存储、传输、交易、检索和公开等过程所产生的成本极低，这使得数据生产的边际成本几乎为零，从而使数据标的值较低，更易于实现跨境交易。

数据的可复制性导致数据贸易与传统国际贸易相比具有较强的正外部性特征。按照梅特卡夫法则，数据的供给方越多，数据信息就越多，从而数据的价值就越高，正外部性就越强。数据的时效性特征使贸易供需更易实现帕累托最优。传统国际贸易的市场情况通过价格机制进行反馈，市场供需具有滞后性和盲目性，而数据的时效性特征在很大程度上可以解决供需双方因信息滞后造成的经济损失，提高了贸易决策的计划性和科学性。

8.2.2 数据贸易的供需动因

供需关系是产生数据贸易的重要内因。从供给的角度来说，在数据要素的推动下，企业的生产模式正在快速发生变化，三次产业革命加速融合，社会经济发展从土地、资源、人力和资本要素驱动，向数据要素和信息技术协同驱动转变。数字化的生产模式使产品供给朝着数字化、个性化、精准化和智能化的方向发展，完成了供给侧结构升级。可以说，数据的大量产生、数据价值的不断体现、数据贸易的蓬勃发展，使跨国公司有能力在全球范围内生产更好的产品、提供更加个性化的服务、开拓更广阔的国际市场，突破企业价值创造的上限。从需求的角度来说，一方面，企业的逐利性决定了其对数据的需求将大幅提升。随着数字经济的蓬勃发展和数字技术的广泛应用，海量的消费数据蕴含着巨大的价值与潜力。特别是运用大数据分析方法，可以大大拓宽数据价值的广度和深度，精准判断消费者的偏好和需求，为企业寻求更大的消费市场，从而获得更多的经济社会价值。另一方面，跨国公司对数据的需求是推动数据贸易发展的最大动力。经济全球化进程的不断提速，推动了各类生产要素的跨境自由流动，跨国公司也利用经济全球化在全球范围配置资源，以期获得更高的市场份额和经营收益。对东道国各类数据的获取和分析，将极大地解决跨国公司投资前的信息不对称问题，从而提高其投资成功率。因此，可以预见，为提高投资效率、降低投资失败风险，跨国公司对投资目的地的人口、市场、消费偏好和政策导向等数据的需求将大幅提升，这将进一步推动数据贸易的发展。

8.2.3 数据贸易的经济价值动因

数据要素在全球范围内自由跨境流动可以产生巨大的社会和经济价值，这一结论已成为普遍共识。从微观经济角度来看，数据贸易有利于跨国公司更准确地掌握全球市场供求情况，进而开展科学决策，助力企业实现从分析到决策再到投资布局的全流程精准控制，有效克服跨国企业投资的盲目性、自发性和非理性。同时，数据贸易的本质就是通过有价数据的全球流动来提高传统生产要素的协同效率，从而提高企业生产力，增强企业竞争力，提升企业的经营效益。从宏观经济角度来看，数据要素通过市场配置到国民经济各产业，在社会经济活动中体现出其巨大价值。一方面，市场经济存在市场失灵的先天缺陷，而数据应用可使经济主管部门全面、快速、真实地掌握市场信息，让"看得见的手"及时发挥其应有功效，有效避免市场失灵和经济危机的发生；另一方面，公共数据本身就具有公共产品属性，商业数据也可通过公开、共享的方式成为全球公共产品，从而避免因公共产品不足所造成的公地悲剧。因此，将有价值的数据进行跨境交易，在提高了全要素生产率和经济增长潜力的同时，也间接提高了社会福利。

8.3 我国数据贸易发展现状及特点

8.3.1 发展现状

国外数据交易平台自 2008 年前后开始起步，发展至今，既有美国的 BDEX、Ifochimps、Mashape、RapidAPI 等综合性数据交易中心，也有很多专注细分领域的数据交易商，如位置数据领域的 Factual，经济金融领域的 Quandl、Qlik Data market，工业数据领域的 GE Predix，德国弗劳恩霍夫协会工业数据空间 IDS 项目，个人数据领域的 DataCoup、Personal 等。除专业数据交易平台外，近年来，国外很多信息技术头部企业依托自身庞大的云服务和数据资源体系，也在构建各自的数据交易平台，以此作为打造数据要素流通生态的核心抓手。较为知名的如亚马逊 AWS Data Exchange、谷歌云、微软 Azure Marketplace、LinkedIn Fliptop 平台、Twitter Gnip 平台、富士通 Data Plaza、Oracle Data Cloud 等。目前，国外数据交易机构采取完全市场化模式，数据交易产品主要集中在消费者行为趋势、位置动态、商业财务信息、人口健康信息、医保理赔记录等领域。

国内自 2014 年以来，在数据要素市场建设相关政策的推动下，一批批数据交易平台、数据交易中心、数据交易所（以下统称"数据交易所"）不断涌现出来。据不完全统计，目前，由地方政府发起、主导或批复的数据交易所已经有 39 家（表 8-3）。但是我国对数据跨境自由流动规则仍处在探索阶段，以数据为有价标的物进行的国际贸易更是处于萌芽状态，对数据的交易主要集中在国内流通领域。我国现阶段参与数据流通的市场主体主要包括政府主导的大数据交易中心、数据资源服务型企业、互联网型企业及产业联盟等。总体而言，我国在数据流通方面采取的是以政府为主、以企业为辅的发展模式。

表 8-3 39 家数据交易所基本情况（截至 2022 年 11 月）

序号	名称	所在地区	成立/上线时间	序号	名称	所在地区	成立/上线时间
1	中关村数海大数据交易平台	北京	2014 年 1 月	21	河南平原大数据交易中心	河南	2017 年 11 月
2	北京大数据交易服务平台	北京	2014 年 12	22	吉林省东北亚大数据交易服务中心	吉林	2018 年 1 月
3	重庆大数据交易市场	重庆	2015 年 1 月	23	山东数据交易有限公司	山东	2019 年 12 月
4	贵阳大数据交易所	贵州	2015 年 4 月	24	山西数据交易服务平台	山西	2020 年 7 月
5	武汉长江大数据交易中心	湖北	2015 年 7 月	25	北部湾大数据交易中心	广西	2020 年 8 月
6	武汉东湖大数据交易中心	湖北	2015 年 7 月	26	北京国际大数据交易所	北京	2021 年 3 月
7	华东江苏大数据交易中心	江苏	2015 年 11 月	27	上海数据交易所	上海	2021 年 11 月
8	华中大数据交易所	湖北	2015 年 11 月	28	北方大数据交易中心	天津	2021 年 4 月
9	河北京津冀大数据交易中心	河北	2015 年 12 月	29	西部数据交易中心	重庆	2021 年 12 月

续表

序号	名　称	所在地区	成立/上线时间	序号	名　称	所在地区	成立/上线时间
10	哈尔滨数据交易中心	黑龙江	2016年1月	30	湖南大数据交易所	湖南	2022年1月
11	西咸新区大数据交易所	陕西	2016年4月	31	广州数据交易所	广东	2022年9月
12	上海数据交易中心	上海	2016年4月	32	福建大数据交易中心	福建	2022年3月
13	浙江大数据交易中心	浙江	2016年5月	33	江苏无锡大数据交易中心	江苏	2022年3月
14	广州数据交易平台	广东	2016年6月	34	深圳数据交易所	广东	2022年11月
15	钱塘大数据交易中心	浙江	2016年7月	35	安徽大数据交易中心	安徽	筹备中
16	深圳南方大数据交易平台	广东	2016年12月	36	湖北大数据交易集团	湖北	筹备中
17	河南中原大数据交易中心	河南	2017年2月	37	粤港澳大湾区数据平台	广东	筹备中
18	青岛大数据交易中心	山东	2017年4月	38	内蒙古数据交易中心	内蒙古	筹备中
19	潍坊大数据交易中心	山东	2017年4月	39	川渝大数据交易平台	四川重庆	筹备中
20	山东省新动能大数据交易中心	山东	2017年6月				

数据来源：零壹智库，《全国39家数据交易所对比交易标的、交易方式与股东结构》。

8.3.2　发展特点

1. 处于起步阶段，发展潜力巨大

当前，我国数据要素市场化发展已有较大起色，特别是中共中央、国务院于2020年发布《关于构建更加完善的要素市场化配置体制机制的意见》，明确提出"加快培育数据要素市场"后，国内各省市大力探索，在搭建交易平台、数据开放共享、明晰交易规则、政府数据公开、数据产权界定等方面取得了积极成效。从目前情况来看，我国的数据要素市场建设主要集中在政府数据公开、公共数据共享、商业数据流通等国内层面，数据要素以贸易形式开展国际合作仍较为鲜见。我国是数据产业大国，数据贸易的发展潜力巨大。中国大数据产业生态联盟发布的《2021中国大数据产业发展白皮书》显示，2020年我国大数据产业规模达到6 388亿元，这为数据贸易的加速发展奠定了坚实的基础。但需要指出的是，我国的数据产业还存在大而不强的问题，数据的整合、存储和清洗占数据产业总额的比重高达90%，而数据的分析和贸易仅占10%，这就导致我国在数据价值创造方面仍处在全球价值链的中低端，数据贸易发展的比较优势仍待进一步提升。

2. 以政府推动为主导，以大数据交易中心为平台

大数据交易中心是现阶段我国开展数据交易的主流模式，该模式通过政府主导的交易平台对商业数据进行交换和共享。平台建设的主要特点是坚持以国有控股、政府指导、企业参与和市场运营为原则，采用国资控股、管理层持股以及主要数据提供方参股的混合所有制模式。这种模式既保证了数据来源的准确性，也激发了不同市场主体的积极性，扩大了数据来源，丰富了数据品类，并将分散的数据集中到统一平台，通过规范的体系实现数据的共享和交换，推动数据交易从碎片化向集约化、从社会化向商业化、从无序化向规范化转变。此外，我国现阶段还存在一些行业组织自发形成的数据交易平台，主要有中关村大数据产业联盟、中国大数据产业生态联盟等。此类平台具有非营利性特征，主要以政府、业内企业、科研院所为服务对象，数据流动以共享方式为主，其主要目的是整合社会数据资源，推动产学研融合发展，实现产业内数据有效协同。

3. 多类型企业共同参与，数据交易渠道呈多样化趋势

数据资源整合企业是数据交易的重要市场主体，是数据要素实现市场化流通的重要一环，其地位类似于国内某些专业的国际贸易企业，是供需双方的贸易中介。该类型企业以数据堂、美林数据、爱数据等为代表，但相较于大数据交易中心，其不论在规模上还是影响力上都存在较大差距。同时，与大数据交易中心的目的不同，数据资源整合企业兼具数据供应商、数据代理商、数据服务商和数据采购商多重身份，数据是该类企业的重要产品，具有独特性和稀缺性，加之其主要以营利为目的，因此在推动数据交易市场化的进程中要比大数据平台更为有力。互联网平台企业是数据的主要获取方，以京东、阿里、百度和腾讯等龙头企业为代表。该类型企业利用自身的客户资源和数字技术优势，在数据交易市场中占有较强的话语权和定价权。当前，互联网平台企业已开始进军数据分析市场，通过下设专业数据分析企业的方式，一方面加工母公司获取的数据用以在市场上出售，另一方面也可以通过数据分析服务于母公司的发展。例如：阿里巴巴数据库以母公司数据为来源，对原始数据和分析后的数据进行市场交易；而京东万象则是独立于母公司，通过自有渠道获取数据，在数据整合和分析后与母公司共享，为母公司发展助力。

第 9 章 离岸服务外包

9.1 离岸服务外包的内涵

在数字经济时代,以"云、网、端"为代表的基础设施日臻完善,企业外部的交易成本比内部交易成本下降更快,继续维持臃肿庞大的组织结构显得非常不经济,从而使大企业裂变为小企业,将非核心业务外包,从事专业化生产。

9.1.1 离岸服务外包及其相关概念

1. 服务外包

外包(Outsourcing)是英文 outside source using 的缩写,可直译为"外部资源利用"。普拉哈(Prahala)和拉德(Hamel)首次在 1990 年发表在《哈佛商业评论》上题为《企业的核心竞争力》一文中提出该概念,并由此引申出服务外包。服务外包指组织为了将有限资源专注于其核心竞争力,以信息技术为依托,利用外部专业供应商的知识劳动力,来完成原来由组织内部完成的服务活动,从而达到降低成本、提高效率、提升组织对市场环境迅速应变能力并优化组织核心竞争力的经济活动。根据中国商务部《商务大辞典》给出的定义,服务外包是指专业服务供应商通过契约的方式,为组织(企业、政府、社团等)提供服务,完成组织内部现有或新增业务流程中持续投入的中间服务的经济活动。其中,专业服务供应商是接包方,相对应的组织为发包方。

服务外包具有以下几方面的含义。

(1)服务外包是一场产品内的分工革命。世界经济运作体系从以传统的产品贸易为纽带转变为以全球化生产和服务网络为纽带,国际分工由以国家或地区为单位的产业间的分工,转向以产品的具体生产环节为单位的产品内的分工。

(2)服务外包是一场企业组织结构的创新。数字信息技术的普及以及网络化生产方式的应用为提高企业的组织管理能力提供了必要条件,企业组织结构扁平化的趋势增强。

(3)服务外包的标的是企业生产经营中所需的某种技能和服务。企业通过服务外包可以有效地降低中间环节的生产成本。为了减少交易不确定性和降低交易成本,服务外包要求合作双方建立稳定的、长期的协作关系。

（4）服务外包不等同于服务外购，服务外包的根本目的不是将外部供应商纳入企业的内部价值链运作，而是对企业原本内部价值链的剥离。对于外包了的业务，企业不再进行实质性的运作，也不发生任何形式的资本渗透，只是单纯地购买产生"净值"的服务活动。

2. 离岸服务外包

当服务交付涉及跨境时，则称为离岸服务外包。根据已有文献定义，离岸服务外包有狭义和广义之分。狭义上的离岸服务外包（Offshore Outsourcing）是发包企业将服务业务或流程转移给其他国家非附属企业的活动，即服务外包提供商与发包企业不存在附属关系。广义上的离岸服务外包是发包企业将服务业务或流程转移给其他国家外在或附属企业的活动，即并不区分服务外包提供商是否属于发包企业的附属企业，当服务活动涉及跨境交付时，均属于离岸服务外包业务范畴。

20世纪70年代，美国偏远的小城镇出现了数以百计的电话呼叫中心，由于受高昂国际电信费用、缺乏国外技术供应以及跨国服务投资的种种限制，外包的工作地点无法实现走向海外。但即便只限于美国本土的后勤功能性质的服务活动的转移，就为发包企业带来了可观的费用结余。随着外包管理经验的积累和美国本土运营费用的上升，很多企业开始尝试跨国转移商业服务活动来进一步降低运营成本。墨西哥和加勒比海地区成为新选择，上述地区员工的工资仅是美国本土员工的一小部分，办公租金也极为低廉，还有众多的讲英语的合作者。除此以外，信息技术的发展，如电子通信及卫星通信的发展也助近岸外包一臂之力。慢慢地，离岸浪潮席卷了劳动力资源同样丰富的菲律宾、印度等地。爱尔兰、以色列、加拿大各国的离岸服务外包承接数量不断增加。人力资源管理、财务管理、客户关系管理（Customer Relationship Management，CRM）更多的交易流程服务被外包出去。值得一提的是，早期能够成为离岸服务外包地首选的国家，不单单是由于它们先天条件的优越，也由于这些国家预先做好了准备。例如，爱尔兰为迎接离岸服务外包，早在20世纪80年代就开发了数码电话网络，并进行了必要的基础设施的投入，当时的爱尔兰是继德国之后欧洲拥有的第二先进的电话网络。卓有远见的投资带来了丰厚的回报，爱尔兰吸引了微软、甲骨文（Oracle）和科亿尔（Corel）等一批国际领先的软件公司在爱尔兰建立海外研发中心。随着与新技术紧密联系的产业界的竞争加剧，企业开始外包曾被视为核心能力的服务活动。这类产业的新技术更新换代频率快，产业的竞争力在于企业对客户的需求作出准确且快速的反应，并同时满足产业的效率、创新和适用性的要求。同时，信息技术的迅速发展与通信成本的急剧下降，使得许多原来不可贸易服务跨出了国境和企业的边界。离岸服务外包成为新一轮全球产业调整和布局的大势所趋。

9.1.2　离岸服务外包业务分类

根据服务外包客体的不同，可将离岸服务外包分为三种类型：信息技术外包（Information Technology Outsourcing，ITO）、业务流程外包（Business Process Outsourcing，BPO）和知识流程外包（Knowledge Process Outsourcing，KPO）（表9-1）。

表 9-1　离岸服务外包分类

信息技术外包	软件研发服务、集成电路和电子电路设计服务、电子商务平台服务。信息技术解决方案服务、信息技术运营和维护服务。网络与信息安全服务、云计算服务、人工智能服务
业务流程外包	内部管理服务、互联网营销推广服务、呼叫中心服务、供实链管理服务、金融后台服务。维修维护服务
知识流程外包	大数据服务、管理咨询服务、检验检测服务、工业设计服务。工程技术服务。服务设计服务、文化创意服务、医药和生物技术研发服务、新能源技术研发服务

1. 信息技术外包

信息技术外包由第三方提供所有的或部分的信息技术支持和专业服务，即包含企业为信息化所使用的计算机、局域网和外部网的硬件以及设计的软件在内的服务活动。具体可分为：信息技术系统操作服务、信息技术系统应用管理服务和信息技术技术支持管理服务。

2. 业务流程外包

企业将自身基于信息技术的业务流程委托给专业化服务提供商，由其按照服务协议要求进行管理、运营和维护，包括企业内部管理、业务运作、供应链管理等服务以及新一代信息技术开发应用服务（如云计算、区域链、人工智能）。

3. 知识流程外包

发包企业通过外部运营商的多种信息收集手段和途径来获取信息，并要求后者对信息进行即时、综合的分析研究，包括商业与市场、金融与保险研究、数据分析和管理、市场进入与联合风险投资、战略投资、采购投标和行业及公司的分析研究、语言服务和供应商谈判等服务。

信息技术外包是服务外包发展的最初形式，其次是业务流程外包，而知识流程外包是服务外包发展的最高级形式。由于知识流程外包业务基于知识型、侧重研发和技术开发等知识密集型业务，因此，相较于传统的信息技术外包和业务流程外包业务，知识流程外包业务往往处于价值链高端，具有高附加值和高利润率的特点。

9.2　离岸服务外包产生发展的动因

理论的洞察会告诉我们经济活动背后的动因。离岸服务外包在过去的 50 年取得了全面的发展，推动这一发展的动力何在？理论学界普遍认为服务外包的兴起，归根结底是成本和效益这一对相对作用力推动产业分工深化的结果。就个别企业而言，它是否选择服务外包，取决于企业对服务外包带来的预期收益和成本的权衡，以及服务外包对企业长期战略的影响。就经济整体而言，管理模式的创新会带来时间和其他稀缺资源更加有效的利用，从而推动服务外包继续完善并自我发展下去。

9.2.1 价值链理论

美国哈佛大学管理学家，以提出"竞争理论"而闻名于管理学界的迈克尔·波特（Michael E.Porter）开创了一套全新的思考方式，用以考察企业是如何创造价值。"价值链"的概念最早出现在波特1985年的《竞争优势》一书中。该理论随即在分析企业外包问题上得到了广泛应用。

1. 理论内容

价值链理论认为企业实际上是一系列关联活动的集合，是一个综合设计、生产、销售、配送和管理等活动的结合体。企业要想获得生产和发展就必须持续为股东、客户以及其他利益团体（员工、供应商）创造价值。平时的企业生产、经营和管理活动都在内部进行，我们不关心活动之间是如何联系的，以及价值是如何被创造出来的。但当管理者开始考虑将某些活动移到企业外部完成时，就必须了解企业内部活动是如何实现价值创造的。从这条线索出发，企业的日常运营活动被分解为一系列相互关联的增值活动，其一环扣一环就形成了企业特有的价值链。每一项经营活动就是价值链上的一个环节。

按照是否直接参与价值创造，企业的内部活动可以被分为两部分：其一是企业的基本活动，它们的好坏直接影响到顾客所购买的最终产品或服务的质量；其二是企业的支持性活动，它们为企业的高效运作提供了有力的保证，但不直接影响企业提供的产品或服务的价值。

价值链分析假设企业的比较优势源于企业某一特定活动中的卓越表现，为了更好地辨别企业内部活动对于企业价值的贡献。首先，要将企业的具体业务环节分解成基本活动和支持性活动；其次，评估每个环节价值增值的可能性，具体可以通过与同行业中卓越的企业进行对比，或者通过分析影响该环节绩效的决定性因素来达成这一目的；最后，确定企业的比较优势的来源，并据此形成企业最终的战略决策，即关注使公司保持优势的关键性环节。

由于比较优势源于特定的环节，在企业中，这种核心的活动只有很少或只有某一个环节，这是企业取得竞争优势的关键。管理人员应该着重提高核心环节的绩效，这就意味着非核心业务外包是一个很好的策略选择。

2. 理论贡献

由于价值链各个环节要求不同的生产要素，任何企业都只能在某些环节上拥有比较优势，而不能占据全部增值环节的优势。因此不同的企业应该在具有比较优势的环节发展自己的核心能力。价值链理论还揭示了企业之间的竞争，不是某个环节的竞争，而是整个价值链的竞争，整个价值链的综合竞争力决定了企业的竞争力。企业成功的秘诀在于实现各个环节对价值链增值最大化，企业就必须在价值链的相对弱势环节展开合作，从而达到整体利益的最大化。价值链理论强调任何一个企业不可能在所有的业务环节都成为最杰出的，只有优势互补，才能增加竞争实力。因此在全球范围内，寻找相关的企业进行服务外包，组建最佳的合作伙伴关系，形成长期的战略联盟，并最终成为最具竞争力的企业。

对企业的活动进行价值链的分析后，服务外包对于企业不再仅仅意味着成本的降低，还代表着更高效地利用外部资源从而获得另一种可靠地获取比较优势的途径,即通过将价值链的部分环节外包获得企业外的专业资源,从而增强其自身的竞争优势。

3. 理论局限

价值链理论认为发包商通过服务外包可以获得企业从前没有渠道接触到的新的资源(如人才库、管理创新、学习创新等),突破原有的资源瓶颈,这会有利于企业培养新的竞争优势。遗憾的是,这种获得竞争优势的策略会被同行的其他企业观察到,受经济利益的驱动,处于竞争劣势的企业肯定会效仿优势企业,其结果则是企业趋同、竞争优势不复存在。因此,通过外部供应商获得的竞争优势会随着时间慢慢消失。但也有企业声称,先同行企业一步锁定新的服务供应商、获取新资源的能力就是其最具竞争优势的能力。

9.2.2 交易成本理论

1937年,美国芝加哥大学法学院教授科斯为传统经济学理论贡献了其经典文章《企业的性质》,在这一文章中,他详细探讨了为什么一些经济交易发生在企业内部,而另一些需要在市场上得以完成。交易成本理论属于新制度经济学范畴,这一理论成功地将制度分析纳入主流经济学体系中。后来,威廉姆森(Williamson)等经济学家细化了交易成本理论,使交易费用成为一种可以进行科学分析的有力工具,并利用它来分析企业是如何作出"自制还是购买"的决定的。威廉姆森从交易费用的角度研究了那些在企业内部或外部发生的因素,有时也称作内部化决定或外部化决定。

1. 主要内容

在交易成本理论被提出之前的经济学研究往往将企业视为一个黑匣子,一端输入生产资料,另一端输出产品,而很少去理会企业内部的经济行为。科斯揭示了在生产成本相同的假设下,企业如果通过价格机制协调由市场交易获得生产最终产品或服务的特定投入品,能够提高效率和绩效,并且带来较强的激励作用,但会产生额外的交易成本。如果采取内部制造或者自身提供,额外的交易成本将不复存在,但企业规模扩大可能需要支付较高的组织成本,同时企业内的绩效激励也会较弱。在微观层次上企业和市场是可以相互替代的,在宏观层次上两者则是互补关系。不同之处在于,企业内的资源配置通过行政命令完成,企业外的则依靠价格调解机制来实现。前者会产生额外的治理成本和行政管理费用,后者则存在交易成本。当通过市场交易的边际市场交易成本和通过企业运作的边际官僚组织成本相等时,企业就达到了其治理边界。传统的交易成本主要有以下三大类。

(1) 搜索成本。当企业决定通过市场交易获得某种中间品或服务时,必须要了解市场上的供给信息。例如,市场上都有哪些供应商、谁的定价最合理、谁在市场上的信用最好、谁提供的产品或服务最优等。为了获得信息,企业不得不付出一定的时间、金钱和精力。当企业决定服务外包后,为了实现最优价值,它不得不对不同地理位置的服务供应商进行甄别,服务外包在未来可能会为企业带来成本的节约,但企业首先要花费不菲的代价去比较不同的离岸服务外包地点的优缺点,去对比潜在的供应商,评估他们的能力、信誉,然后作出外包的选择。虽然,为发包商提供接包方信息的中介机构日益增加,像印度、爱尔兰或菲律宾等服务外包产业发展比较成熟的国家，其政府也在此方面做了大量的工作，提供了快捷的供求信息搜索平台，但就现在而言，发包商需要支付的搜索成本还是相当高昂的。

（2）谈判成本。为了达成共识，服务外包的双方需要签订一份完全合同作为保障。这会产生额外的谈判费用，包括谈判双方的往返交通费用、专业咨询费用（技术和法律方面咨询费用）以及起草合同的费用。在外包框架中，服务外包合同通常具有经济学意义上的不完全合同（Incomplete Contract）的属性。因为外包的服务活动的内容、标准和要求很难在服务水平协议（Service Level Agreements，SLAs）中被准确无误地事先陈述出来，因此双方需要不断地通过讨论、沟通而尽可能地将合同完善清晰。

（3）监督和执行的成本。为了确保合同双方是严格按照合同的要求履行其责任和义务的，一方或许要使用一些必要的手段来监督另一方履行合同的情况。当一方没能履行合同时，协商、仲裁或诉诸法律则不可避免，而这些都会产生额外的交易成本。随着离岸服务外包合同的进行，一个价值链上的生产活动将被拆分到不同的地理空间，为协调供应链的运转，外包双方需要大量的、密集的、长距离的信息沟通和协调。这会产生出额外的信息成本。

在此基础上，威廉姆森对交易成本理论进行了系统的完善。他提出了两个重要的假设和三个交易维度。

两个重要假设分别是"有限理性"（Bounded Rationality）和"机会主义"（Opportunism）。传统经济模式假设信息完全对称且无成本。威廉姆森同古典经济学的第一个不同在于他提出"有限理性"的假设。他认为，在现实生活中，买方在交易活动中的感知和认知能力是有限的，尤其是当交易标的的属性是即便消费完成后仍然难以准确和全面地判断消费对象质量的信誉性产品时。这类非标准化的服务的信息不对称程度较高。要想提高理性度，就要得到尽可能多的交易信息以帮助当事人作出理性的判断，这样一来，就会导致更加高昂的交易费用。同样的事情可能也会发生在服务外包的决策者身上，他清楚地知道服务外包将带来的好处，但对于在哪里可以找到最适合的供应商、所有外包潜在的结果等则是不可能完全预测的。威廉姆森同古典经济学的第二个不同在于提出了"机会主义"概念。他认为在缺乏约束的条件下，人们会为了实现自己的利益而对其他群体造成伤害，俗称"敲竹杠"，将业务交由内部人员处理可以避免机会主义倾向的产生。

除此以外，交易成本的大小还会受到三个交易维度的影响，即资产专属性（Asset Specificity）、不确定性（Uncertainty）和交易频率（Frequency of Transacion）。

①资产专属性。威廉姆森发现在企业进行的投资中，有些投资用于某种特定交易目的的资产，如果不牺牲该资产的生产率，或者不对该资产进行进一步的投资，则该资产就不能用于其他的交易活动。一方面，专业技术人员只能服务该公司，否则此前的投资完全无用；另一方面，如果技术人员毁约，公司则面临着需要另外花费10年时间培训一名新的技术人员。资产专属性意味着投资带来的固定或可变成本中的某一部分属于不可收回的或者沉没的成本。资产的专属性越高，其锁定效应就越明显，双方越是有必要维持交易的稳定性，双方越有可能进行长期的合作。

②不确定性。市场环境复杂多变，这会给交易带来不可预测的结果，时间跨度越长，不确定性越高。比如，一个长达10年的技术服务合同，它面临着无数的不可预期，10年内很多因素会发生改变，如市场的供求关系、可替代技术的出现、消费者的偏好等，它使得双方的稳定性受到影响，进而增加机会主义出现的空间。当然，这种不确定性，也为公共服务（服务外包）创造了空间，这对于单个需求企业的不确定性就可以由很多企业共同承担。

③交易频率，即一段时间内交易发生的次数。它会影响交易的方式。如果某项资产的专属性很高，是否将该项活动内部化就取决于交易的发生频率。如果该项活动在企业的需求频繁，就应该采取整合、内部化的做法；反之，如果该项活动在企业的需求不是十分频繁，就可以通过外部来获得这项服务。

当三种决定要素都较低时，市场的调解是有效的；当三种要素都较高时，企业则成为有效的调节手段。服务外包突破了企业内部的结构调整和科层（Hierarchy）管理体系，它又不同于单纯的市场交易（Arm Length Contract），它可以将企业的经济活动拓展至企业之间的相互合作中，代表着可以用市场、组织间协调和科层的三级制度代替传统的市场和科层两级机制。

2. 理论贡献

企业与供应商建立长期性合作外包关系，有利于降低交易成本。外包的合作双方基于长期的伙伴关系，会保持经常性的沟通。这会降低每次交易前的搜索成本，同时长期稳定的外包关系还可以降低各种履约风险。即使在外包过程中发生纠纷，为了长期的合作关系，双方也会愿意通过协商加以解决，避免无休止的讨价还价或者法律诉讼的高昂费用。外包关系的建立还有利于外包双方相互之间的组织学习，从而提高双方对不确定环境的认知能力，减少主体因"有限理性"而导致的交易费用。总的来说，采用服务外包，可以降低交易的盲目性、减少讨价还价的成本；节约交易的监督和执行成本，减少机会主义行为；提高双方对不确定性的应变能力，从而降低交易成本。

3. 理论局限性

交易成本理论的局限性主要有以下两点：一方面，交易成本理论认为企业在做外包决策时，实际上包含着对不同治理机制下的交易成本的比较和权衡。相对于最小化交易费用而言，对治理结构的不同选择更多与交易者的权利和行为特征有关，而交易成本并没有考虑关于交易特性中权利和行为影响的各种要素。另一方面，交易成本理论无法解释企业所有的离岸服务外包行为。尤其是当企业从战略的角度选择业务流程外包和知识流程外包时，企业外包的关注点不再是对于成本的权衡，而是转而关心企业中长期发展的策略。

9.2.3 委托代理理论

委托代理理论（the Principal-agency Theory）是制度经济学契约理论的主要内容之一。20世纪30年代，美国经济学家伯利（Berle）和米恩斯（Means）认为，企业所有者兼经营者的做法对企业的发展存在着诸多的不利因素，因而提出委托代理理论，倡导将所有权和经营权分离，企业所有者保留剩余索取权，而将经营权让渡给职业经理人。委托代理理论就是伴随代理人问题的出现应运而生的。西方企业理论把经营者的人性行为假设为"经济人"。假定人首先都是"自利"的，在一定的约束条件下追求个人利益的最大化。这种假设前提成为委托代理理论的基本出发点。

1. 理论内容

它的研究对象是一个或多个行为主体根据一种明示或隐含的合同，指定、雇用另一些行为主体为其服务，同时赋予服务供应者一定的决策权利，并根据其完成服务的数量和质量支付一定报酬。委托代理理论研究在利益相冲突和信息不对称的条件下，如何设计最优契约激励代理人。

1）委托代理关系的产生

经典的委托代理理论有三个基本假设：第一，委托人和代理人之间存在信息不对称和目标冲突。委托人处于信息劣势地位，不易观察到代理人的行为。同时，委托人与代理人之间还存在目标冲突。在缺乏恰当激励与约束的情况下，代理人可能过分追求个人利益而给委托人带来损失。为减少损失，委托人需要设计有效的激励契约，激励代理人尽可能地按照委托人的目标行动。第二，委托人不直接介入生产活动，因此对产出没有直接的影响。第三，委托人是追求自身效用最大化的经济人。

在上述三项假设下，可以得出以下两个基本结论：第一，在满足代理人参与约束及激励约束同时使委托人预期效用最大化的激励合约中，代理人必须承担部分风险；第二，如果代理人是一个风险中性者，那么可以通过让代理人承担完全风险的办法来达到最优激励效果，即让代理人拥有所有的剩余索取权。

2）委托代理模型的分类

委托代理理论是建立在非对称信息博弈论基础之上的。一些参与人拥有另一些参与人不拥有的信息，当代理人按照委托人的指示行事时，代理人可能会比委托人更加了解实际情况，此时，就会产生委托代理问题。信息非对称性的问题可以从时间和内容两个角度来进行分析。

从非对称发生的时间看，非对称可能发生在当事人签约之前或之后，分别称为事前非对称和事后非对称。研究前者的博弈模型称为逆向选择模型，研究后者的模型称为道德风险模型。

（1）逆向选择模型。委托人和代理人签订合同。委托人无法甄别代理人履行合同的好坏，只愿意根据合同履行的市场平均水平支付报酬，这就导致较好地履行合同的代理人因服务价格被低估而退出市场，只有服务劣质的代理人留在市场上，进而导致交易停止。

（2）道德风险模型。道德风险指从事经济活动的个体在最大限度地增进自身效用的同时作出不利于他人的行动，或者说，签约一方不完全承担风险后果时所采取的追求自身效用最大化的自私行为。

企业选择外包之后，可能就会遭遇合作伙伴的道德风险。一旦双方的契约关系建立后，发包商不可能全面细致地了解外包部门的运作全过程，无法对外包的内容进行直接的控制，也无法得到服务人员的直接报告，加之合同的不完备性，发包商失去控制的风险显而易见。

比如服务质量、对服务需求变化的灵活性的掌握、费用控制、企业的商业秘密和内部资料乃至知识产权等方面都存在着可能的风险。

2. 理论贡献

委托代理理论的核心在于找到限制代理人私自行为的管理机制，研究不同的控制与激励办法，帮助委托人制定最有效的制约管理模式，以最小的代理成本来谋取最大的收益。外包客户与提供商之间建立委托代理关系，也可以运用委托代理理论来研究其中的关系管理（如激励机制设计、合同设计等）和风险控制（如风险因素识别等）等问题。逆向选择主要发生在对外包提供商的选择和评价阶段，由于隐藏信息或产品的经验属性，往往使客户难以正确识别提供商的真实能力和素质；道德风险问题则主要源于契约签订后出现的欺骗行为。信息甄别和激励机制设计为解决这两种问题提供了有效的手段。客户与提供商之间的委托代理问题是一种多阶段、长期的博弈过程。外包关系不同于市场上一次性交易的买卖关系，它是服务外包双方以合同为基础，在一定时期内的合作关系。在这种合作关系中，虽然双方都可能有一些短期的渔利机会，但他们最终都会发现长期合作所带来的收益现值会远远大于短期利益，谋求长远利益才是企业的明智之举。也正因为如此，外包运作与管理中的激励机制设计就显得尤为重要。同时，在外包的长期合作中，提供商往往需要在客户所要求的价格、质量、技术创新水平、市场响应速度、配套服务等多个目标之间进行权衡，客户对提供商的评价准则和报酬激励将对提供商的行为起导向作用。为避免提供商追求单一目标而偏废其他目标，企业对提供商绩效的评价准则和激励机制应具备一定的综合性。

3. 理论局限性

委托代理理论为解决逆向选择和道德风险问题提供了路径，强调通过合同的激励机制和监控相结合确保代理人的行为和委托人的目标保持一致性。但第一种方式是以对成本进行准确的测量和预测为前提的，并且与双方之间的信任度有莫大的关系，信任是双方实施有效激励的基础，由于外部环境的变化和不确定性以及契约的不完全性，对代理人的激励效应可能达不到预想的效果。第二种方式也会导致外包后交流和合作方面管理费用的增加。客户不得不在与相关供应商的合作和交流方面花费更多的时间和精力。

9.2.4　制度理论

企业战略学者借鉴组织社会学的制度理论越来越多地关注制度因素在企业制定和实施外包战略中所扮演的角色。他们对外包研究的贡献主要来自三个方面，即明确划分为制度的三个维度、解释同构化现象和提出合法性概念。

1. 理论内容

（1）制度的三个维度具体指管制制度、规范制度和认知制度。这个体系已经成为企业战略研究工作者观测的基准模版。管制制度指具有法律权威或类似组织所颁布的细则。规范制度属于社会责任范畴，包括一系列的规则、规定、准则和行为标准，但是不同于管制制度，不具有强制性，它更多是建立在共同的价值观和社会规范之上的，带有很强的道德权威色彩，在职业道德要求较高的行业，规范可以通过认证等方式人为地扩散，使得处于同一制度环境下的组织具有相似性。认知制度是个体或者集体对外部真实世界的理解和认识，这一制度的建立主要依靠学习和模仿，表现为对某种概念的认同。制度三个维度的划分可以帮助研究者根据某一系统的特点观察制度对个体或者集体的约束，推导出相应的理论假设。理论不只是现实外部约束的特征（政府和法律的强制力量、行会的认可标志）。例如，认知制度就代表发自内心的自觉自愿。

通过进行实证分析，学者发现企业在做是否外包决策时会考虑企业外部管制制度（政府法令、行业协会的规章制度）以及内部环境的压力；企业在选择执行外包时，也会考虑东道国的制度环境因素，发包商会倾向选择同母国制度环境相类似，或者认知相似的东道国进行外包。相似的制度环境有助于企业复制国内的成功管理经验，反之企业可能会面临困境。

（2）同构化（Isomorphic Characters）。人们建立和维持制度的最终目的是要彼此互动有章可循，从而提高活动的稳定性和预测行动的结果。制度施加约束力量的后果使得制度产生同构化。同构（同质或同型）系指组织的结构、过程、身份和标识等核心特质与种群内与其他成员组织呈现相似状态。组织趋向同构的过程本质上就是制度化，而同构是制度化的结果和表现。在分析了制度约束导致同构化的基础上，有三种制度同构化，即强制型同构化、模仿学习型同构化和规范同构化。

在离岸服务外包的发展进程中，某些行业中的领导者会根据自身发展的需求主动采用战略性外包，而另外一些同行业的企业选择外包则是一种本能的模仿，作为追随者，它们发现外包给行业领头羊带来的好处，然后慢慢地跟进，进而避免冒进的风险。用制度分析代替理性分析，不认为某因必然会产生某果，而是有着某种相同制度特征的组织必然会作出相同的行为选择。

（3）合法性（Legitimacy）。企业的战略决策和行动以及战略产生的结果，必须要从其所处的运营环境以及所依靠的其他组织那里获得认可和支持。没有这种认可，该组织无法获得维持基本运营的关键资源。因此，获取合法性是组织生存和发展的必要条件。

组织是在一个多重和多层次的环境中运营，其合法性来源和形式也是多重的而不是单一的。组织必须满足来自不同体系与权威的期望和要求。某种合法性的要求可能和另一种合法性要求相互冲突，而且不同制度权威对组织的合法性要求内容与强度也不同。而面对外部合法性的要求，组织只能以牺牲部分绩效为代价来换取必要的合法性认同。

因此，企业在作出外包决策时还会考虑是否能得到外部环境的认可和支持。即便有确凿的证据显示外包会给企业带来效率的提高和成本的节约，但是如果与政府法令、行业惯例相左而引起客户的反感，则企业仍会放弃外包抉择。

2. 理论贡献

制度理论在一定程度上很好地解释了企业进行离岸外包的行为的动因，其理论贡献在于：首先，制度理论的引入扩大了对离岸外包活动解释能力。制度环境本身构成企业进行离岸外包的重要问题。它与选择什么外包并列成为企业外包首先考虑的方向。制度环境会直接影响企业的生存空间。对于寻找优势的企业而言，某些地区便利的制度环境会激发企业外包的动力，在一定程度上可以解释为什么一些国家成为离岸外包的首选之地。其次，制度理论的贡献在于能够和其他理论组合在一起解释更为复杂的外包行为。比如，同交易成本理论一起能够更好地解释企业在部分外包时，在外包和自制间找到一个微妙的平衡点。

3. 理论局限性

从严格意义上讲，制度理论是不完备的，因此在许多的服务外包文献和书籍中并未赋予它与其他理论同样的地位。制度理论事实上只是涉及制度环境因素的某些方面，而对于诸如企业自身的因素和外包动机等较少提及。制度理论的另一个局限性在于它无法解释外包东道国因时间而发生的变迁原因。因为，制度因素大体是稳定的，但是，对于离岸东道国的选址却是不断变动的。而且制度理论也无法解释即便面临着大体相同的制度环境，为什么一些行业比另外一些行业更容易发生外包行为。

9.3 离岸服务外包的发展特征与趋势

全球政治、经济、科技正在经历深刻调整，全球供应链体系正在加速重构；世界多极化、经济全球化、文化多样化、社会信息化深入发展，新一轮科技革命和产业变革正蓄势待发。在新一代信息技术和数字技术带动下，离岸服务外包作为整合利用全球资源的重要方式，正在成为推动产业链全球布局的新动力。同时，世界经济在深度调整中曲折复苏，全球贸易和投资持续低迷，贸易保护主义加剧，外部环境不稳定、不确定因素明显增多，离岸服务外包产业呈现出新的发展趋势和阶段性特征。

9.3.1 离岸服务外包的发展特征

1. 交易规模大、增长速度快

根据中国商务部数据显示，2020年全球离岸服务外包市场规模为1.4万亿美元，且预计到2025年将达2.0万亿美元，未来5年增速将稳定在7%左右。其中，信息技术外包占据高达43.8%的市场，规模为6.08万亿美元，而业务流程外包、知识流程外包占比分别为19.4%、36.9%。

2. 发达国家在离岸服务外包市场上占据主导地位

从发包方来看，美国、西欧和日本为发包市场三大巨头，共占据全球市场超过80%的份额，全球服务外包市场严重依赖于美、日、欧，使服务外包产业呈现出"中心—外围"的发展格局。就企业层面而言，跨国公司尤其是财富500强企业是离岸服务外包业务中主要的发包商。全球接包方主力军主要分布在亚太地区，以印度、中国、巴西为主，占据全球接包市场近九成的份额。因此，在未来相当长的时间内，全球服务外包的主要需求方仍然是美、日、欧等发达国家和地区,仍能通过需求控制服务外包行业。但是这种产业格局也并非没有改变的可能,以印度、中国为代表的新兴国家快速崛起于世界舞台,其国内市场巨大、产业发展迅速。如果这些国家的国内需求能进一步得到释放,则很可能成为新的服务外包需求方,打破现在的产业垄断格局。

3. 高端化转型升级提速

在全球科技变革和服务业跨国合作的推动下,高端化发展既是服务外包产业自身转型升级的需要,也是优化全球市场资源配置的重要途径。产业高端化转型升级大势所趋。从需求侧看,国际发包动因从"自己不愿干、节省成本"向"自己不能干、寻求专业解决方案、创造新价值"转变,这对接包企业创新能力、服务能力提出新要求。越来越多的劳动力密集型服务被"智能"服务替代。与此同时,"智能"背后的"智力"服务需求超过以往任何时候,服务价值向微笑曲线的两端移动。发达国家提出"新经济战略",在智能制造、新能源、生物科技等领域衍生出高技术含量、高附加值的生产性服务外包,带动大额服务发包规模日渐增多。从供给侧看,服务供应商持续加大研发投入,不断提升自身的综合创新能力,在创新技术、交付模式等方面引领需求、创造市场,在产业赋能升级中扮演更重要的角色。

4. 新区域主义兴起,近岸服务外包乘势而上

受国际经贸关系调整影响,新区域主义加快兴起,近岸服务外包成为区域经贸合作的重要方式。供应链逐步分散化、区域化、本土化。近年来贸易保护主义有所抬头,国际政治经济格局复杂多变,逆全球化浪潮加剧,产业链、供应链、价值链面临较大挑战。新区域主义兴起,日渐成为解决贸易保护主义与自由贸易主义之间矛盾的折中方案。新区域主义将促进区域成员国之间的产业分工更加密切,同时国际合作地理空间也将出现阶段性收缩,近岸化现象日益明显。RCEP实施进程加快,区域内成员国有望形成更安全和更多元化的RCEP服务业产业链供应链,构建更紧密的近岸服务外包合作关系。《全面与进步跨太平洋伙伴关系协定》(*Comprehensive and Progressive Agreement for Trans-Pacific Partnership*,CPTPP)、《美墨加三国协定》(*The United States-Mexico-Canada Agreement*,USMCA)等自由贸易协定(Free Trade Agreement,FTA)相继生效,区域内国家和地区正在形成更加稳定的服务外包生态圈。爱尔兰、印度等多个国家或地区把近岸交付作为承接国际服务外包的战略渠道,不断加大对近岸交付能力建设的政策支持力度。在技术、效率、成本等条件相当的情况下,"就近"发包正成为国际发包企业的优先选项。

9.3.2 全球离岸服务外包的发展趋势

1. 专业化分工日益深化

世界经济进入互惠共享的新服务经济时代,服务业跨国转移成为经济全球化新特征,离岸服务外包日渐成为各国参与全球产业分工、整合外部资源、调整经济结构的重要途径,形态更高级、分工更优化、结构更合理的趋势更加明显。离岸服务外包保持稳步增长,结

构继续向信息化、知识化方向调整。进入数字时代，数字技术持续创新，数字经济基础不断夯实，信息技术和人工智能的广泛应用将对传统劳动密集型业务流程外包形成一定的替代作用。知识和信息汇聚交融，知识密集型服务外包需求将不断扩张。中国服务外包研究中心预测，到 2025 年，信息技术外包和知识流程外包的占比将进一步提高，全球离岸信息技术外包、业务流程外包、知识流程外包结构比例将调整为 45∶15∶40。

2. 数字服务需求旺盛

数字交付能力日渐成为国际竞争合作新优势，数字化平台服务等新商业模式覆盖市场供需两侧，缩小全球"数字鸿沟"，创造并释放数字红利。数字化服务供需两旺。5G 与工业互联网融合叠加、互促共进，助推制造业数字化解决方案、云计算、人工智能等新一代信息技术开发应用服务加速发展。电子商务平台通过用户的搜索、购买、评论、使用等海量消费数据开展分析，刻画消费特征、趋势及全景图谱，拉动大数据分析、互联网营销推广、供应链管理、采购外包等服务需求。机器人、3D 打印、物联网等数字技术，助力科技创新，孕育出柔性制造、个性化定制、远程运维等新业态，为数字化服务发展注入新动能。数字交付能力成为发包方决策的重要因素。为适应不断增加的数字化市场需求，国际发包将更倾向于选择"高度网络化"的数字化中心。企业需要依托云计算、大数据、物联网和人工智能等信息技术，构筑强大的项目交付及技术研发能力，提高自主知识产权拥有能力，帮助客户跨越"数字鸿沟"，在全球数字化转型的蛋糕中获得更多份额，才能成为各行业数字化转型的可信赖合作伙伴。

3. 配置全球资源要素，对外发包方兴未艾

全球资源配置能力是衡量更高水平开放的重要标尺。在全球化进程面临一系列新挑战的大背景下，对外发包正成为一国实现全球产业链、价值链、供应链、创新链优化布局发展的重要手段。通过对外发包提高市场竞争与技术合作能力，成为发达国家与发展中国家配置全球资源要素的新特征。发展中国家对外发包有望加快增长。发展中国家铁路、公路、机场、港口等传统基础设施信息化领域投入加大，医疗卫生、疫苗研发、绿色新能源、节能环保等公共服务需求强烈，人工智能、物联网、大数据、区块链、5G、3D 打印、机器人、无人机、基因编辑、纳米技术等前沿技术应用场景宽广。发展中国家囿于人才教育、研发设计、技术运用、管理运营等服务业供给能力，对外发包愈发成为配置全球资源要素、引进先进技术、补齐产业链短板的重要途径。据中国服务外包研究中心预测，2021—2025 年，"一带一路"沿线国家在传统基础设施和数字化领域发包增长约 40%，非洲在智慧农业、医药研发、商业服务、银行保险等领域对外发包增长 35% 以上。中国未来 5 年在制造业数字化领域对外发包预计将增长 30% 以上。

发达国家对外发包规模将保持增长态势。发达国家对外发包的动因从节约成本、提高流程效率逐渐转变为拓展市场、巩固产业链供应链优势。越来越多的企业通过设立境外商业存在将部分业务流程环节发包给发展中国家，以获得更多本地化业务市场份额。中国服务外包研究中心预测，2021—2025 年，美国、欧盟和日本离岸发包规模年均增速将分别保持在 4.0%、6.5% 和 3.5% 左右，到 2025 年离岸发包规模将分别达到 1 700 亿美元、7 500 亿美元和 650 亿美元。

9.4 中国离岸服务外包发展状况

离岸服务外包成为中国服务出口增长主引擎。中国顺应数字技术发展趋势，抢抓全球数字经济发展战略机遇，加快推进数字产业化和产业数字化进程，以产业转型升级和市场需求为导向，积极发展云计算服务、软件研发服务、集成电路和电子电路设计服务等信息技术外包，促进离岸服务外包成为可数字化服务出口的主要模式。

9.4.1 离岸服务外包市场不断扩大

从服务外包发包方来看，美国、欧盟、日本和中国香港是我国前四大发包市场。2016—2020年，我国承接这四大重点贸易伙伴服务外包执行额累计2 651.8亿美元，年均增长10.6%。其中，承接美国服务外包执行额累计927.0亿美元，年均增长8.3%；承接欧盟服务外包执行额累计610.5亿美元，年均增长11.4%；承接日本服务外包执行额累计382.4亿美元，年均增长11.7%；承接中国香港服务外包执行额累计731.8亿美元，年均增长12.1%。2021年，承接四大贸易伙伴服务外包执行额占离岸服务外包执行总额的62%。在与重点贸易伙伴外包业务稳定增长的同时，"一带一路"沿线国家及新兴市场国家服务外包市场空间持续扩大，正成为我国服务外包发展的新增长极。我国先后与巴西、日本、乌拉圭、俄罗斯、阿根廷等7个国家新签双边服务贸易合作协议，与世界224个国家和地区有服务外包业务往来，承接服务外包执行额超过1亿美元的国家和地区达73个。中国与"一带一路"沿线国家顺应全球治理体系变革内在要求，积极对接政策，整合要素资源，推动服务业开放包容发展，一大批有影响力的标志性项目成功落地，服务外包合作潜力持续释放、合作更加深入。

9.4.2 信息技术外包、业务流程外包和知识流程外包业务齐头并进

随着服务外包供给侧结构性改革深入推进，企业的优势领域不断巩固，在一些关键领域实现突破，服务外包劳动密集型业务逐步向高技术转型，知识密集型业务也逐步向高附加值升级。从业务结构看，服务外包业务从以信息技术外包为主导逐步向信息技术外包、业务流程外包、知识流程外包齐头并进的局面转变。中国服务外包企业紧跟世界数字化浪潮，加大自主创新，广泛应用新一代信息技术，全面提升面向最终客户提供项目研发设计、供应链管理、运营维护等全流程服务综合能力，新领域新业务发展亮点突出。

9.4.3 产业布局日趋合理，示范建设初见成效

企业数量快速增长。区域协调发展加强，产业布局日趋合理。离岸服务外包产业加快成带、成群发展，形成了"一线接单，二三线交付"的区域分工模式。高标准建设服务外

包示范城市，对已有的示范城市综合评价、动态调整，有序地开展扩围工作，发挥示范城市先行先试和制度创新的平台作用，推广城市经验和最佳实践案例。目前，主要的产业集群有：以上海、武汉、重庆、成都、贵阳、南昌、长沙为主体，带动长江经济带服务外包差异化、特色化发展，成为离岸在岸协同发展、国际国内两个市场两种资源统筹利用的新高地和构建新发展格局的重要支撑；以北京、天津为主体，带动京津冀城市服务外包高端化协同化发展，推进非首都核心功能的服务向周边城市有序转移；以上海、南京、杭州、苏州、无锡、合肥为主体，带动宁波、常州、镇江等长三角城市服务外包一体化发展，建成充满市场活力的世界级服务外包城市群；以广州、深圳、佛山为主体，辐射带动珠三角城市服务外包联动发展，深度融入粤港澳大湾区战略，形成中国内地与中国香港、中国澳门服务外包紧密合作城市群；以哈尔滨、长春、大连为主体，推动东北服务外包成为向北开放和服务业合作的重要窗口，建设制造业数字服务外包集聚区。

9.4.4　加大技术创新力度，推动云外包企业积极拓展国际市场

提升国际市场份额，为我国走出去企业提供云服务。与"一带一路"沿线国家服务外包合作规模持续扩大、质量提升，与 RCEP 成员国服务外包合作量质并举，市场份额进一步提升，在软件和信息技术、工业设计、工程技术、节能环保、医药与生物技术、文化创新等领域合作深化，与中东欧国家现代服务业、智能制造、智慧农业领域服务外包合作加快。中国内地与中国香港、中国澳门《关于建立更紧密经贸关系的安排》（Closer Economic Partnership Agreement，CEPA）有效落实，使港澳服务业开放领域扩大承接港澳业务迈向更好水平，港澳发包取得重要进展。海峡两岸在金融、文化创意、设计等领域服务外包合作加强。与美国、欧盟、英国等发达经济体服务外包合作进一步拓展，在研发设计、医药与生物技术、疫苗研制、传染病防治、节能环保等领域合作取得了突破。

第 10 章 跨境电子商务

10.1 跨境电子商务概述

10.1.1 跨境电子商务的含义

跨境电子商务，简称跨境业务。跨境电子商务有广义和狭义之分：广义的跨境电子商务是指分属不同关境的交易主体通过电子商务手段达成交易的跨境进出口贸易活动；狭义的跨境电子商务特指跨境网络零售，指分属不同关境的交易主体通过电子商务平台达成交易，进行跨境支付结算、通过跨境物流送达商品、完成交易的一种国际贸易新业态。

跨境电子商务是基于网络的发展，网络空间是相对于物理空间的一个新的空间，是一个虚拟但存在客观世界的站点和密码。网络空间的独特价值和行为模式对跨境电子商务产生了深刻的影响，使其与传统的交易方式不同，呈现出自身的特点。一是渠道上的现代性，即以现代信息技术和网络渠道为交易途径；二是空间上的国际性，即由一个经济体成员境内向另一个经济体成员境内提供贸易服务；三是方式上的数字化，即以无纸化为主要交易方式。

10.1.2 跨境电子商务的分类

跨境电子商务包含了较多的要素，主要有交易对象、交易渠道、货物流通、监管方式、资金交付、信息和单据往来等多个方面，按照这些要素的不同，可以将跨境电子商务分为不同的类型。

第一，按照交易对象，可分为 B2B、B2C、C2C、B2G。

（1）B2B，即企业与企业之间的跨境电子商务，主要应用于企业之间的采购与进出口贸易等。传统的电子商务形式中最常见的是 B2B 模式，其核心在于交易双方都是商家。B2B 可以分为三种模式：第一种是垂直模式，主要是整合某一专业领域的上下游产业链；第二种是综合模式，网站属于一个开发性的中间平台，如阿里巴巴、中国制造网等；第三种是自建平台，企业自己建立平台直接销售自有或者采购的货品。

（2）B2C，即企业与消费者个人之间的跨境电子商务，主要应用于企业直接销售或消费者全球购活动。随着大量第三方在线平台的建立，跨境电子商务的交易门槛大幅降低，越来越多的零售商甚至消费者直接参与到网上销售和购买过程中，从而缩短了供应链，减少了中间环节，优势更加明显，B2C 模式的使用显著增加，甚至出现了不同国家消费者之间少量商品互通的 C2C 模式和工场直接到消费者的 M2C 模式。

（3）C2C，即消费者之间的跨境电子商务，主要应用于消费者之间的个人拍卖等行为。简言之，C2C 是个人与个人之间的电子商务。C2C 模式的特点是大众化交易，早期的 Ebay 就属于 C2C 平台，而一度非常流行的海淘代购模式也是典型的 C2C。

（4）B2G（Boot To Gecko），B2G 是新近出现的电子商务模式，即"商家到政府"（是术语 B2B 或 Business-To-Government 的变化形式），是企业与政府之间的跨境电子商务，主要应用于政府采购，但目前进行跨境采购要受到各国诸多法规的限制。

第二，按照交易渠道，可分为电子数据交换（Electronic Date Interchange，EDI）和互联网两种方式。EDI 即以电子数据交换的方式进行跨境电子商务，它是用一种专用网络或者增值网络进行商务活动的电子商务。自 20 世纪 70 年代以来，国际组织一直在推动有关数据传输标准和安全等技术的发展，已经较为成熟，主要应用于企业与企业之间的电子商务活动，但由于 EDI 对企业数据的标准化程度以及软硬件的要求较高，必须租用专线进行，因而随着互联网的普及，利用互联网进行跨境交易越来越普遍，尤其是在中小企业中。但在大型企业中，EDI 还广泛存在。

第三，按照货物流通方向分为进口跨境电子商务和出口跨境电子商务。

（1）进口跨境电子商务：海外卖家将商品直销给国内的买家，一般是国内消费者访问境外商家的购物网站选择商品，然后下单，由境外卖家通过国际物流发送给国内消费者。

（2）出口跨境电子商务：国内卖家将商品直销给境外的买家，一般是国外买家访问国内商家的网店，然后下单购买并完成支付，由国内的商家发国际物流至国外买家。

此外，按照海关监管方式可分为一般跨境电子商务和保税跨境电子商务。一般跨境电子商务主要用于一般进出口货物，大多是小额进出口货物；保税跨境电子商务主要是用于保税进出口货物。

10.1.3 跨境电子商务的特点

1. 全球性（Global Forum）

网络是一个没有边界的媒介体，具有全球性和非中心化的特征。依附于网络而发生的跨境电子商务也由此具有全球性和非中心化的特性。电子商务与传统的交易方式相比，其重要特点是：电子商务是一种无边界交易，没有传统交易所具有的地理因素。互联网用户不需要考虑跨越国界就可以把产品尤其是高附加值产品和服务提交到市场。网络的全球性特征带来的积极影响是信息的最大程度的共享，消极影响是用户必须面临因文化、政治和法律的不同而产生的风险。任何人只要具备了一定的技术手段，在任何时候、任何地方都可以让信息进入网络，相互联系进行交易。所以，对基于全球化的网络建立起来的电子商务活动进行课税是比较困难的。因为电子商务是基于虚拟的电脑空间展开的，丧失了传统交易方式下的地理因素；电子商务中的制造商容易隐匿其住所，而消费者对制造商的住所是漠不关心的。例如，一家很小的俄罗斯在线公司，通过一个可供世界各地的消费者点击观看的网页，就可以通过互联网销售其产品或服务，只要消费者接入了互联网，就很难界定这一交易究竟是在哪个国家内发生的。

这种远程交易的发展，给税收所在地制造了许多困难。税收权力只能严格地在一国范围内实施，网络的这种特性为税务机关对超越一国的在线交易行使税收管辖权带来了困难。而且互联网有时扮演了代理中介的角色，在传统交易模式下往往需要一个有形的销售网点的存在。例如，通过商店将商品卖给客户，而在线网店可以代替这个商店通过网络直接完成整个交易。一般情况下，税务当局往往要依靠这些有形的销售网点获取税收所需要的基本信息，代扣代缴应交税收等。没有这些有形的销售网点存在，税收权力的行使会发生困难。

2. 无形性（Intangible）

网络的发展使数字化产品和服务的传输盛行。数字化传输是通过不同类型的媒介（如数据、声音和图像等）在全球化网络环境中集中进行的，这些媒介在网络中是以计算机数据代码的形式出现的，所以是无形的。以一个 E-mail 信息的传输为例，这一信息首先要被服务器分解为数以百万计的数据包，然后按照 TCP/IP 协议通过不同的网络路径传输到一个目的地服务器并重新组织转发给接收人，整个过程都是在网络中瞬间完成的。电子商务是数字化传输活动的一种特殊形式，其无形性的特性使得税务机关很难控制和检查销售商的交易活动，税务机关面对的交易记录都体现为数据代码的形式，使得税务核查员无法准确地计算销售所得和利润所得，从而给税收带来困难。

传统交易以实物交易为主，而在电子商务中，无形产品却可以替代实物成为交易的对象。以书籍为例，传统的纸质书籍，其排版、印刷、销售和购买被看作是产品的生产、销售。然而在电子商务交易中，消费者只要购买网上的数据权便可以使用书中的知识和信息。如何界定该交易的性质、如何监督、如何征税等一系列的问题给税务和法律部门带来了新的课题。

3. 匿名性（Anonymous）

由于跨境电子商务的非中心化和全球性的特性，因此很难识别电子商务用户的身份和其所处的地理位置。在线交易的消费者往往不显示自己的真实身份和自己的地理位置，重要的是这丝毫不影响交易的进行，网络的匿名性也允许消费者这样做。在虚拟社会里，隐匿身份的便利迅即导致自由与责任的不对称。人们在这里可以享受最大的自由，却只承担最小的责任，甚至干脆逃避责任。这显然给税务机关制造了麻烦，税务机关无法查明应当纳税的在线交易人的身份和地理位置，也就无法获知纳税人的交易情况和应纳税额，更不要说去审计核实。该部分交易和纳税人在税务机关的视野中"隐身"了，这对税务机关是致命的。以 eBay 为例，eBay 是美国的一家网上拍卖公司，允许个人和商家拍卖任何物品，到目前为止 eBay 已经拥有 3000 万用户，每天拍卖数以万计的物品，总计营业额超过50亿美元。但是eBay的大多数用户都没有准确地向税务机关报告他们的所得,存在大量的逃税现象,因为他们知道由于网络的匿名性,美国国内收入服务处(Internal Revenue Service,IRS)没有办法识别他们。

电子商务交易的匿名性导致了逃避税收现象的恶化,网络的发展,降低了避税成本,使电子商务避税更轻松易行。电子商务交易的匿名性使得应纳税人利用避税地联机金融机构规避税收监管成为可能。电子货币的广泛使用以及国际互联网所提供的某些避税地联机银行对客户的"完全税收保护",使纳税人可将其源于世界各国的投资所得直接汇入避税地联机银行,规避应纳所得税。美国国内收入服务处在其规模最大的一次审计调查中发现,大量的居民纳税人通过离岸避税地的金融机构隐藏了大量的应税收入;而美国政府估计大约3万亿美元的资金因受避税地联机银行的"完全税收保护"而被藏匿在避税地。

4. 即时性(Instantaneously)

对于网络而言,传输的速度和地理距离无关。传统交易模式下,信息交流方式如信函、电报、传真等在信息的发送与接收间,存在着长短不同的时间差。而电子商务中的信息交流,无论实际时空距离远近,一方发送信息与另一方接收信息几乎是同时的,就如同生活中面对面交谈。某些数字化产品(如音像制品、软件等)的交易,还可以即时清结,订货、付款、交货都可以在瞬间完成。

电子商务交易的即时性提高了人们交往和交易的效率,免去了传统交易中的中介环节,但也隐藏了法律危机。在税收领域表现为电子商务交易的即时性往往会导致交易活动的随意性,电子商务主体的交易活动可能随时开始、随时终止、随时变动,这就使得税务机关难以掌握交易双方的具体交易情况,不仅使得税收的源泉扣缴的控管手段失灵,而且客观上促成了纳税人不遵从税法的随意性,加之税收领域现代化征管技术的严重滞后作用,都使依法治税变得苍白无力。

5. 无纸化(Paperless)

电子商务主要采取无纸化操作的方式,这是以电子商务形式进行交易的主要特征。在电子商务中,电子计算机通信记录取代了一系列的纸面交易文件,用于发送或接收电子信息。由于电子信息以比特的形式存在和传送,整个信息发送和接收过程实现了无纸化。无纸化带来的积极影响是使信息传递摆脱了纸张的限制,但由于传统法律的许多规范是以规范"有纸交易"为出发点的,因此,无纸化带来了一定程度的法律混乱。

电子商务以数字合同、数字时间截取了传统贸易中的书面合同、结算票据,削弱了税务当局获取跨国纳税人经营状况和财务信息的能力,且电子商务所采用的其他保密措施也将增加税务机关掌握纳税人财务信息的难度。在某些交易无据可查的情形下,跨国纳税人的申报额将会大大降低,应纳税所得额和所征税款都将少于实际所达到的数量,从而引起征税国国际税收流失。例如,世界各国普遍开征的传统税种之一的印花税,其课税对象是交易各方提供的书面凭证,课税环节为各种法律合同、凭证的书立或做成;而在网络交易无纸化的情况下,物质形态的合同、凭证形式已不复存在,因而印花税的合同、凭证贴花(即完成印花税的缴纳行为)便无从下手。

10.2　跨境电子商务平台及其服务

随着跨境电子商务和品牌出海成为消费升级的新趋势，越来越多的B2C、B2B、C2C跨境电子商务平台也应运而生。从理论上讲，企业可以自建跨境电子商务平台从事跨境电子商务的运营。例如：戴尔电脑曾经自建网上订货系统，为顾客提供电脑的定制和配送；美国通用电气公司也曾经自建网上采购系统，在全球范围内招纳优质供货商进行全球化采购……这类企业自建的跨境电子商务平台虽然有成功的先例，但并不是跨境电子商务发展的主流。另外，在国内发展较好的自建平台模式，如京东商城、银行网上商城及运营商平台并没有在跨境电子商务的平台应用方面得到复制，真正的跨境电子商务平台应该是交易功能完善、服务规范、平台规则合理，可以为跨境电子商务买卖双方提供公用性和公平性交易环境的第三方跨境电子商务平台。

第三方跨境电子商务平台的实质就是为跨境电子商务买卖双方，特别是中小企业和个人用户提供公共平台来开展跨境电子商务，这些平台由买卖双方之外的第三方来投资、管理和运营，其特点是出于买卖双方之间相对中立、公正地位，功能完善，方便买卖双方的操作，并且能有效对信息流、资金流及物流等进行有效的运作和控制等，在外还能够聚集足够的人气和流量，形成马太效应。

当前，功能完善、交易机制相对合理、交易量巨大以及人气相对较旺的跨境电子商务平台主要有亚马逊、eBay、速卖通、敦煌网、Wish、阿里巴巴国际站、中国制造网、环球资源网等。

10.3　跨境电子商务与供应链

10.3.1　跨境电子商务物流

1. 国际邮政包裹与国际快递

国际邮政包裹就是利用万国邮政体系将商品运送到国外，各国都有自己国家的专属邮政，它价格便宜，通关能力还强；而国际快递则是由国际快递公司对物品进行配送的方式。跨境电子商务刚刚起步的时候，这两种方式是各企业首选的跨境物流形式。但是这两者都有一定的缺陷：国际邮政包裹速度很慢，物流时间很长，还存在丢包的危险性，邮寄包裹的体积和重量都不能超过标准限制；国际快递则是价格相对较高，运输特色物品还不能实现速递。

2. 海外仓

海外仓是这几年刚兴起的，是企业在输入国建设或租赁存货仓库的形式。跨境电子商务企业先把要销售的货物都提前送到这个仓库里，当产生跨境订单时，再直接从货仓里把物品取出来进行配送。这种方式不仅大大节省了物流时间，节约了运输成本，还有效地解决了海关和商检问题，退换货也变得方便了许多，很多跨境电子商务企业都纷纷开始采用这种方式。但是，建设运营一个海外仓也需要很大的人力、物力，资金花费较大。

3. 边境仓

边境仓和海外仓是类似的，它的方式也是先把要销售的货物提前送到仓库里，当产生跨境订单时，再直接从货仓里把物品取出来进行配送。只是边境仓不是建在输入国内，而是建在输入国的相邻国家。如果交易双方本身就是相邻国家，那么就可以把边境仓建在本国境内，这样的边境仓是绝对边境仓；但如果交易双方并不是相邻国家，那么仓库就要建在与输入国相邻的国家内，这样的边境仓是相对边境仓。与海外仓相比，边境仓不仅能有效地规避输入国的政治、经济、法律风险，还可以利用区域政策优势。

4. 国际物流专线

国际物流专线是专门为几个特定的地区设置的，不适用于所有地区，运输的线路、工具、时间都是固定的，就好像我们乘坐的公交车和地铁一样。国际物流专线具有一定的优势，它的速度很快，运输成本比较低，价格便宜，又可以有效地规避清关和商检的风险。一些特定区域的跨境电子商务可以选择这种方式。但对于一般的跨境电子商务而言，它的物流区域太过于局限，不适用于所有的物流需求，只适用于特定路线或者周转环节的物流。

5. 自贸区或保税区物流

自贸区或保税区的物流模式是销售商先将货物运输到自贸区或保税区的仓库里，当产生跨境订单时，再从仓库里拿货，对货物进行集中运输配送。这种模式不仅节省了大量的物流时间和运输成本，还能够有效利用自贸区或保税区的优惠政策，简化了复杂的物流流程，提高了经济效益。

6. 集货物流

集货物流的第一种形式是先把要运送的所有货物都集中到本地的仓储中心，等货物集中到一定的数量规模后，再交付给国际物流公司对货物进行运输配送；第二种形式就是先把来自各地的货物集中起来，等达到一定数量以后，再进行批量运送；第三种形式就是交易类似商品的几个跨境电子商务企业合作建立一个共同的物流运营中心，通过优势互补将物流成本降到最低。

10.3.2 跨境电子商务资金流

在资金流方面，跨境电子商务现在面临的最大挑战是怎样收取来自不同国家消费者的货币和接入本土的各种支付方式。跨境电子商务采取的都是网络支付的方式，在我国，主要有三大类跨境支付市场，分别如下。

（1）境内第三方支付机构，这种方式适用于跨境网购和出口电子商务的情况，受到了众多消费者的欢迎，我们所熟知的支付宝就属于这一类。

（2）境内传统的金融机构，这些金融机构利用银行网络，可以支持很多业务，除跨境网购和出口电子商务以外，它们还支持境外 ATM 取款及刷卡消费，银联就属于这一类。

（3）境外支付企业，它们涉及的是全球在线收付款业务，PayPal 就属于这一类。

10.3.3　跨境电子商务信息流

（1）企业内部的信息流。跨境电子商务企业都建立了 Intranet，信息流由原来中规中矩的纵横格局被无始无终的网状替代。共享数据库是企业内部各部门和各成员之间进行信息交流的中心，是企业内部信息流的枢纽和反应炉。跨境电子商务企业利用 Intranet 进行信息传递，不仅提高了传递效率，扩大了传递的信息量，也更具科学性，使决策变得更方便容易。

（2）企业和企业之间的信息流。一个跨境电子商务企业与供应商之间存在着信息流，与生产企业之间也存在着信息流。每个公司的数据格式都不一样，EDI 可以帮助它们将外部企业的数据格式翻译成自己公司的内部格式，它们利用 EDI 来传递信息可以达到快速、准确的效果。

（3）企业与客户之间的信息流。顾客是上帝，对任何一个企业来说，最重要的资源就是客户资源。建立了客户关系管理系统，企业就能够将客户的资料整理成档案，还能与顾客进行有效的沟通，收集顾客对产品需求的数据并进行合理的分析，为市场导向决策提供依据。

10.4　跨境电子商务支付与结算

10.4.1　跨境电子商务的支付与结算方式

1. 跨境电子商务贸易结汇

跨境电子商务贸易的国际支付环节受限于法律和制度安排，在法律监管方面，各国政府为了打击洗钱等犯罪行为而对外汇流动进行监管。此外，我国外汇管理部门还要防控热钱和虚假贸易，维护国家外汇储备。在现有的国际金融制度下，跨境支付和国际结算都要通过特定国际银行间结算系统完成，结算通道处于被银行垄断状态。

在出口业务中，出口收汇和出口退税业务是相互关联的。国家对传统贸易的监管制度完备，传统贸易按常规的方式报关，结汇和退税都不存在问题。在跨境电子商务贸易中，大额外汇收支可使用传统的结汇方式，也可正常退税。但目前外贸订单出现了碎片化的特点，尤其是一些跨境电子商务 B2C 交易额很小、交易分散，使用传统银行的结汇成本非常高。

2. 大额跨境电子商务贸易结汇

大额跨境电子商务贸易主要集中在 B2B 交易中。目前跨境电子商务 B2B 是跨境电子商务贸易的主要方式，B2B 贸易可按常规方式报关，按常规方式结汇、退税。跨境电子商务 B2B 在支付环节，企业多采用传统的电汇、信用证方式完成支付，也可以利用电子商务平台提供的金融服务完成支付。企业在选择结汇方式时需要考虑结汇的安全性和后续的出口退税业务。

3. 使用汇付、信用证业务结汇

传统贸易中企业经常使用银行的汇付或信用证支付，其中汇付费用较低，但存在一定的风险；信用证信用较高，但不易操作且费用高。企业如果使用跨境电子商务平台交易，电子商务平台就可利用历史交易数据判断信用状况，从而有效降低跨境支付的风险。一些电子商务平台（如阿里巴巴平台）可以提供信用证审核服务，同时也可帮助企业索赔，有效降低了信用证的支付风险。

例如，曾有印度某银行恶意拖欠中方企业信用证尾款 2 万美元，而跨境追偿的成本大大高于 2 万美元。由于该笔交易发生在阿里巴巴一达通平台上，所以阿里巴巴出面帮助企业追偿了被拖欠的尾款。大型跨境电子商务平台都非常重视支付环节的安全性，企业借助大型电子商务平台的相关服务能在一定程度上降低支付环节的风险。

4. 电子商务平台结汇通道

一些大型电子商务平台可以帮助企业完成结汇业务，并设有结算通道。以阿里巴巴一达通平台为例，该平台在中国香港中行开设了结算账户，内地出口企业可以通过该平台的中国香港账户完成收汇操作，再通过中国香港账户转账至内地账户，该平台也可以提供出口退税服务。

国内大型电子商务平台一般都符合国家外贸监管要求，所以能为国内企业提供更加便捷的服务。服务包括：金融买断服务，出口企业向平台提供信用证和相关单据，平台即可买断单证，提前支付货款；出口赊销融资，出口企业出口 3 天后平台可先行支付 80% 的货款，这种赊销服务即为买方提供贷款服务。

5. 小额跨境电子商务贸易结汇

小额跨境电子商务支付主要集中在 B2C 交易中。B2C 指商家与消费者之间进行交易，在跨境贸易 B2C 交易中，出口企业可通过电子商务平台直接向进口国消费者销售产品，货物通过国际快递交付给消费者。虽然 B2C 交易占跨境电子商务贸易比重相对较小，但是一直保持着高增速，发展迅猛。B2C 交易的特点是每笔交易额较小且分散化，而传统的汇付和信用证业务的银行费用较高，因此传统的汇付、信用证的支付方式不适用于 B2C 贸易结汇。目前企业可以通过第三方支付平台完成小额外汇结汇。在小额结汇方面，目前常见的方式有以下两种。

1）集中报关结汇

集中报关结汇是将小额贸易集中起来操作，这种方式主要适用于国内一些大型 B2C 跨境电子商务平台。集中报关结汇可按常规方式报关结汇，也可正常退税。目前国内 B2C 平台中，阿里巴巴旗下的速卖通平台推出了针对国内卖家的结汇业务。速卖通平台可将多个 B2C 订单合并后报关结汇，为卖家提供退税的服务。

2）使用第三方支付平台结汇

使用境外 B2C 电子商务平台交易结汇时一般需要使用第三方支付平台，支付平台可以汇总小额结汇业务集中办理，从而减少结算费用。限于各国政府的外汇监管要求，第三方支付平台支持的电子商务平台和结算货币都有限制，目前国外的一些大型跨境 B2C 平台（如亚马逊）都有第三方支付平台支持。我国出口企业使用较多的支付平台包括万里汇（WorldFirst）、派安盈（Payoneer）、PingPong、贝宝（PayPal）和 Skyee 等。有的支付平台支持国内提现（例如，PingPong 和 SKyee 支持亚马逊平台收款国内提现）；有的支付平台需要企业开立中国香港账户或美国账户，海外账户收款后再转回国内。

6. 海外账户收汇

一些外贸企业在国外注册海外账户便于收款，国外大型电子商务平台都支持在中国香港、美国的海外账户收款。企业注册海外账户手续烦琐、费用较高，海外账户收款脱离了我国的外汇监管，造成了监管中断，所以外汇再转入国内时往往缺少相匹配的结汇业务操作而无法完成出口退税操作。此外，在出现贸易纠纷的情况下，企业的海外账户容易被国外法院冻结。

跨境电子商务贸易的结汇环节中，大额交易中主要使用银行汇付和信用证完成结汇；在跨境电子商务小额贸易中，出口企业可借助电子商务平台或第三方支付平台完成收付汇。目前，国外电子商务平台、第三方支付平台在结汇方面有一定的局限性，在有些情况下企业可能无法完成出口退税操作。出口企业在结汇时应充分考虑结汇的安全性和出口退税业务，企业应根据实际业务特点，选择合适的平台和结汇方式才能顺利收汇。

10.5 跨境电子商务发展趋势

10.5.1 跨境电子商务出口目标市场多元化

对于中国外贸出口而言，跨境电子商务能够有效化解当前外贸企业面临的突出问题，有效拓市场、促转型、树品牌。跨境电子商务通过促进中小微企业电子商务化发展，有效降低国际贸易门槛，缩短了从生产者到消费者之间的产业链条，降低了交易成本，使得生产者获得更多的利益分成，也使得消费者得到更多实惠，提高了中国产品的国际竞争力。在个性化消费时代，出口订单小型化越来越明显，跨境电子商务将原来的单一市场扩大到全球，既能满足个性化需求，又能保持工业化生产的规模效益。在销售目标市场方面，国外消费者人均购买能力强、网购观念强，有线上消费的习惯，物流设施完善，美国、英国、德国、澳大利亚、加拿大是具有代表性的成熟市场，以后这些国家也仍然作为主要目标市场活跃在跨境电子商务零售出口行业，并保持持续快速增长的态势。

10.5.2 鼓励发展跨境电子商务进口

在跨境电子商务发展初期，国家本着先发展后规范的初衷，鼓励积极探索进口模式，给予极为优惠的政策。例如，在"6+1"跨境电子商务试点城市，通过跨境电子商务渠道购买的海外商品只需要缴纳行邮税，免去了一般进口贸易的"关税＋增值税＋消费税"。但此后许多地方跨境电子商务的野蛮生长，对传统进口贸易带来冲击，严重威胁到国家关税制度和国家税收。2016年4月8日，财政部、海关总署、国家税务总局出台新政，实行新的税率，跨境电子商务的税收红利窗口逐渐关闭，对跨境电子商务进口带来严重冲击。据统计，新政实施一周，郑州、深圳、宁波等跨境电子商务综合试验区进口单量分别比新政前下降70%、61%、62%。

从长期来看，跨境电子商务进口对于丰富国内商品供给、提升居民消费层级有积极作用，但是必须明确，那种以税收优惠作为主要竞争手段的发展模式将难以为继，竞争将更多地体现在品牌、质量、服务和效率上。今后，我国政府仍将适度发展跨境电子商务进口，进行政策创新，促进跨境电子商务新业态发展，提高我国跨境电子商务的发展质量。

10.5.3 大力推进阳光化通关

由于历史原因和体制机制的不完善，海关驻邮局监管机构对通过邮包寄送的商品包裹的综合抽查率较低，大量的海淘快件邮包并不履行报关手续，实际上不计算进出口货值，不仅出口邮包不征税，进口邮包也基本不征税，这直接导致了利用我国跨境电子商务商品政策漏洞的"灰色通关"现象。

跨境电子商务阳光化有助于保障正品销售、降低物流成本、完善售后制度，是未来跨境电子商务发展的必然方向。未来，随着跨境电子商务试点阳光化的继续推进，监管经验的不断累积丰富，阳光模式将更加流程化、制度化。

10.5.4 加快建立海外仓

物流是电子商务发展的重要基础和支撑，也是目前中国跨境电子商务发展主要瓶颈之一。跨境电子商务海外物流体系目前依赖三路大军：一是顺丰速运、韵达快递、中通快递等国内快递企业的国际业务刚起步，还只能是配角。二是中国邮政快递依靠万国邮政联盟的互助协议，电子商务利用这种通道来寄送商品包裹，与初衷不符，未来会受到各国政策限制。三是联邦快递（FedEx Express）、美国联合包裹运输服务公司（United Parcel Service，UPS）、敦豪速递（DHL Express）、天地快运（TNT）等国际物流快递公司是跨境包裹的主要承运商，实力雄厚、投送能力强、服务质量好，但寄送价格高，一般电子商务企业无法承受。

海外仓是改进国际物流的重要举措。海外仓是指国内企业深入海外买家所在国家，在当地建立仓库并储存商品。当该国（地区）买家在线上下单之后，由当地的仓库直接向其派送包裹。建设海外仓可以有效解决国际物流时间过长，容易丢失，不能满足当地购物习惯、支付习惯和及时退换货等问题，帮助电子商务企业降低物流成本、缩短交付时间、贴近用户服务。

10.5.5 完善金融服务开放第三方支付

目前，在跨境电子商务领域，银行转账、信用卡、第三方支付等多种支付方式并存。在中国市场，我国一批优秀的第三方支付本土企业，如支付宝、财付通和银联电子支付已获得跨境电子商务外汇支付业务试点资格、跨境人民币支付业务试点资格、跨境汇款业务试点资格等，陆续进军跨境支付领域，致力于提供高效、便捷、安全的跨境网络支付服务。

在除中国之外的全球市场，美国的第三方支付系统PayPal是规模最大的在线支付工具。中国政府尚未对外资第三方支付开放，PayPal无法在中国开展本地支付，但为我国跨境电子商务提供外币在线支付服务已有多年。随着中国跨境电子商务在全球的崛起，PayPal与越来越多的国内跨境电子商务平台开展合作，并携手银联打通国内银行卡（包括借记卡），还将为中国商户正式推出B2B2C跨境电子商务解决方案。

10.5.6 建立"单一窗口"平台

建设"单一窗口"平台是杭州跨境电子商务综合试验区最主要的成功经验，被国务院充分肯定，也正在被各地复制推广。"单一窗口"平台具有政务服务和商务服务双重功能，通过"一点接入"，建立和完善数据标准和认证体系，落实"负面清单"制度，实现政府管理部门之间"信息互换、监管互认、执法互助"，做到"一次申报、一次查验、一次放行"，实现通关全程无纸化，提高通关效率，降低通关成本。同时，通过链接各类综合服务企业和金融机构，为跨境贸易电子商务企业和个人提供物流、金融、质量管控、风险防范等贸易供应链综合服务，为跨境电子商务发展提供高效、便捷、透明、公正的政务服务和商务服务环境。

10.5.7 发展趋势多样化

跨境电子商务发展新增了一个移动端的推动力。与此相比，PC端比较适合做搜索，搜索时购买目的是明确的，就可以进行货比三家。而移动端更多是消费者在零碎的时间为了消遣时光进行搜索。这样的消费者没有明确的购买目的，仅仅是通过在浏览过程中冲动消费产生购买行为。现在的发展方向更趋向于贸易小额化、碎片化，从购买前的准备搜索方式、产品搜索、产品展示到产品口碑建设，再到购买后的客户服务、物流跟踪等，都可以通过移动端系统性地流水化运作来得到很好的完善，买卖双方都可以体验。传统的大型

B2C 平台的优势就是 PC 端的浏览更加容易转化成订单。而在移动端的市场，客户浏览只能让用户下载 App，而真正可以让浏览转化为订单购买的，还需要运营商对 App 进行精细优化，内容做得更加有创意，细心钻研，从产品控制和物流上下功夫不断优化用户体验。

垂直出口电子商务有较大发展潜力。相比较于综合和垂直出口电子商务，传统的出口电子商务主要是依靠搜索比价增加业务，就是非常简单地把便宜的物品卖到国外去，用户的忠诚度较低。而在某个细分市场专注深层次的运营，目标客户更加明确，转化率自然会提升，也更容易建立用户的忠诚度。

本地化运营也是出口电子商务的发展趋势。一开始通过媒体推广、网盟推广以及在一些社交平台上投放广告，优化网页和线上产品销售等方式来建立在推广区域内的知名度和电子商务企业荣誉，后期则在商品的呈现方式及退换货政策、海外仓等体验上，把高质量的服务融入电子商务企业业务中。

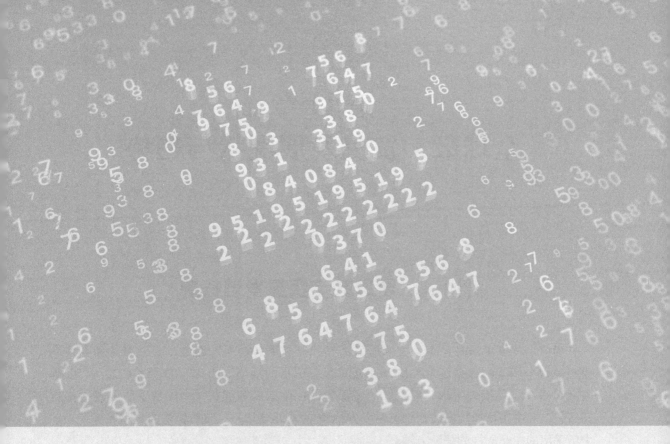

第三篇 政策篇

第 11 章
全球数字贸易发展现状与趋势

11.1 全球数字贸易发展概况

当前,将 ICT 服务、个人文娱服务、知识产权服务、保险服务、金融服务和其他商业服务六个门类的数据汇总来统计和计算数字贸易的规模。UNCTAD、OECD、WTO 等国际组织在相关报告中均采用这样的统计方法;中国商务部在《中国数字贸易发展报告 2019》以及中国信通院在《数字贸易发展白皮书(2020 年):驱动变革的数字服务贸易》中所采用的也是同样的统计方法。

11.1.1 数字贸易日益成为全球贸易增长的动力源

近年来,全球数字贸易增速领先,成为全球贸易新的增长引擎。根据 UNCTAD 统计数据显示,2005—2020 年,全球数字贸易出口规模由 12 027.60 亿美元迅速增长至 31 925.86 亿美元,年平均增长率为 7.46%,年复合增长率为 4.7%。2020 年,受新冠疫情影响,全球可数字化服务出口额同比下降 1.8%,但占全球服务出口总额的比重则提升至 63.6%,较上一年提高了 11.8 个百分点。

11.1.2 数字贸易在全球服务贸易的主导地位日益显现

自 2005 年以来,增长最快的服务出口是数字化服务,如 ICT 服务、其他商业服务和金融服务等。数字化服务已从技术进步带来的数字网络效率提高中受益匪浅,大大提升了服务的可贸易性并降低了服务的贸易成本。可数字化服务的跨境供应成为新的出口增长点并实现了出口多样化,今后还将进一步改变电子产品、汽车零部件、机械和医疗器械等商品的生产方式和生产地点。

在全球数字经济蓬勃发展的大背景下,基于数字技术开展的线上研发、设计、生产、交易等活动日益频繁,极大地促进了数字贸易的发展。数字贸易在服务贸易中的核心地位得到确立与巩固。根据 UNCTAD 统计,2005—2020 年,数字贸易在服务贸易出口总额中的占比从 44.92% 上升至 63.6%,在全部贸易出口总额中的占比从 9.13% 增长至 12.73%。

预计到 2030 年，全球贸易年均增长将提高 2 个百分点，服务贸易出口占全球贸易比重将超过 25%（图 11-1）。

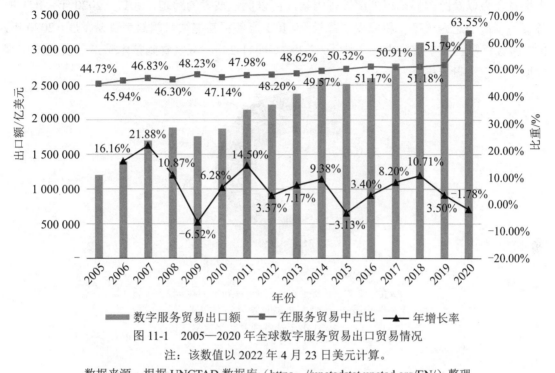

图 11-1　2005—2020 年全球数字服务贸易出口贸易情况

注：该数值以 2022 年 4 月 23 日美元计算。

数据来源：根据 UNCTAD 数据库（https://unctadstat.unctad.org/EN/）整理

11.1.3　数字贸易将带来全球贸易格局的改变

一方面，数字技术创造了提供服务的新方式。例如，音乐流媒体行业从销售实体转向通过互联网提供流媒体服务的数字下载商业模式等。基于社区的在线平台催生了共享经济。这些模式的改变为跨境服务贸易创造了新的机会。在可预见的未来，技术可能带来更多的服务跨境交易，这样的发展具有革命性的意义。目前来看，全球数字服务市场中，美国和欧洲国家占据领先与主导地位。根据 UNCTAD 统计，2020 年全球数字贸易规模排名前 5 位的国家分别是美国（8 507.2 亿美元）、爱尔兰（5 249 亿美元）、英国（4 330.13 亿美元）、德国（3 871 亿美元）和中国（2 939.9 亿美元）。尤其是美国，得益于苹果、谷歌、亚马逊、微软等顶级跨国 ICT 企业带来的数字技术与产业绝对优势，美国长期保持全球第一。由于数字平台同时具备网络效应和规模效应，全球数字贸易的出口呈现出集中度上升的态势。2014—2020 年，数字贸易出口排名前 10 位国家的市场占有率由 64.4% 增加至 66.1%，数字贸易进口排名前 10 位国家的市场占有率由 49.5% 增加至 51.8%。正是由于数字技术的核心为范围经济和规模经济，全球数字服务市场表现出明显的市场集中性，高度集中于少数国家的少数企业，后发国家很难逾越。

另一方面，贸易的比较优势也发生了变化。数字技术的发展使得不发达的基础设施和边境程序变得不那么重要，区块链技术可以克服合同执行能力的不信任等问题。可以看到，大型的发展中经济体成为扩大范围经济的受益者。大型的发展中国家由于范围经济带来的市场竞争力以及跨国界知识外部性等因素，可以促进技术的跨越，2011—2020 年，ICT 服务贸易平均增速为 7.7%。新冠疫情背景下，ICT 服务贸易继续引领数字贸易发展。2020 年，ICT 服务贸易在数字贸易中的占比为 22.2%（图 11-2）。可以看到技术带给了发达国家和发展中国家大量的机会。

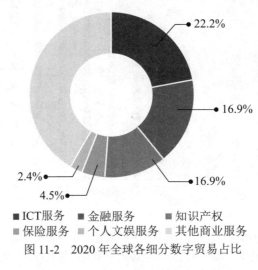

图 11-2　2020 年全球各细分数字贸易占比

11.1.4　中小型发达经济体和中国长期增速表现突出

从长期增长来看，新加坡、爱尔兰、芬兰等中小型发达经济体在代表性经济体中增速领先。中小型发达经济体政策灵活、市场开放度高，是数字企业开展国际业务的理想支点。2010—2019 年，年均增速前五的依次是新加坡、爱尔兰、中国、韩国、卢森堡，分别达到 12.7%、11.5%、10.7%、9.5%、7.3%。美国、德国、英国、法国等传统发达国家保持稳健增长，年均增速在 5% 左右（图 11-3）。发展中经济体数字贸易出口增长面临低水平陷阱，落后国家数字贸易不仅国际市场占有率有限，增速也更低，许多落后国家甚至出现负增长情况，导致严重的"数字鸿沟"问题。

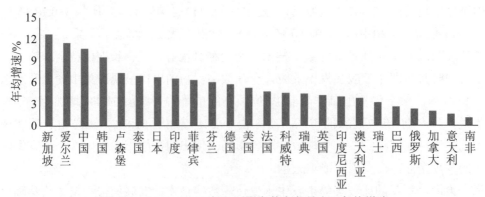

图 11-3　2010—2019 年主要国家数字贸易出口年均增速

11.1.5 ICT、其他商业服务、知识产权服务是数字贸易增长关键

数字贸易涵盖 ICT 服务、金融服务、保险服务、知识产权服务、个人文娱服务和其他商业服务六个行业。从细分行业看，ICT 服务、其他商业服务、金融服务在数字贸易中占据主导地位，所占比重分别为 21.0%、43.4%、16.1%（图 11-4）。而从变化趋势看，ICT 服务、其他商业服务、知识产权服务是数字贸易增长的关键动力，2010—2019 年年均增速分别达到 8.7%、6.1%、5.8%，对数字贸易增长的贡献率分别为 26.8%、43.5%、12.2%。其中 2011—2020 年，ICT 服务贸易平均增速为 7.7%。

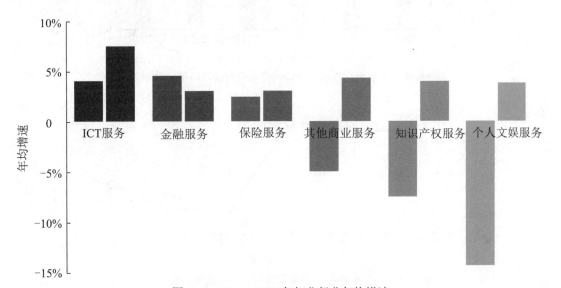

图 11-4 2011—2020 年细分行业年均增速
注：左侧为 2020 年增速，右侧为 2011—2020 年平均增速。

11.2 全球数字贸易发展格局

11.2.1 美国数字贸易国际市场占有率全球第一

美国是率先制定和发布数字经济和数字贸易发展战略的国家，也是全球最早开始探讨和定义数字贸易内涵的国家，这为美国数字贸易的高速发展提供了良好的政策环境和强大的推动力。美国可数字化服务出口一直排名全球第一，2020 年规模达到 5 331 亿美元，占国内服务贸易的 75.5%，占全球数字出口的 16.8%（图 11-5）。相比于 2005 年出口规模扩大了 2.65 倍。从长期发展速度来看，2005—2019 年，美国数字贸易发展迅猛，数字贸易出口规模稳步增长，年平均增长率达到 7.36%。此外，美国数字贸易出口额占服务贸易

出口总额的比重从 2005 年的 53.55% 增长至 2020 年的 75.5%，比重不断增加。数字贸易出口规模的扩大不仅有效地带动了美国服务贸易出口额的增长，而且对美国实现服务贸易顺差作出了重要的贡献。

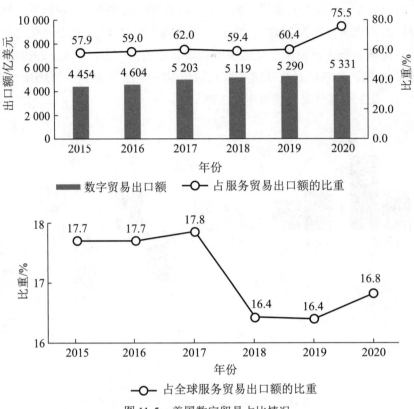

图 11-5　美国数字贸易占比情况

2020 年全球数字贸易规模排名前五位的国家分别是美国、爱尔兰、英国、德国和中国。美国拥有众多超大型跨国信息通信企业，众多大型互联网企业将欧洲总部设在爱尔兰，中国排名第五位。

从微观基础来看，美国拥有诸如亚马逊、谷歌、微软等能够提供云服务的全球互联网公司巨头，为美国发展数字贸易提供了坚实的微观基础和广阔的发展前景。以亚马逊为例，2019 年全球云计算支出猛增 37.60%，达到 1 071 亿美元，其中亚马逊的研发投入排名全球第一，全年对基础设施云服务的研发支出达到 34.60 亿美元，是中国研发投入最多的华为公司的两倍。同年，全球云 IaaS 的总体市场规模达 445 亿美元，亚马逊的市场份额达到 45%，远高于微软、谷歌、阿里巴巴等企业的国际市场占有率。

11.2.2　欧盟数字贸易的国际市场占有率全球区域排名第一

2020 年，欧洲仍是全球数字贸易出口规模最大的地区，出口额达 1.7 万亿美元，占全球的比重高达 52.57%。欧盟作为一个经济体，其数字贸易位列全球第一。据 UNCTAD

统计，2020 年，欧盟可数字化服务出口额达 12 412 亿美元，占欧盟服务贸易出口额的 64.1%，占全球服务贸易出口的 39.2%（图 11-6）。2015—2020 年，欧盟数字贸易出口规模从 6 607.73 亿美元增长至 1.7 万亿美元，扩大了 2.4 倍，在服务贸易出口总额中的占比从 54.1% 提升至 64.1%，年平均增长率达到 6.63%。从市场规模来看，2020 年欧盟数字贸易出口规模的国际市场占有率则达到 39.2%，在全球各区域中排名第一。

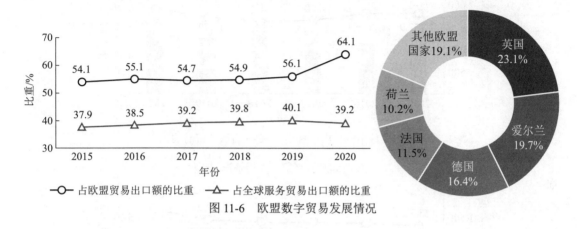

图 11-6　欧盟数字贸易发展情况

11.2.3　日本数字贸易发展速度惊人

日本相继颁布 E-Japan 战略、U-Japan 战略、I-Japan 战略等规划，积极推动智能制造和高端数字技术人才培养，引导企业向数字化方向发展，促进数字技术与各行业的融合，极力促进经济和贸易数字化转型。2020 年，日本数字贸易出口额达到 1 147.4 亿美元，国际市场占有率达到 3.64%（图 11-7）。从发展速度来看，日本 2005—2020 年的数字贸易出口额年平均增长率达到 7.60%，高于美国和欧盟同期的平均增速。

图 11-7　日本数字贸易发展情况

11.2.4　印度与新加坡数字贸易发展迅速

除日本外，近年来，印度、新加坡数字贸易出口一直位居全球前列。如图 11-8（a）

所示，印度是全球离岸服务外包的主要承接国，近年来将发展数字经济上升为国家战略，提出了"数字印度""初创印度"等计划，数字贸易出口稳步增长；如图11-8（b）所示，新加坡作为中小型发达经济体的代表，近年来数字贸易发展迅速，通过灵活的政策和高度开放的市场，逐渐成为国际互联网企业开展国际业务的重要节点。

（a）印度数字贸易发展情况

（b）新加坡数字贸易发展情况

图 11-8　印度、新加坡数字贸易发展情况

11.2.5　中国在全球数字贸易发展格局中占据重要地位

我国数字贸易净出口值从 2011 年的逆差 148.2 亿美元扭转至 2020 年的顺差 147.7 亿美元，反映我国数字贸易的国际竞争力持续增强。近年来，中国跨境电子商务快速发展，市场规模不断扩大。据海关统计，2021 年，我国跨境电子商务出口 1.44 万亿元，增长了 24.5%。到 2025 年，中国跨境电子商务交易额预期将达 2.5 万亿元。跨境电子商务在疫情期间进出口贸易额出现了不降反升的迹象，成为稳外贸的一个重要力量。得益于跨境电子商务的蓬勃发展，中国的数字贸易快速兴起，在全球贸易体系中扮演着越来越重要的角色。根据国务院发展研究中心披露的数据，我国数字贸易规模总体呈上升趋势，由 2011 年的 1 648.4 亿美元增长至 2020 年的 2 939.9 亿美元，年均复合增长率达到 6.6%，数字贸易占服务贸易的比重由 36.7% 提升至 44.4%（表 11-1）。

表 11-1　2018—2021 年我国数字贸易发展情况　　　　　（单位：亿美元）

	2018 年	2019 年	2020 年	2021 年
服务贸易总额	7 919	7 850	6 617	8 212.5
数字贸易总额	2 561.8	2 722.1	2 947.6	3 605.2
其中出口	1 321.4	1 437.5	1 551.5	1 956.7
其中进口	1 240.4	1 284.6	1 396.1	1 648.4
数字贸易增速	23.2%	6.3%	8.3%	22.3%
数字贸易占比	32.4%	34.7%	44.5%	43.9%

11.3　全球数字贸易发展趋势

11.3.1　全球数字贸易出口规模不断扩大

第一，根据 UNCTAD 统计，全球数字贸易出口由 2005 年的 1.18 万亿美元增长至 2020 年的 3.19 万亿美元，年均增长 7.4%；自 2015 年以来，全球数字贸易出口重回增长轨道并持续加速增长，2020 年迈上了 3 万亿美元新台阶，增长速度接近 9%。

第二，全球数字出口占服务出口一半以上。从数字出口占全球服务出口比重看，由 2005 年的 44.37% 逐渐提高到 2020 年的 51.96%。自 2016 年以来，数字贸易出口占全球服务出口的比重已超过 50%，2020 年已经达到 63.6%，并呈现稳步提升态势。

第三，ICT 服务出口占数字贸易出口比重不断提升。ICT 服务是数字贸易的核心组成部分，据 UNCTAD 统计，自 2006 年以来，ICT 服务占数字贸易比重已由 6.48% 提升到 10.35%，特别是 2015 年以来 ICT 服务占数字贸易比重持续稳定提升。疫情加速新型数字服务发展步伐。据 UNCTAD 统计，2020 年疫情期间线上流媒体服务爆发式增长，疫情早期美国视频会议平台用量增长了 300%，第一和第二季度间拉美地区和加勒比地区远程工作服务增加 324%，同期远程教育增长 60% 以上。根据国际电信联盟（International Telecommunication Union，ITU）公布的数据，疫情的前 4 个月，美国线上游戏增长了 4 倍，智利与游戏服务相关的互联网流量增长了两倍。

第四，贸易标的的服务化使得产品和服务的界限模糊。受技术和运输条件的局限，传统贸易活动的标的物主要是具备"可贸易"特征的制成品。数字技术的发展在很大程度上突破了服务"不可贸易"局限，包括金融、咨询、教育、医疗等在内的众多服务产业都可以实现低成本甚至零成本的远程传输，服务贸易随之迅猛发展，成为国际贸易体系的重要组成部分。除直接促进服务贸易发展之外，服务环节可贸易性的增强还为制造业部门延展相关产业链条，甚至通过"以租代售"等新型商业模式为实现经营方式的转型创造了条件，由此带来的贸易标的服务化以及制造业服务化转型也成为数字经济条件下贸易活动的突出特征。

第五，全球数字贸易是以欧美为主导地位来进行发展的。由于欧美的技术发展较为先进和成熟，发展起步阶段比较早，因此欧美国家在进行全球数字贸易时具有很强的优势，一直占据了全球数字贸易的第一梯队。发达国家仍是全球数字贸易出口的主力军，占全球数字贸易出口的比重始终超过70%。2020年，发达国家数字贸易出口额2.4万亿美元，同比下降2.6%；发展中国家数字贸易出口额7311.6亿美元，占比23.1%，同比增长0.9%，连续10年正增长。发达国家和发展中国家数字贸易出口占本国服务出口总额的比重均有显著提升，分别增长了10.4个百分点和13.7个百分点，达到68%和52%。发展中经济体数字贸易出口规模由0.18万亿美元增长至0.72万亿美元，占世界比重由14.7%提升至22.6%。数字贸易将推动全球化向更高阶段发展，降低贸易门槛、带来新的分工、创造新的发展机会，发展中国家也可能从中获益。

全球化和数字化是数字贸易产生和发展的主要动因，拓展数字贸易发展空间已成为全球化和数字化发展的必然要求。随着创新数字技术的出现和互联网基础设施建设的逐步完善，新型数字技术在数字贸易中的广泛应用推动数字贸易发展边界向外延伸，将进一步拓展数字贸易发展市场。

11.3.2 数字贸易带来的规模经济、范围经济可能因为"数字鸿沟"问题，让发达国家"赢家通吃"

在数字贸易中，一方面，数据要素在使用过程中的零边际成本特性，使得要素报酬均等化机制近乎失灵，有的比较优势会凭借要素的通用性和共享性迅速扩散到其他领域，从而使企业在一系列相关产品与服务市场中建立比较优势，形成围绕同一类数据要素和技术特质的产业聚合体。另一方面，在数字贸易条件下，由要素内生性导致的贸易规模自我强化无疑会使上述战略性贸易政策的重要性进一步凸显，借助战略性贸易政策和产业政策的力量，通过大量前期投入抢占产业发展先机将成为数字贸易条件下各国的现实政策选择。与此同时，许多发达国家的数字企业通过先行者优势主导了产业技术革新的路径，并通过在可能实现技术突破的节点预先申请专利的方式制造知识产权壁垒，对后进国家实行技术封锁，加大了企业突破技术壁垒的难度。此外，国家之间在数字基础设施以及人力资本方面的差异也将成为数字鸿沟无法弥合甚至逐渐扩大的重要原因。

11.3.3 "长尾效应"与产品的个性化和物流的分散化给中小型企业发展带来了新的契机

在数字贸易的发展契机下，企业的数字化转型、参与国际市场是必然趋势。大型企业相较于中小企业而言，具有发展规模所带来的经济优势，而中小企业更多地依靠创新科技、改善环境、金融贸易、电子商务平台等提供的综合支持融入全球价值链。数字贸易能够为中小企业降本增效，扩大市场机会，促使企业加速数字制造（图11-9）。

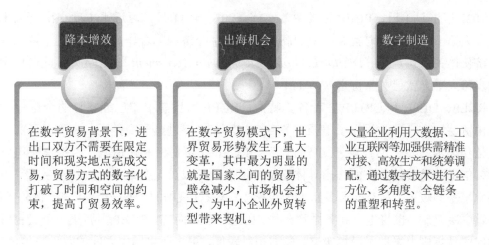

图 11-9　数字贸易对中小企业的影响

作为数字经济的另一个典型特征，"长尾效应"主要指当产品或服务多样化的成本足够低时，那些个性化强、需求不旺、销量很低的产品或服务仍然可以存在。这一效应可能来自平台经济下供给端多种产品的集中生产和分销，也可能来自信息技术发展导致的需求端搜寻成本的下降与商品可获得性的增强。得益于数字经济的"长尾效应"，数字贸易下产品的个性化与多样化程度相对传统贸易有了大幅提升。传统经济中，制约小众产品供给的主要因素在于小规模的市场需求难以覆盖产品的生产成本，且产品的需求面临较大的不确定性。数字技术的应用则可以从需求和供给两方面解决上述问题：从需求角度看，产品的个性化与多样化主要源自平台经济对分散的小众需求的集中所带来的广泛市场空间；从供给角度看，数字技术的应用可以使企业更为精准地对小众化需求进行订单与库存的跟踪和管理，甚至根据客户的需求进行定制化生产。与产品个性化和多样化程度提升相对应，数字贸易下以小规模和多样化为特征的物流活动也会改变以往的大规模集中运输模式，即以小型邮包为代表的分散式物流在数字贸易中的比重会显著提高。

11.3.4　数字贸易下，全球价值链重塑，形成了互利共赢生态体系

数字贸易在提升贸易效率、优化贸易流程、降低贸易成本、催生新兴产业等方面发挥着越来越重要的作用。在数字贸易深入化发展过程中，价值链各端企业通过数字技术整合跨境资源，为全球关联企业产品设计、生产加工、经贸合作、营销服务等提供多元化支持，驱动全球价值链重塑。平台、支付、物流、政府部门等有关各方共同实现价值创造，形成互利共赢的生态体系。

11.3.5　中国积极争取数字贸易治理的话语权

2022年1月1日，RCEP正式生效实施。2021年11月，习近平主席在出席二十国集团领导人第十六次峰会时宣布，中国高度重视数字经济国际合作，已经决定申请加入《数字经济伙伴关系协定》（Digital Economy Partnership Agreement，DEPA），此前已申请加入进步跨太平洋伙伴关系协定（CPTPP）。

RCEP、DEPA和CPTPP三者各具特点。RCEP为目前中国已经签订的全球最大的综合自由贸易协定，其中设立了电子商务专章，旨在"促进电子商务"，为"电子商务使用创造信任环境"及"加强电子商务合作"。RCEP在贸易便利化措施、维护良好电子商务环境、信息跨境传输等方面作出具体规定，但由于各成员国在数字经济和数字贸易方面的发展水平差异较大、利益诉求多元，协定采取了WTO规则的"不符措施"和"例外条款"，"争端解决机制"也将电子商务排除在外。因此，总体而言，RCEP主要集中于货物贸易，在数字贸易规则上采取了谨慎策略，标准相对较低，更多尊重国家之间的差异与价值取向，大大提高了数字贸易规则标准，为对接DEPA和CPTPP两个国际高标准数字贸易规则、推进数字贸易的制度开放提供了可能。新加坡牵头的DEPA以及日本牵头的CPTPP基本代表了目前数字贸易领域中的最高标准规则，这也对我国对接世界高标准经贸规则提出了新的挑战。

第 12 章
中国数字贸易发展概况

12.1 中国数字贸易发展现状与问题

12.1.1 数字贸易规模持续扩大

中国一直高度重视数字经济与数字贸易发展，积极把握数字贸易快速发展新机遇，迅速提升贸易数字化水平，加快推动数字贸易发展，取得显著成效。目前，中国数字进出口已经跃入全球前十，在全球数字贸易中占据重要地位，中国也已成为全球数字贸易大国之一。

根据国务院发展研究中心的数据显示，近 10 年，我国数字贸易规模基本实现翻番，从 2011 年的 1 648.4 亿美元增加到 2020 年的 2 947.3 亿美元，全球排名第五，年平均增长率达 6.6%，增速在主要国家中位居前列，数字贸易占服务贸易的比重从 36.7% 提升至 44.4%。中国商务部研究院在 2022 年发布的《中国数字贸易发展报告》显示，在全球格局中，中国数字出口排名第六，数字进口排名第五。其中，在出口方面，全球前十的依次是美国、英国、爱尔兰、德国、印度、中国、法国、荷兰、新加坡和日本；在进口方面，全球前十的依次是美国、爱尔兰、德国、英国、中国、法国、日本、荷兰、新加坡和卢森堡。

12.1.2 数字贸易结构不断优化

我国一直高度重视服务业开放与服务贸易发展，数字贸易已成为中国服务贸易发展的新趋势，并呈现出高质量发展的态势。据国家商务部数据，中国数字化交付服务贸易总额呈不断上升趋势，在服务贸易中的占比逐渐提升。2017 年我国数字贸易规模首次突破 2 000 亿美元，2018 年以来扭转了数字贸易持续逆差态势，2019 年实现数字贸易顺差 152.9 亿美元，新冠疫情以来数字化交付服务贸易占服务贸易比重实现新的突破，2020 年和 2021 年均达到了 40% 以上（表 12-1）。

表 12-1　十年来中国数字贸易发展情况

年　份	进出口		出　口		进　口	
	金额/亿美元	占比/%	金额/亿美元	占比/%	金额/亿美元	占比/%
2012	1 623	34	735	36	887	32
2013	1 851	34	825	40	1 025	31
2014	2 013	31	991	45	1 023	24
2015	1 794	27	933	43	860	20
2016	1 907	29	937	45	970	21
2017	2 079	30	1 026	45	1 055	23
2018	2 562	32	1 322	50	1 241	24
2019	2 723	35	1 439	51	1 285	26
2020	2 947.3	45	1 551.1	55	1 395.7	37
2021	3 604.9	44	1 906.7	48	1 648.1	39

数据来源：中国商务部。

数字技术的发展进一步推动服务的可贸易变革。2021 年各项数字贸易进出口总额均实现同比增长，而金融服务，电信、计算机和信息服务贸易总额、出口额与进口额增速最快，知识产权服务次之，说明中国数字贸易在保持快速增长的同时结构也在不断优化。如表 12-1 和表 12-2 所示，2021 年中国数字贸易规模达 3 604.9 亿美元，同比增长 22.3%，占服务贸易总额的 44%。其中，出口额达 1 906.7 亿美元，同比增长 40.4%，占服务出口总额的 48%；进口额为 1 648.1 亿美元，同比增长 12%，占服务进口总额的 39%。在数字贸易总额构成中，其他商业服务占比最大，占比达 40%；ICT 服务贸易次之，占比为 33%；知识产权服务贸易居第三，占到 16%。

表 12-2　2021 年中国数字贸易进出口情况

服 务 类 别	进出口		出　口		进　口		贸易差额
	金额/亿美元	同比/%	金额/亿美元	同比/%	金额/亿美元	同比/%	金额/亿美元
总额	3 604.9	22.3	1 906.7	40.4	1 648.1	12.0	258.6
保险和养老金服务	212.3	19.8	51.9	-3.3	160.3	29.9	-108.4
金融服务	103.1	40.2	49.7	18.8	53.4	68.3	-3.7
知识产权服务	586.6	26.6	117.7	35.6	468.8	24.6	-351.1
ICT 服务	1 195.8	27.5	794.6	30.7	401.1	21.6	393.5
其他商业服务	1 455.4	16.1	923.6	23.4	531.8	5.3	391.8
个人文娱服务	51.7	19.6	18.9	44.3	32.7	8.8	-13.8

数据来源：中国商务部。

从结构上看，中国数字贸易细分领域发展状况具有以下特点。

一是信息通信类数字贸易规模最大。ICT 服务进出口规模实现较大增长，与 2018 年的 4 389.2 亿元相比，增长了 20.8%。数字融合比高，达到 90% 左右。贸易顺差呈不断扩大趋势，与 2018 年的 1 620.9 亿元相比，增长了 17.5%，反映出我国电信、计算机、信息技术在国际市场中的竞争力正在稳步提升。

二是内容娱乐类数字贸易扩张态势明显。内容娱乐类数字贸易主要包括社交媒体、数字传媒、数字娱乐、数字学习、数字出版等个人文娱服务。2019 年，我国数字化的个人文娱服务进出口总额约为 279.6 亿元，虽然占数字贸易的比重较小，仅为 2% 左右，但数字融合比高达 75.0%，仅次于 ICT 信息服务业。

三是商业金融类数字贸易发展潜力巨大。商业金融类数字贸易主要包括保险服务、金融服务以及技术、专业和管理咨询、研发等配套商业服务。从进出口总额来看，从高到低依次为专业和管理咨询服务（2 542.5 亿元）、技术服务（1 199.3 亿元）、研发服务（866.3 亿元），占数字贸易比重分别为 18.3%、8.6%、6.2%。相比之下，保险服务和金融服务占比相对较小，仅为 1.9% 和 1.5%。从数字融合程度来看，专业和管理咨询服务、技术服务、研发服务的融合比均高于 55%，其中研发服务进口数字融合比高达 81%，而金融服务的进出口数字融合比不足 50%，保险服务不足 30%，具有较大的提升空间。

四是专业知识类数字贸易仍有增长空间。专业知识类数字贸易包括知识产权、维修维护和加工服务，主要以知识产权为主。2019 年，数字化的知识产权服务进出口总额为 1 765.2 亿元，占数字贸易进出口总额为 12.7%，比重仅次于 ICT 服务及专业和管理咨询服务。维护维修服务（396.2 亿元）和加工服务（381.8 亿元）占数字贸易进出口总额比较相对较低，均不到 3%。知识产权出口的数字融合比由 2018 年的 55% 增长到 2019 年的 61%。需注意，我国数字交付的知识产权出口额（333.3 亿元）仍远远小于进口额（1 931.6 亿元），反映出我国技术创新能力在全球的竞争力相对较弱，"进口替代"产业发展有待进一步加强。

12.1.3 数字贸易的贡献率和重要性日益攀升

中国商务部发布的《中国数字贸易发展报告》数据显示，数字贸易对服务贸易贡献率攀升，成为带动服务贸易增长的重要动力。2019 年，我国服务贸易整体规模为 5.4 万亿元，数字贸易所占比重为 25.6%，比上年同期提升 3.4 个百分点。2020 年，数字贸易占服务贸易比重进一步增长到 44.5%。

根据国务院发展研究中心对外经济研究部与中国信通院联合发布的《数字贸易发展与合作报告》数据显示，新冠疫情全球蔓延后，更凸显了数字贸易的发展韧性和巨大潜力。2020 年，全球服务贸易受到严重冲击，同比下降 20.0%，数字贸易受影响较小，占服务贸易的比重进一步提高至 62.8%，一年时间提升 11.5 个百分点，涨幅超过过去 10 年总和。全球跨境电子商务市场规模持续扩大，电子商务平台、智慧物流等新模式、新业态给国际贸易注入了新的活力。此外，通过商业存在方式提供的数字贸易占比仍超过 60%。中国是为数不多的居于领先地位的发展中国家，增速在世界主要国家中位居前列。随着数字贸易在全球贸易格局中的重要性不断提升，我国贸易焦点正加快沿着"货物贸易—服务贸易—数字贸易"路径演进。中国跨境电子商务、服务外包、云服务、移动支付、卫星导航和位置服务、数字内容服务、社交媒体、搜索引擎等新业态蓬勃发展，贸易数字化水平不断提高，数字贸易成为中国推动贸易增长、实现贸易高质量发展的新动能和新力量。

12.1.4 数字基础设施日益完善

随着数字经济的发展，我国相关基础设施建设也在不断发展，根据中国互联网络信息中心（China Internet Network Information Center，CNNIC）发布的第47次《中国互联网络发展状况统计报告》显示，我国2020年国际出口带宽为11 511 397Mbps，较2019年年底增长30.4%，移动互联网接入流量也在不断增加，光纤宽带用户达4.54亿户等。同时，我国在4G和5G方面发展迅速，目前我国所建的4G基站已达全球基站数量的一半以上，同时我国已建成全球最大的5G网络。但从普及率上来说，我国数字经济基础设施建设仍需进一步发展。根据中国互联网络信息中心发布的第49次《中国互联网络发展状况统计报告》显示，截至2021年12月，我国网民规模达10.32亿人，互联网普及率达73.0%，仍低于美国（90%）、日本（93%）及欧盟国家，这与我国第二大经济体排名并不相符。另外，我国基础设施建设在城市和农村也存在发展不平衡的现象。截至2021年12月，我国农村网民规模为2.84亿人，占网民整体的27.6%，远少于城镇网民7.48亿人；农村互联网普及率为57.6%，而城镇地区为79.5%。

12.1.5 数字贸易发展出现结构性失衡

总体上而言，我国数字贸易增长迅速，并且在国际市场上占有一定份额，但是由于基础设施建设相对落后、法规政策不完善等方面原因，我国在跨境数据流动贸易方面发展缓慢。根据福布斯发布的2019年全球数字经济企业排行榜前10家企业中，美国占7家，而我国只占两家，且排名并不靠前，中国移动位于第八位，阿里巴巴位于第十位（表12-3）。另外，对照2021年福布斯全球企业2 000强的榜单中，虽然我国中国移动和阿里巴巴排名均有所上升，同时腾讯控股、小米集团排名也相对靠前，但在跨境数据流动贸易中搜索引擎和云计算机服务中，我国企业相较于美国而言仍处于落后阶段。

表12-3　2019年全球数字经济企业排名情况

排　　名	企　　业	国家或地区	行　　业	2021年综合企业排名
1	苹果	美国	计算机硬件	6
2	微软	美国	软件与程序	15
3	三星电子	韩国	半导体	11
4	Alphabet	美国	计算机服务	13
5	美国国际电话电报公司	美国	电信服务	311
6	亚马逊	美国	互联网和目录零售	10
7	威瑞森通信公司	美国	电信服务	—
8	中国移动	中国	电信服务	32

续表

排名	企　业	国家或地区	行　业	2021年综合企业排名
9	华尔特迪士尼	美国	广播与有线电视	352
10	阿里巴巴	中国	互联网和目录零售	23

资料来源：2019年福布斯全球数字经济企业排行榜、2021年福布斯全球企业2000强。

从数字贸易分类而言，我国数字货物贸易主要依托互联网平台的跨境电子商务。伴随着阿里巴巴等互联网平台迅速成长，我国跨境电子商务在全球范围内占据了较高的市场份额。根据海关统计调查显示，2021年我国跨境电子商务进出口规模约为19 237亿元，同比增速18.6%。然而，我国在其他数字货物贸易领域的发展（如芯片等）仍较为落后。

2021年我国数字贸易中只有贸易总量前两位的ICT服务以及其他商业服务为贸易顺差，其余均为贸易逆差，都存在不同程度上依赖于国外进口。其他研究显示，中国在数字贸易出口方面创造力、创新力不足，国际占有率较低。这表明我国在保险服务、金融服务、知识产权服务以及个人文娱服务方面仍需不断发展，尽量减少进口额，扭转贸易逆差的局面。

从地域上而言，我国数字贸易发展存在东强西弱的问题。上述相关数字经济企业大多分布在东部沿海地区。另外，根据海关的数据显示，跨境电子商务平台主要集中在珠三角、长三角及京津地区，出口货物集中于东部沿海地区，占比近八成；进口货物集中在北上广以及江苏、浙江等发达地区，占比五成。

12.1.6　我国数字贸易规则话语权较低

数字环境下，知识产权侵犯、信息跨境泄露、消费者信息盗用、垃圾信息泛滥、数据平台税基侵蚀和利润转移、网络安全监管不到位等在当前的相关规则下无从解决。以CPTPP和DEPA为代表的新一代高水平自由贸易协定开始思考传统贸易规则在数字经济中的适应性问题。数字贸易博弈已由"市场之争"演变为"规则之争"。美、欧、日等发达经济体立足其自身优势主动发力，在数字贸易规则的制定上企图抢占制高点。

中国近几年在数字贸易规则上逐渐从跟随者转化为参与者。目前，中国正持续推进加入CPTPP和DEPA，坚持对标高标准国际经贸规则，全面扩大开放水平，提高在全球治理中的话语权。截至2021年年底，中国与其他经济体签署了19个自由贸易协定，其中包含数字贸易规定的自由贸易协定有9个，而且均采用专"章"的形式加入数字贸易规定。中国主要签订的自由贸易协定有中国-韩国自由贸易协定、中国-澳大利亚自由贸易协定和RECP，涉及数字贸易条款。其中RECP中增加的关于非应邀商业电子信息、计算设施本地化、通过电子方式跨境传输信息和网络安全4个条款是相当有魄力的一次尝试，表明我国对接高水平国际贸易规则的决心和信心。

但中国与现行数字贸易规则最高标准的19个核心条款相比，目前中国签订的自由贸易协定已覆盖了其中13个，剩余的6个条款，如开放网络、网络访问和使用、源代码、互操作性、政府数据开放、使用加密技术的信息和通信技术产品、税收等还是空白。这也说明了我们在对标高标准数字贸易规则中,对制度开放的"大门"持相对审慎态度。而美欧以其内部成熟的数字贸易规则为基础,在自由贸易协定谈判中设置其关心的数字贸易议题,并通过WTO等数字贸易谈判的多边场所,将各经济体的关注点集中于这些议题,意图主导数字贸易国际规则制定。发达国家主导的数字贸易规则区域化演进策略弱化了中国等广大发展中经济体在规则构建过程中的话语权。

12.2 中国数字贸易发展的重点领域与态势

12.2.1 重点行业发展迅速

1. 数字贸易出口快速发展

目前,我国数字贸易出口增速迅猛,2015—2020年中国软件出口由333.9亿美元增至469.6亿美元,增长40.6%;软件外包单笔合同执行额由平均64万美元增至67万美元;业务收入由42 848亿元增至81 616亿元,增长90.5%;人均创造业务收入增55.2%。2020年软件出口国家及地区也增多,达到220个。据工业和信息化部数据显示,2021年中国软件业务出口为521亿美元,同比增长8.8%,两年复合增长率为3.0%;软件外包服务出口为149亿美元,同比增长8.6%;软件业务收入为94 994亿元。在区块链技术合作方面,我国众多企业与其他国家达成合作。例如,中粮集团与众多粮商在日内瓦成立基于区块链技术的数字化农业国际贸易公司、中国国家信息中心与中国移动等企业构建全球性的公共基础设施网络等,均在共同推进我国数字贸易软实力和国际竞争力不断增强。

2. ICT服务贸易规模持续扩大

ICT服务出口规模持续较快增长。2017年以来,ICT服务增速加快,2019年达537.84亿美元。中国ICT服务出口占全球ICT服务出口比重逐年增长,2019年比重为2005年的4倍左右,2019年为8.46%。中国ICT服务出口规模占中国数字化交付服务出口比重整体不断增长,2019年为37.47%。中国ICT服务出口占中国服务出口比重逐年增加且增速较快,2019年为18.99%。2019年中国ICT服务出口全球排名第三位。

ICT服务进口规模持续扩张。2019年,ICT服务进口达268.6亿美元。ICT服务进口规模占中国数字化交付服务进口比重逐年上升,2019年这一比重已上升至约21%。ICT服务进口规模占中国服务进口比重整体呈上升趋势,2019年达5.36%。2019年中国ICT服务进口全球排名第三位。

3. 跨境电子商务保持强劲增长态势

受疫情影响各国经济萎靡不振,而我国跨境电子商务进出口额却加速增长,进出口额从2017年的902亿元增加到2021年的19 800亿元,增长了近21倍。另外,根据《中国跨境出口电子商务发展报告(2022)》显示,我国2021年跨境电子商务企业达3.39万家,新增 1.09 万家，企业数量不断增加为我国跨境电子商务注入新活力。同时，我国跨境电子商务生态支撑的日益完善也助力我国跨境电子商务保持强劲的增长态势：我国海外仓业务范围辐射全球；外汇管理局出台的《支付机构外汇业务管理办法》促进跨境支付合规化进程加速；中国出口信用保险公司 2021 年承保 8 301.7 亿美元，同比增长 17.9%，覆盖面不断扩大。

4. 数字产品出口国际竞争力快速提升

中国数字娱乐、数字传媒等数字内容产品领域出口实力明显增强，成为世界进行文化传播与交流的重要载体。首先，我国网络游戏国际市场份额不断扩大，自主研发水平也在逐年提升。根据《2020 年全球游戏年度报告》显示，我国网络游戏市场营业收入占全球总收入的 32%，居世界首位。同时，根据中国音数协工委数据显示，2020 年我国自主研发的网络游戏海外销售收入为 154.5 亿美元，2015—2020 年年均增长 23.8%；2021 年中国自主研发游戏的海外市场销售收入达到 180.13 亿美元，较 2020 年增收 25.63 亿美元，同比增长 16.59%，2022 年 1—6 月，我国自主研发游戏海外市场实际销售收入 89.89 亿美元，同比增长 6.16%，实力可期。而在数字传媒方面，微信、短视频等社交媒体国际影响力不断提升，全球社交媒体活跃用户数前 8 名中中国占据 3 席。2021 年全球手机 App 下载量抖音海外版（TikTok）排名全球第一，抖音海外版的 75 个语种产品覆盖超过 150 个国家和地区。

12.2.2　数字贸易重视与发达国家市场、新兴市场合作

目前，我国跨境电子商务出口货物主要市场为美国、英国、法国、德国、日本、西班牙等发达国家。受疫情影响，境内平台对欧洲出口减少，但对其余地区的发达国家合作依旧频繁。另外，对 RCEP 成员国出口增加，不断促进各协定方之间的贸易往来。而我国自提出"一带一路"倡议以来，十分注重与"一带一路"沿线国家的合作。"十三五"时期，我国承接"一带一路"沿线国家服务外包执行额由 121.5 亿美元增长至 197.7 亿美元，年均增长 10.2%。

12.2.3　离岸服务外包成为最主要的方式

2021 年我国企业承接服务外包合同额为 3 224 亿美元，折合人民币 11 295 亿元，首次突破 1 万亿元，离岸执行额为 2 265 亿美元，同比分别增长 30.9% 和 29.2%。而在此之中信息技术外包和知识流程外包执行额分别为 3 631 亿元和 3 661 亿元，同比增长 13.3%、25.3%；业务流程外包执行额较低，为 1 308 亿元，同比增长 11.1%。三者所占服务外包比重依次为 42.2%、42.6% 和 15.3%。2015—2020 年离岸服务外包对中国服务出口累计增长贡献率达 66.4%，对数字出口累计增长贡献率达 66.5%，已然成为数字贸易出口的主要方式。

第 13 章
数字贸易的国际规则

当前,全球数字贸易规则表现出明显的"碎片化"特征,各国竞相争夺国际规则话语权,"规则之争"成为数字贸易领域的竞争焦点。

13.1 全球数字贸易规则的演变与特征

数字贸易通过数字技术和由此形成的数据价值链对传统国际贸易的交易方式、国际分工和利益分配体系产生了巨大的冲击,由此各大经济体根据数字经济下的自身贸易竞争新优势进行规则制定,加速构建数字贸易的新规则体系。迄今为止,超过 90% 的服务贸易协定中包含了数字贸易的相关条款或专章。

数字贸易成为驱动全球贸易增长的重要引擎。数字贸易带来的是全球贸易组织方式、贸易模式、收益分配乃至各国各地区比较优势来源的重大变革,原有的贸易规则无法适应数字贸易的发展,必然带来贸易规则的改变。数字环境下,知识产权侵犯、信息跨境泄露、消费者信息盗用、垃圾信息泛滥、数据平台税基侵蚀和利润转移以及网络安全监管不到位等,对现有基于 WTO 贸易规则提出了现实的、紧迫的挑战。以 CPTPP、DEPA 为代表的新一代高水平自由贸易协定开始思考传统贸易规则在数字经济中的适应性。数字贸易博弈已由"市场之争"演变为"规则之争"。美、欧、日等发达经济体立足其自身优势主动发力,在数字贸易规则的制定上企图抢占制高点。作为数字贸易最活跃的经济体之一,如何研判并引领规则制定是中国发展数字贸易获得数字红利的重要课题。

13.1.1 全球数字贸易规则演变的四个阶段

由于各国各地区在全球数字贸易中处于不同的分工和发展阶段,对数字贸易规则的诉求存在巨大差异,加之数字技术不断迭代演化,全球对数字经济、数字贸易的本质认识还处于初始阶段,因此全球性数字贸易规则尚处于探索阶段,经历了由少到多、由点到面、由浅入深的过程。2008 年金融危机以及 2016 年开始的第四次数字全球化深刻影响了世界贸易与数字贸易的变化发展。2008 年金融危机重创全球经济,数字贸易作为潜力巨大的新经济形态被应用于刺激经济复苏，数字贸易规则涵盖的领域不断增多，规则的广度得到发展。自 2016 年以来，以数字经济及数字产品为代表的第四次全球化浪潮将数字技术应用到世界各个角落，国际贸易格局经历了深刻的数字化变革，数字贸易规则不断缩减限制性条款，规则的深度得以发展。全球数字贸易规则的演进历程可划分为 4 个阶段。

（1）第一阶段：萌芽阶段（1995—2001 年）。

萌芽阶段电子商务发展提速，主要表现为以电子商务形式展现，相关规则从单独条款逐渐扩充到电子商务专章，但未形成数字贸易规则框架。

一是在 WTO 框架下出现了数字贸易规则的相关条款。GATS 中没有明确涵盖数字贸易、信息流动及其他贸易壁垒的相关条款，但在电信服务和金融服务条款中有所涉及。《信息技术协定》（Information Technology Agreement，ITA）和《全球电子商务宣言》主要涉及电子传输免征关税，其他基本没有涉及。

二是在双边自由贸易协定中，数字贸易规则以电子商务的形式出现并有所发展。数字贸易规则在多边框架下的缺失促使诸多经济体在区域层面进行拓展，其中美国是领头羊。美国率先迈出数字贸易规则制定的第一步，签署的贸易协定大多单独设立"电子商务"章，主要内容围绕数字服务、数字产品免关税、数字产品非歧视性待遇这三方面。数字服务条款初步奠定了服务贸易在数字贸易中的核心地位，也率先奠定了美国在全球数字贸易领域的优势地位。

2001 年，美国-约旦特惠贸易协定达成，在该协定中首次出现了电子商务条款。该条款十分简单，除电子传输免征关税和透明度要求之外，并无其他实质内容。2004 年美国-智利自由贸易协定签署，电子商务以专章出现，其中包含 6 个条款和 1 个附件。此后美国与发展中国家签订的自由贸易协定，基本以美国-智利自由贸易协定为模板进行推广，电子商务条款数量维持在 6 条左右。美国与发达国家签订的自由贸易协定多在美国-智利自由贸易协定的基础上进行了有限扩展。比如，美国-澳大利亚自由贸易协定和美国-韩国自由贸易协定，条款数量分别是 8 条和 9 条，创新性地将数字贸易规则扩展至关税、数字产品非歧视性待遇、电子认证和电子签名、线上消费者保护、无纸化贸易、介入并使用互联网、电子信息跨境自由传输等。美国在与澳大利亚签订的双边协定中，在数字认证、网络消费者保护、无纸化贸易等方面作出尝试；但由于大部分规则中采用"应当""或许""努力""设法避免"等词汇，所以约束力不强，呈现"涉及范围窄、规定较简略、劝导性更强、约束力不足"等特点。

（2）第二阶段：形成阶段（2002—2014 年）。

这一时期，数字贸易规则进入横向广泛发展阶段，数量、内容显著提升，结构更趋优化。主要表现为含数字贸易规则协定数量增长迅速，内容趋于多样化、全面化、具体化，涵盖范围更广，规定更成熟，约束力有显著提升。全球数字贸易自由化进程加速，构建更为开放的数字贸易交易环境已成为大多数经济体孜孜以求的目标。这一阶段共涉及 64 个经济体，美国与新加坡延续其在数字贸易规则制定中的主导地位，与这时期脱颖而出的欧盟共同形成"三足鼎立"之势。韩国、澳大利亚与加拿大在数字贸易规则制定方面也取得了显著进展。欧盟与东盟开始尝试通过规则激发数字贸易活力。美国、新加坡和欧盟的数字贸易规则优势明显，中国不断追赶。

美国在上一阶段的基础上，将网络消费者保护条款作为数字贸易规则的制定重点。网络消费者保护条款有效保护了消费者的隐私，同时增强消费者在参与数字贸易时的信任与信心。美国-韩国区域贸易协定（Regional Trade Agreement，RTA）是这一阶段涵盖数字贸易规则条款较全、较先进的双边协定，双方在电子认证与电子签名、无纸化贸易、跨境信息自由流动等方面达成一致。

欧盟参与的协定中，数字贸易规则以数字产品免关税、电子签名、网络消费者保护这三个方面为主，个别协定涉及无纸化贸易、个人信息保护。欧盟的另一个突出特点是将电子商务规则与服务贸易规则置于同一章，两者在某些条款上交互融合，难以剥离。欧盟高度重视数字贸易不无道理，一是数字技术正推动全球贸易向数字服务化方向发展；二是服务贸易是欧盟发展数字贸易的优势所在。这一阶段欧盟仍将实行高水平的数据保护措置于重要地位，但数字贸易规则的涵盖范围更广，规定更具体，约束力也更强。

中国在数字贸易规则方面稍显滞后，但进展显著。中国在与韩国和澳大利亚两个发达经济体签订的协定中，主要内容涉及电子商务免关税、电子认证和电子签名、无纸化贸易这三个方面，有效促进了数字货物贸易便利化。相关协议中虽多采用"努力""探索"等词汇，但约束力和规则覆盖面较上一阶段有很大提高。

（3）第三阶段：发展阶段（2015—2018年）。

发展阶段以CPTPP和DEPA为里程碑，形成了数字贸易规则的基本框架和主要内容。主要表现为含数字贸易规则的区域贸易协定数量增长放缓，但数字贸易规则内容向更大范围、更高层次和更深程度拓展，对协定方的要求更为严格。

这一时期美国比较具代表性的是其参与的"3T"谈判，即《跨太平洋伙伴关系协定》（Trans-Pacific Partnership Agreement，TPP）、《跨大西洋贸易与投资伙伴协定》（Transatlantic Trade and Investment Partnership，TTIP）、《国际服务贸易协定》（Trade in Service Ageement，TISA）。尽管TPP生效便夭折，TTIP和TISA最终未能达成一致，但其在数字贸易规则方面的探索仍有极大价值。TPP成为美国数字贸易规则的奠基性文件，美国之后签订的诸多协定文件中延续了TPP中大部分有关数字贸易规则的条款。除常见的美式规则外，TPP还在个人信息保护、计算设施非强制本地化、源代码保护等方面作出较为具体和全面的规定，这些规定也成为第三阶段的规则重点。美国将数字贸易规则约束力和自由化水平推到一个更高层次。

新加坡所参与的协定在规则范围、深度、约束力方面较美国还存在一定差距，主要内容围绕数字产品免关税、网络消费者保护、数字贸易规则透明化等方面，但总体较上一阶段有较大提升。

这一阶段共涉及28个经济体，数字贸易规则主导权开始略有分散，但仍主要集中在发达经济体之手。日本作为"后起之秀"逐渐占据主导地位，美国、澳大利亚、加拿大和欧盟仍保持其较强的竞争力，新加坡优势地位略有动摇。诸如太平洋联盟、欧亚经济联盟（Eurasian Economic Union，EAEU）等组织开始活跃在全球数字贸易规则制定中。美国退出TPP后，由日本等11个国家主导的CPTPP继承了TPP遗产。美国数字贸易规则保持高度进攻性,欧盟和新加坡发展放缓,数字贸易规则"中式模板"加速形成。

(4) 第四阶段:深化阶段(2019年至今)。

数字贸易规则在双边、区域和多边框架下深度和广度都得到了长足发展。美国主导的 USMCA 将数字贸易规则进一步推向"严苛"的高标准。USMCA 是迄今为止所有自由贸易协定中对数字贸易规定最强大的协定。它不仅取代了 TPP 成为美国数字贸易协定的谈判模板,而且在《美日数字贸易协定》(*United States-Japan Digital Trade Agreement*,UJDTA)以及 WTO 改革中得以体现。但其中的某些条款比较极端,使信息监管和网络治理难度加大。具体表现如下。

①将"电子商务"专章改为"数字贸易"专章。

②进一步推进边境后措施协调。即要求成员国建立与数字贸易相关的国内法律框架,主要体现在电子交易、消费者保护、个人信息保护、垃圾商业信息规制等方面。

③进一步推动数字贸易自由化。在跨境数据流动条款方面,TPP 规定各国有权对跨境数据流动进行规制,但 USMCA 取消了政府的该项权利。在政府数据开放条款方面,USMCA 要求政府以结构化数据的形式进行数据开放。

④降低电子商务的非关税壁垒。首先,CPTPP 中计算设施位置条款中的例外条款在 USMCA 中被删除,计算设施本地化不得作为非关税壁垒的形式阻碍数字贸易;在源代码条款方面,USMCA 将源代码扩展到算法。其次,UJDTA 在 USMCA 模板的基础上适度回调。2019 年 10 月 7 日,美日签署了 UJDTA。UJDTA 在保留 USMCA 核心条款的基础上进行修正和拓展。一是在一般例外基础上,增加安全例外、审慎例外和货币及汇率政策例外,对缔约方的安全诉求和金融稳定诉求予以回应。二是对激进的数字贸易自由化条款适度回调,增加了本国政策的监管力度和调控能力。三是增加了"使用加密技术的信息和通信技术产品"条款,进一步提高了数字贸易领域知识产权的保护力度。四是更好地实现了与国际公约的协调。比如,协定内容均不得影响任何一方根据任何税务公约承担的权利和义务。上述改进提高了规则的适用性,有利于数字贸易规则的推广。

此阶段,数字贸易规则成为 WTO 改革的重要议题,并有突破性进展。2019 年 1 月 25 日,76 个 WTO 成员签署了《关于电子商务的联合声明》,开启了 WTO 多边框架下与贸易有关的电子商务议题谈判。在谈判过程中,各方关注点不同,利益分歧明显。比如:美国重点关注非歧视性待遇、跨境数据自由流动、禁止计算设施本地化和保护源代码等议题,其理念和诉求与 USMCA 高度一致;欧盟高度关注线上消费者保护和个人信息保护;日本以 TPP/CPTPP 为模板,强调网络开放和使用,提出政府不得限制特定网站和互联网服务,不得违反正当程序要求企业披露数据和商业秘密;中国希望推动数字贸易便利化和互联互通,建立规范便利、安全可靠的电子商务交易环境。经历近两年的博弈,谈判各方最终于 2020 年 12 月 14 日取得了阶段性成果,86 个 WTO 成员国发布了《WTO 电子商务诸边谈判合并案文》。该文案覆盖范围远远超越了现有的数字贸易规则,在促进电子商务、开放和电子商务、信托和电子商务、交叉问题、电信、市场准入等方面都有相当程度的扩充和丰富,是高水平数字贸易规则多边化的重大尝试。当然,上述议题是否能够最终落地还尚待观察。

经过多年发展，数字贸易规则已形成 1.0、2.0 和 3.0 版本。TPP（CPTPP）是数字贸易规则的 1.0 版本，标志着数字贸易规则体系的形成，是数字贸易规则发展的里程碑，在完整性和高水平方面取得了较大突破。USMCA 作为数字贸易规则的 2.0 版本，其深度和广度进一步得到拓展，但部分数字贸易自由化规则过于激进，难以多边化。UJDTA 是数字贸易规则的 3.0 版本，展现出较强的进攻性，在已有的"美式规则"上增加了个人信息保护、政府数据公开、交互计算机服务、网络安全，以及促进消除数字贸易壁垒的计算设施非强制本地化及源代码保护；提高了政府的监管力度和调控能力以及规则的适用性和多边化的可能性。数字贸易规则的制定相比国际经贸规则中的其他议题更为复杂，不仅关乎企业商业利益与国家数字红利之争，还涉及数据主权、国家安全、公民权利等社会问题。鉴于此，数字贸易规则的制定必然是一个异常复杂和激烈的博弈过程，目前，数字贸易规则处于进一步完善和发展阶段。

中国开始探索构建数字贸易规则"中式模板"。中国积极推动多边谈判以及现有协定的升级谈判。2020 年 11 月，中国推动 RCEP 的签署，"电子商务"章节内容包含数字产品免关税、无纸化贸易、电子认证和电子签名、网络消费者保护、个人信息保护、非应邀商业电子信息、网络安全、计算设施非强制本地化等。中国紧随时代浪潮，在 RCEP 引入多种先进规则，为数字贸易发展创造机会，这是中国在数字贸易规则制定中的跨越式进步。RCEP 的达成与实施将为中国数字贸易及数字贸易规则发展提供的新契机。2021 年 10 月 30 日，国家主席习近平在二十国集团领导人第十六次峰会第一阶段会议上表示，中国已决定将申请加入 DEPA。中国明确申请加入 CPTPP，这彰显了中国对外开放的态度。

13.1.2 当前全球数字贸易规则的特征

1. 各国加快构建符合其利益的规则和制度体系，价值取向与制度设计差异大

随着数据成为基础性和战略性资源，各国对数据资源的争夺日趋激烈，数字贸易成为各国关注的焦点。基于国家安全、经济发展和产业能力等多方面考量，不同国家和地区确定了不同的数据跨境流动策略，并基于此加快构建数字贸易规则和制度体系，在跨境数据流动、知识产权、市场准入、数字税和无纸化贸易等问题上表现出很大分歧。

美国强调数据自由流动。由于数字技术和产业发展全球领先，在数据资源的争夺上具有优势地位，美国一直不希望他国因数据向美国流动作出限制。欧盟则强调数据主权。基于数据主权战略，欧盟加快个人信息保护、数字平台竞争等方面的规则和制度建设，期望能通过统一境内规则和有效境外输出，确保欧盟对境内数据资源的掌控能力，以维护其数字主权。俄罗斯、印度等国家更强调安全，这些国家从发展本国技术和产业、维护国家安全的考量出发，实行了相对保守的数据跨境流动政策，加快推进数据本地化。

2. 西方国家积极推动建立数据跨境流动圈，"联盟化"打造数字贸易区域内循环

美欧等西方国家和地区为抢占国际规则话语权、维护数字竞争优势，在加快构建境内数据跨境流动规则体系的同时，还积极与志同道合的伙伴联合，推动构建全球数据跨境流动圈。美欧主导的双边或多边自由贸易协定日益强调数字贸易规则，越来越多的经济体陆续组建数字贸易联盟。目前全球形成的代表性数字贸易规则结构主要有：欧盟数字单一市场（Digital Single Market，DSM）、CPTPP、USMCA、UJDTA、RCEP、DEPA。这些协定既有共同点，相互之间也有很大差别，实质上是数字贸易领域的竞争性博弈与合作性博弈交织在一起并相互作用而形成的平衡结构。

3. 地缘政治成为数据跨境流动的重要考量因素

近年来，以美国为首的西方国家以国家安全为由，采取包括限制关键技术数据出口、对涉数据交易开展国家安全审查、禁止敏感数据向竞争对手流入等措施，加快对中国等战略竞争对手的数据封锁，地缘政治成为数据跨境流动的重要考量因素。美欧试图以规则和制度竞争为手段，打压和遏制中国等战略竞争对手，抢占数据跨境流动国际规则制定话语权。美国倡导将数据自由流动纳入多双边协议和国际协定中，与合作伙伴建立更广泛的同盟，构建基于共同利益的数据跨境流动圈；欧盟则强调以个人隐私保护为先，明确只有在境外达到与欧盟同等水平的保护时，才可向境外传输数据。

为维持和确保其在数字领域的领先地位，美国对中国等战略竞争对手的数据封锁体现在出口管制、外商投资、技术产品和服务使用等多个方面。通过本国出口管制法律规则及瓦森纳协定机制，美国与盟友严格控制关键技术数据出口；美国修订本国外商投资国家安全审查制度，将涉数据交易纳入国家安全审查范围，限制中国企业对美的投资并购；美国审慎对待中国技术产品和服务使用带来的数据安全风险，通过出台行政命令等方式，对中国信息技术产品和服务使用增加限制。在美国的示范和带动下，欧盟也采取了类似的数据封锁措施。

4. 全球范围内的数据流动很不平衡，各国数字贸易保护主义态势日趋显著

在全球范围内的数据流动具有明显的不平衡性，发达国家是主要数据流入地。各国出于对跨境数据流动的安全顾虑日益上升，限制性政策不断增多，阻碍了在全球范围内达成数据跨境流动的共识。即使奉行数据跨境自由流动的美国，基于维护其竞争优势的考量，也坚持限制美国敏感数据向战略竞争对手流动。全球范围内数据保护主义态势日趋显著，各国限制性政策不断增多。同时，数据跨境流动不充分、不平衡，国家间数据流动秩序出现冲突和割裂，也大大制约了数据要素价值的释放。

5. 在传统贸易和投资协定之外，单独提出关于数字经济、数字贸易的联盟化协定

在全球数字治理领域的竞争与合作中，"联盟化"趋势似乎取代了"全球化""专门化"，未来或将取代"融合化"。当前代表性的双边、诸边、多边数字贸易规则结构中，仍主要以在传统经贸合作协定中设立专章的形式来予以规制，如 RCEP、CPTPP、USMCA。同时，专门化的数字贸易协定正在出现，如双边的 UJDTA 和多边的 DEPA。

尤其是多边协定中的 DEPA，其发起国是新加坡、新西兰和智利三国，并非传统意义上的数字经济大国，这使得该协议能够提供全新的"第四方视角"。这也恰恰成为其吸引别国寻求加入、求同存异的一大优势。DEPA 作为专门针对数字治理领域的首次"朋友圈"尝试，尤为值得关注。中国也已正式申请加入 DEPA。

6. 高标准数字贸易规则强调消除电子商务与数字贸易壁垒，重视边境后规则、知识产权保护与公平竞争

无论是 RCEP、CPTPP、USMCA 等传统多边协定，还是 DEPA、UJDTA 等专门的数字贸易协定，目前全球数字贸易规制的侧重点已逐渐由关税壁垒向政府监管措施等"边境后规则"转变，各经济体不仅要受数字贸易国际规则的制约，而且须遵守成员方国内（境内）的监管要求。高标准数字贸易规则强调对等性，美国、日本、欧盟等发达国家和地区推行"白名单"制度，强调对等性规则，只对其认可或者联盟的国家进行数据开放。但在开放自由的同时，也强调安全监管，即自由与监管并存。作为知识密集型的贸易领域，高标准数字贸易规则特别强调知识产权保护，重视非歧视性待遇与公平竞争性。

随着全球贸易方式的数字化和贸易对象数字化的特征越来越显著，全球贸易模式通过互联网、大数据、人工智能、区块链等 ICT 手段创新不断演变，构建适合数字化国际贸易的规则尤为重要。全球贸易由传统贸易发展到价值链贸易，再到如今的数字贸易，贸易规则也随着贸易形态、贸易争端和贸易政策而不断演进和发展，其演变特征主要表现在以下几个方面。

第一，数字化和智能化的运用丰富了贸易的方式和形式，实现了跨境贸易的成本低、效率高的目标。数字贸易不仅降低了交易成本（例如，企业通过数字平台可以实时查询商品的相关数据，降低了信息获得成本）；而且通过数字化平台实现的交易过程的跟踪和反馈，以及通过对信息的云存储整合数据，降低了监督成本和存储成本。

第二，数字贸易规则长期以来被欧美国家主导，但 RCEP 的签署，将增强发展中国家在数字贸易全球规则制定的话语权。由于美国数字贸易起步早，数字技术等相关基础设施也领先于其他国家，所以在数字贸易规则制定上形成了"美式模板"。RCEP 和 DEPA 的签订，不仅有助于增强发展中国家在数字经济政策和跨境数据流动规则上的话语权，而且有利于完善数字贸易全球规则的制定和实现数字贸易全球产业链。

第三，不断推进多边机制下的数字贸易规则建立，并使数字贸易内容范围向外延伸，促进全球数字贸易网络的建立。由于各国在发展之初对数据流动、数据保护、信息安全等公共政策管理规则的不同，一定程度地延缓了跨境数据流动和分享。但随着数字经济和数字贸易的深化与推进，越来越多的国家签署了自由贸易（数字经济）协定，国际组织和主要国际合作机构也在推动世界主要经济体，尤其是具有核心影响力的国家在数字贸易规则上形成多边共识，加速了数字贸易规则的构建。

13.2　WTO 框架下的数字贸易规则

WTO 制度是经济全球化成果得以制度化的显著标志，它的确立意味着贸易规则从"丛林法则"的权力导向模式转向更为严格的、以法律原则和规范为基础的规则导向模式。只要某一 WTO 成员能够成功主张数字贸易不同于传统的货物贸易和服务贸易，或者符合 WTO 协定的例外规定，则该成员就能在 WTO 制度下享有相对较大的数字贸易规制空间。

特别是对于 WTO 协定没有明确限制，且各国未在 GATS 中作出具体承诺的领域，WTO 成员完全可以基于不同的规制目的，就跨境数据流动采取方式不一的限制措施。一旦该类措施具有域外管辖效力，则效果相当于将数据来源地国家的数据保护标准施加于全球。

然而 WTO 中对于服务分类困境、服务模式的边界模糊等问题暴露了贸易规则与贸易实践的脱节。各种议题彼此牵制，国家间不同的政策、利益和文化的考量与较量会消解合议产生的基础并进而影响其他议题进程，阻碍着数字贸易谈判以及解决方案的出台。

13.2.1　WTO 并没有专门针对数字贸易的规则

WTO 规则在技术上是中立的，WTO 关于货物贸易的规则可以追溯到 1947 年，远在信息革命之前，而关于服务贸易的规则可以追溯到 1994 年，现行 WTO 规则与数字贸易的关联程度，基本的法律问题仍未得到解答。美国、欧盟和其他与数字经济有利害关系的国家，对在 WTO 内谈判数字贸易规则的持续无力感到失望，纷纷冒险跳出 WTO 的法律框架，在区域和其他优惠贸易协定中商定数字贸易规则。现在，约有一半的 WTO 成员加入了包含数字贸易规则的非世贸组织协定，其中一些协定中的数字条款为在 WTO 内制定数字贸易规则提供了模板。

13.2.2　WTO 多边贸易体制服务模式的边界存在不清

WTO 多边贸易体制中，《服务贸易总协定》（General Agreement on Trade in Services，GATS）是与数字贸易规则相关的基本协定。但当有形产品具有了服务内容时，会呈现出货物和服务的双重属性，数据流动到底是适用 GATT 还是 GATS 将引起一定争论，WTO 本身并没有界分货物贸易和服务贸易的具体标准。数字产品是属于货物或是属于服务仍然没有得到确认，进而无法确定该用 GATT 还是 GATS 来规制。例如，在 GATS 缔约之初，跨境交付与境外消费两种服务模式之间的边界相对清晰，但是随着互联网的发展，数据的流动以及数据密集型产品的跨境交易都不再需要消费者或者出售者实际跨越边境，使得跨境交付和境外消费模式的边界在数字贸易时代变得日益模糊，很多时候无法清晰界定数据的跨境流动到底是跨境交付还是境外消费。例如，通过互联网进行的选择和购买，但通过传统线下方式完成产品交付时涉及的数据，在线订立关于软件的销售合同，通过海运将该批次软件从一国运输到另一国，多数情况与 GATT 的义务相关。而当智能终端、云计算、大数据等新技术的不断涌现时，更多有形商品摆脱了实物限制，转化成数字产品和服务并直接在网络上进行传播。

13.2.3　WTO 框架下缺乏有关跨境数据流动的规制

数字贸易能否实现，一个重要因素在于是否允许跨境数据流动。WTO 体系中没有直接针对跨境数据流动的规则，WTO 既有规则能否适用于跨境数据流动，需要根据个案情况分析。GATS 服务模式的分类不能完全解决数字贸易中数据跨境流动行为的定性问题。而服务模式又确认成员国具体承诺的必要前提，服务模式在数字化时代模糊的边界暴露了 GATS 在数据跨境流动问题上适用性的不足。

13.2.4　WTO 规则下没有明确对电子商务规则的适用

WTO 关于电子商务谈判的进度很慢。2016 年，美国再次提交了电子商务非正式文件，在多边层面使用数字贸易和数字经济概念，并提出了 16 条建议。2016 年 11 月，我国也向 WTO 提交了相关议题。面对多重压力，截至 2020 年 3 月，已有 82 个成员国陆续加入电子商务诸边谈判。全部 36 个发达经济体均已签署《关于电子商务的联合声明》，参与率达到 100%。至今 WTO 对于电子商务谈判中尚未解决的议题主要还是包括明确永久的电子传输和内容的免税暂停协议问题。也就是说，到目前为止，没有明确肯定 WTO 规则对电子商务的适用性。

13.2.5　WTO 多边贸易体制下数字贸易规则的未来走向

WTO 作为全球最核心的多边贸易机制，理应在这一重要的新兴领域有所作为。同时，这也被视为 WTO 能否顺应世界经济发展、打破治理僵局的试金石。截至 2020 年 3 月已举行了七轮谈判。各方在提升电子商务便利化和透明度、保护网络消费者、促进中小微企业参与度等方面取得一定共识，但在诸多关键问题上仍分歧明显。

代表性经济体提案涉及的核心议题大致将经济体分为四类：一是主张高度开放的经济体，仅有美国提案，内容主要涉及跨境数据流动、电子传输免关税、互联网开放等，对监管治理和国际协调议题关注较少；二是主张开放与监管并重的经济体，主要是美国以外的发达经济体和高收入发展中经济体，提案内容除开放议题外，对个人隐私保护、消费者权益保护、国内税例外等议题关注度也较高；三是主张偏向于强监管和促进传统电子商务发展的经济体，如中国、新西兰和乌克兰，提案内容主要涉及个人隐私保护、消费者权益保护和贸易便利化等议题，但没有涉及跨境数据流动、互联网开放等议题；四是主张国际协调和发展合作的经济体，如阿根廷、科特迪瓦，提案内容主要涉及对落后国家资本与技术援助、开放政策灵活性和对本国产业的保护。

今后，WTO 可能需要讨论的数字贸易议题需要首先解决六个方面的问题。第一，相关术语。目前通报文件中的相关术语有电子商务、跨境电子商务、数字贸易和数字经济等，需要成员方首先对相关术语进行定义，目前各成员方对相关术语理解不同，需要成员之间的沟通。第二，确定范围。基本范围是放在电信服务框架还是服务贸易框架，这个是制定 WTO 多边框架下数字议题的基础，需要成员方一致。第三，WTO 框架下讨论数字议题的基本要素和框架。由于各国在数字贸易方面存在国际竞争力和国内规则的明显差异，适用范围、个人信息保护诸多差异，需要在贸易自由化和国家安全、数据保护之间寻求平衡。

第四，数据与数字贸易相关的知识产权保护问题。特别是源代码、技术转让等，这也是折射出发达经济体与发展中经济体之间的在产权领域发展不平衡的问题。第五，有关数字贸易争端解决机制问题。第六，数字贸易相关的货物贸易便利化问题。这关乎发展中国家的诉求，需要在开放和保护之间，在国内监管制度比较薄弱情况下，能否给予发展中国家更长的过渡期与例外条款问题。

13.3 全球代表性数字贸易规则介绍

13.3.1 "美式模板"

1. 通过不同层面的贸易协定谈判构建"美式模板"数字贸易规则

第一，在WTO框架下开展关于数字贸易规则的谈判，提出相关主张，逐步形成"美式模板"数字贸易规则体系。1998年，美国在WTO部长级会议上提出电子商务永久免税、促进电子商务自由化的建议。2018年，美国向WTO总理事会提议开展包括信息自由流动、数字产品公平待遇、保护机密信息、数字安全、促进互联网服务、竞争性电信市场和贸易便利化七项议题在内的电子商务谈判。这些议题的相关规则大部分都超出了WTO框架下的货物贸易、服务贸易或贸易相关知识产权等协定的范畴，暴露了美国推动"美式模板"数字贸易规则国际化的野心。例如，该文件提出成员方不得要求企业设立或购买本地的数字基础设施，不得要求企业披露源代码或算法，确保企业能够选择使用安全的加密技术等。

第二，通过双边谈判落实"美式模板"数字贸易规则。2012年，美国与韩国签署《美韩自由贸易协定》，明确规定在负面清单的基础上给予数字产品非歧视待遇，尽力避免对电子信息的跨境流动设置不必要的障碍，促进双方数字贸易自由化。2019年，美国贸易代表办公室对外公布的《贸易谈判摘要》显示美国在与欧盟的谈判中明确要求免除数字产品的关税并给予非歧视待遇，不允许欧盟采取措施限制跨境数据自由流动以及要求美国将跨境数据流的相关数据库和服务器设置在欧洲大陆。同年，美国与日本正式签署UJDTA，该协定包含了确保数字产品的非歧视性待遇、所有供应商（包括金融服务供应商）均可跨境传输数据、禁止采取数据本地化措施限制数据存储等11项内容，这些条款在美国签署的其他贸易协定和谈判中有不同程度的体现并正成为美国与其他经济体开展数字贸易相关谈判的重要参考。该协定的达成进一步强化了美国对全球数字贸易规则制定的领导权和话语权，将对全球数字贸易发展产生重要影响。

第三，通过区域和多边谈判构建积极推进数字贸易新规则的制定，拓展"美式模板"数字贸易规则体系。美国以TPP、TTIP、TISA为重要抓手，积极推进和主导数字贸易新规则的谈判。尽管特朗普政府明确退出TPP框架，但在美国的主导和推动下，该协定倡导推进数字贸易自由化的各项规定无不反映着美国对数字贸易规则的核心诉求，包括主张互联网保持自由开放、禁止对数字产品收取关税、禁止实施歧视性措施和本地化策略、禁止要求公司向本国转让技术、生产流程或专有信息等。此外，TPP 将电子商务作为单独章节专门列出，不仅对货物的跨境流动作出了规定，而且制订了系统的"跨境数据和信息流动"规则。这些规则包括确保数据自由流动、数字产品、电子认证、电子传输、个人信息、无纸贸易、电子商务网络的接入和使用、计算设施的位置、网络安全事项合作、源代码、争端解决等一系列内容。2018 年，美国、墨西哥和加拿大三个国家签署 USMCA 并取代 1994 年生效的北美自由贸易协定，该协定首次将数字贸易单独成章，规定对数字产品实施零关税、确保跨境数据的自由流动、取消数据本土化限制、推行电子化签名和认证、开放政府公共数据但禁止企业披露专有计算机源代码和算法、限制互联网平台对其托管或处理的第三方内容的民事责任等。USMCA 制定了标准更高的数字贸易规则，对 TPP 全面进行了升华，实现规则的进一步升级，成为更具有进攻性的数字贸易规则。不仅将"数字贸易"作为一章的名称写入了自由贸易协定文本，还增加了交互式计算机服务、公开政府数据条款，并对个人信息保护、跨境数据流动做了更详细的规定。

USMCA 是迄今为止最能体现美国数字贸易核心诉求的协定，对于日后国际经贸规则尤其是数字贸易规则的冲击不容小觑。USMCA 中有 6 个章节含有数字贸易内容，主要有"数字贸易"章节（第 19 章）、"电信"章节（第 18 章）、"知识产权"章节（第 20 章）、"投资"章节（第 14 章）、"跨境服务"章节（第 15 章）和部门附件（第 12 章）等。USMCA 的"数字贸易"章节所涵盖的数字贸易规则在内容和数量上都远超其他章节。该章节主要界定了数字贸易的术语，如电子手段、计算机设施、数字产品、交互式计算机服务（第 19.1 条），"数字贸易"章节的涵盖范围和总则（第 19.2 条），对数字传输内容实施永久免关税（第 19.3 条），给予数字产品国民待遇和最惠国待遇（第 19.4 条），承认电子认证和电子签名的有效性（第 19.6 条），承认电子形式文件与纸质文件享有同等有效性（19.9 条），要求允许跨境数据流动（第 19.11 条）和自主选择计算设施和数据的存储位置（数据存储非强制本地化）（第 19.12 条），要求不得强制公开源代码和算法（第 19.16 条），豁免网络服务提供商的第三方侵权责任（第 19.18 条）。"知识产权"章节规定了可豁免网络服务提供商对平台上版权侵权行为负责的情形（第 20.89 条）。"投资"章节规定了不得强制投资者进行技术转让，以及不得强制投资者购买或者采用特定技术（第 14.10 条）。"电信"章节要求不得剥夺公共电信服务提供商选择技术的自由（第 18.15 条）。"跨境服务"章节肯定了传统贸易规则对数字贸易的适用性（第 15.2 条）。部门附件要求不得强制 ICT 产品提供商或制造商公开产品中涵盖的加密技术（第 12.C.2 条）。

2. "美式模板"的核心诉求

总体来看，以美国为首的西方国家将地缘政治作为数据跨境流动的重要考量因素，采取包括限制关键技术数据出口、对涉数据交易开展国家安全审查、禁止敏感数据向竞争对手流入等措施，加快对中国等战略竞争对手的数据封锁。

美国的数字贸易规则的核心诉求主要体现在 TPP（虽然美国主动退出 TPP，但其核心诉求主要反映在后来的 CPTPP）和 USMCA。其中 USMCA 是迄今为止最能体现美国数字贸易核心诉求的协定，其核心在于安全与流动的平衡，即如何在促进有序流动和保护公共利益之间取得有效平衡,并建立一套具有国际共识的数据流动规则,成为当前多边贸易体制改革的重要议题。

(1) 跨境数据流动方面。以"跨境数据自由流动+例外条款"构成,推行"跨境数据自由流动"和"数据存储非强制本地化",同时限制敏感数据出口。主张跨境数据和信息自由流动,各国不能设置贸易壁垒或采取歧视性措施阻碍跨境数据自由流动,同时反对数据存储和相关设备本地化的限制要求。

美国推行宽松的数据跨境流动政策,在确保国际安全利益的前提下最大限度地促进数据自由流动。同时,美国建立了个案式的事后监管机制,对联邦政府的重要数据采取较为严格的管理措施,在投资、采购等方面设限,并提出数据本地化要求。此外,美国通过安全审查等方式满足特定情形下的本地化需求。例如,在外国投资安全审查中,美国通过与外国投资者签订协议的方式控制数据流动。

(2) 知识产权方面。主张保护知识产权,推行"源代码非强制本地化"和"保护加密的完整性"。强烈反对各国政府要求在其境内的美国企业披露源代码、商业机密或专用算法,禁止强制性技术转让,并且反对各国以企业共享源代码、商业机密、算法或转让相关技术作为本地市场准入条件。数字内容(如线上书籍、音视频和软件等)是美国对外输出的重要一环,保障数字内容的知识产权关系到美国的经济利益和就业水平。2017年的统计显示,知识产权密集型产业给美国提供了五分之一的就业机会,并给美国贡献了6万亿美元的产出。因此,美国致力于构建推进保护数字知识产权的数字贸易规则,其中坚持"非强制公开源代码"和"密钥保护条款"是美国在数字知识产权保护上的核心立场。

美国规定互联网中介平台不需对网络内容的侵权行为承担连带责任,只要求侵权者将内容删除。美国在其国内法和签订的自由贸易协定中制定了"法律救济和安全港"条款,其核心内容是"通知和删除"规则,即网络服务提供商(Internet Service Provider,ISP)在收到其平台上知识产权侵权行为的通知后,迅速删除或禁止访问该侵权内容,则可以豁免由此产生的任何责任。美国的该立场源于其在全球互联网企业处于龙头地位,对平台的宽容可以提供更为宽松的市场环境,有利于美国互联网企业的发展。

(3) 市场准入方面。美式模板通过自由贸易协定的数字产品非歧视待遇及其删除例外条款,主张自由平等的数字贸易的市场准入原则,主要涉及电信业务市场开放承诺、电子商务业务准入,尤其是新兴的云计算业务等。

(4) 数字服务税方面。美国的立场与欧盟尖锐对立,坚决反对数字服务税(Digital Service Tax,DST),主张各国政府永久性地实施数字产品免税政策,实现电子传输关税豁免的永久化。原因在于数字服务税极大加重了谷歌、脸书(Facebook)、亚马逊等美国科技巨头企业的税收负担,美国对此表示强烈不满。美国认为数字服务税与现行税收原则不符,对数字服务税展开"301调查",企图征收报复性关税以反击欧盟日益增长的保护主义。然而欧盟认为数字服务税做法不具有歧视性和保护主义倾向,执意推出数字服务税单边征收方案,数字服务税之争进入白热化阶段。数字服务税的课税依据是否正当、针对特定数字服务征税是否具有歧视性等,有待进一步商榷。

数字产品的非歧视性待遇包括最惠国待遇和国民待遇。美国一直在双边贸易规则构建中致力于开放数字产品的非歧视性待遇，其中以获取国民待遇为谈判的核心考虑。美国在这一规则中对全球数字贸易规则给美国带来的挑战做出了两点应对：一是把数字产品的国民待遇也列入了开放的范畴。以 GATS 为代表的多边服务贸易规则中虽然对各国非歧视性待遇进行了要求，但在国民待遇的规则上却差强人意。这是由于在 GATS 中允许各国根据自身的国情制定了国民待遇的减让列表。各国开放程度不一的国民待遇给数字产品进出口带来了诸多不便。为解决这一问题，美国在 USMCA 中提出给予数字产品国民待遇。二是非歧视性待遇涵盖了以往区域贸易协定中排除在外的广播内容。由于广播内容从属于文化领域，出于对异国文化价值观受到国外文化侵蚀的担忧，包括欧盟和加拿大在内的大型经济体一直以来都坚决反对在该部门提供非歧视性待遇。USMCA 把广播内容纳入非歧视性待遇范畴的做法可谓是进一步实现了美国在数字贸易规则构造中的雄心。

（5）数字贸易便利化方面。主张数字贸易便利化，推行电子签名和认证、无纸化贸易等措施以简化数字贸易流程和手续。

美式模板有以下几个特点：免征关税和数字产品的非歧视待遇这两条规则是美国最早提出，并且也是接受程度最高的数字贸易规则。首先，美国在数字贸易规则方面明确了跨境服务贸易规则适用于数字服务，确定了关于电子传输免关税的延长期限，并且规定了包括载体在内的数字产品永久免关税。同时，美国要求对数字产品采用非歧视性待遇。其次，为了促进数字贸易自由化，确保已经形成的数字贸易规则的可操作性，美国对跨境服务贸易规则方面进行创新。美国版的数字贸易规则在跨境服务贸易相关规定中，采用否定列表的承诺方式，删去了烦琐的当地存在要求，减少甚至直接对最惠国待遇豁免进行限制，使得服务原产地规则更加自由化。最后，针对信息通信技术方面，推动更加普遍且更具有约束力的合作。

从表面看美国在推动全球数字贸易规则体系的构建，事实上美国最核心的诉求只有两点。第一，美国是全球互联网和数字技术最发达的国家。因此，实现"跨境数据自由流动"可以保持美国在全球经济中的领导地位，对其经济具有极大的促进作用。第二，美国在大多数数字技术上处于垄断地位，拥有很多知识产权，因此美国对数字知识产权的保护也十分重视。比如，为了更好地保护相关企业或个人在这方面的知识产权，美国禁止各国政府提出的获取源代码要求。

13.3.2 "欧式模板"

围绕构建数字单一市场这一战略目标，欧盟通过立法形成了数字贸易规则的"欧式模板"。总体来看，"欧式模板"注重隐私保护，主张采取干预主义的方法，通过对数字贸易进行更高程度的监管、制定更严格的法律以保护消费者在敏感领域的隐私权，同时承认数字贸易自由化的好处。

欧盟在制定和推行一系列关于数字贸易发展的政策措施、法律文件和行动计划过程中初步形成关于数字贸易规则的主张和理念，并通过贸易协定谈判构建和落实"欧式模板"

数字贸易规则。2009年，欧盟先后发布《数字红利战略》和《未来物联网战略》，开始聚焦于欧盟数字技术的发展，提出欧盟要在基于互联网的智能基础设施发展上领先全球。2010年，欧盟委员会编制《欧洲数字议程》，分析了欧盟信息技术发展面临的7个障碍，并提出创建统一的数字市场、改善信息技术标准和兼容性、增强互联网信任与安全、提高宽带覆盖、加强研发投入、提高全民数字素养、运用ICT应对社会各类重大挑战等七大优先发展行动。2015年，欧盟颁布《数字单一市场战略》，提出要打破欧盟境内数字贸易壁垒，实现欧盟境内数据自由流动，全力构建以"为消费者和企业提供更好的数字产品和服务""为欧洲数字网络和服务蓬勃发展创造良好的发展环境"和"促使欧洲数字经济增长潜力实现最大化"为三大发展支柱的数字化统一市场。2017年，欧盟委员会出台《迈向数字贸易战略》，该战略明确表示反对各种形式的数字贸易保护主义，保障消费者的基本权益，同时强调要加强公民隐私和个人信息保护。欧盟并不具备美国在数字贸易领域的先发优势，但是为了应对新的网络威胁，以及追赶科技巨头培育本土数字产业，实施数字单一市场战略，欧盟在制定严格的隐私保护条例前提下，在欧盟内部放松对数据流动的限制，同时与多国签订自由贸易协定来开展数字贸易合作。欧盟先后发布《欧洲数字议程》《数字单一市场战略》《迈向数字贸易战略》《数字欧洲计划》等战略规划，大力破除欧盟区域内数字贸易的市场壁垒，积极推进数字化基础设施建设，致力于打造区域内数字单一市场。此外，欧盟积极完善和统一区域内相关的法律规范和规章制度，为数字贸易发展提供良好的制度环境。2018年，欧盟先后颁布《通用数据保护条例》和《非个人数据在欧盟境内自由流动框架条例》，以法律形式保护欧洲公民个人数据和非个人数据在境内流动的自由性。

截至2021年1月，欧盟所签订的协议有41个，涵盖欧盟-越南自由贸易协定、2017欧盟-加拿大自由贸易协定（CETA）、欧盟-墨西哥自由贸易协定、欧盟-日本经济伙伴关系协定（Economic Partnership Agreement，EPA）、欧盟-新加坡自由贸易协定等重点协议。

欧盟的数字贸易规则主要为《通用数据保护条例》。《通用数据保护条例》于2018年5月25日正式生效，取代了1995年的《数据保护指令》。条例明确了数据主体所拥有的"数据携带权""知情权"及"可遗忘权"等权利，对企业在控制和处理数据中保护数据隐私及技术合规提出了更高的要求和挑战。

（1）跨境数据流动方面。在适当保障措施下提供多样化数据跨境传输方式。欧盟主张在有效的监管下，推进欧盟境内数据自由流动，原则上要求数据在境内存储、处理和访问，这体现了欧盟对于数据跨境传输一贯所持的以数据安全保护为前提进行开放的态度。2021年6月4日，欧盟委员会颁布了两套新版数据跨境传输标准合同条款（Standard Contractual Clause，SCC），其中一套适用于数据控制者和处理者之间，另一套适用于向第三国传输个人数据。受新版《通用数据保护条例》以及欧盟法院Schrems II判决的影响，两套新版SCC细化了数据安全保护措施，进一步提升了欧盟的数据保护水平。欧盟的数据保护水平目前已经超过了大部分国家和地区，这就导致欧盟数据向外流动时会产生重重阻碍，增加数据接收方获取数据的难度。

与美国具有攻击性的统一立场不同，欧盟在与美国进行贸易谈判时在"跨境数据自由流动"方面保持很强硬的态度，但是在CETA、欧墨自由贸易协定、欧日经济伙伴关系协定中均表明"针对数据的自由流动需要重新评估"。"视听例外"以及"个人隐私保护"是欧盟固守的原则。

视听服务是数字贸易的重要组成部分，欧盟为减少其他国家的视听服务所造成的文化入侵，不仅通过颁布法令来引导公众对欧洲文化的保护，同时也在数字贸易规则章节中将视听服务列为例外条款。例如，CETA中"投资"章节指出"在针对视听方面的措施，欧盟并不适用于建立投资和非歧视性待遇"，在"跨境服务贸易"章节中也指明"缔约方的服务提供者进行的服务贸易并不适用于对欧盟的视听服务"。因此，"视听例外"是与欧盟协议谈判的难破之点。欧盟不仅在WTO多边谈判中一直主张文化例外，还在自由贸易协定中规定《文化合作议定书》适用于视听服务。欧盟非常注重保护文化多样性，视听例外成为欧盟数字贸易规则谈判的禁忌。"个人隐私保护"也是"欧式模板"最核心的内容。其制定的《通用数据保护条例》是目前最高标准的个人隐私保护条例。该条例明确规定数据主体的多项权利，并加强数据使用者的责任。该条例的适用范围不仅仅局限于欧盟境内数据控制者和处理者，为欧盟境内的数据主体提供商品或服务但不在欧盟境内的数据控制者和处理者也在其管辖范围内。2019年，欧盟委员会正式实施《非个人数据自由流动条例》（Regulation on the Free Flow of Non-personal Data，RFFND），进一步对欧盟境内非个人数据自由流动、本地化要求、主管当局获取数据权力、数据服务和传输等相关问题作出了更为具体的规定。

《欧盟－韩国自由贸易协定》第7.43条规定，缔约方应当在保护个人基本权利和自由的前提下，通过合理措施保护个人数据传输。在欧墨自由贸易协定的"数字贸易"和"金融服务"等章节中均提到"双方应在本协议生效之日起3年内重新评估是否需要将数据自由流动的规定纳入本协定"，与美国所倡导的"跨境数据自由流动"相比更为保守。即欧盟所倡导实现的"跨境数据自由流动"必定是建立在充分保护隐私而同时又可以带来较大经济利益的基础之上的。欧盟认为"数据存储本地化"是其保护好个人隐私的最好办法，这与美国提倡的数据自由流动冲突。

（2）知识产权保护方面。主张保护知识产权。一方面欧盟注重源代码的保护，反对协定缔约国以强制性技术转让作为市场准入条件；另一方面欧盟明确支持数字内容的创作者在具备版权证明材料的条件下向互联网公司收取相关费用。

（3）数字服务税方面。数字服务税是指以大型数字平台为征税对象，以一定的业务规模为征税条件，以解决数字时代跨境税收争议为目的的新税种。数字服务税是欧盟对大型互联网企业的征税规则。欧盟强调，数字服务税是一种有针对性的税收，仅对以用户参与创造价值为特征的某些数字服务所产生的收入征税，而非对企业的利润征税。这些数字服务包括：①在数字界面上投放针对该界面用户的广告服务以及传输在该数字界面活动的用户产生信息的服务；②向用户提供对个数字接口的服务，即"中介服务"。

在传统税制造成传统贸易与数字贸易税负不公背景下，数字服务税应运而生。印度、欧盟、英国和法国相继推出数字服务税方案，对特定数字服务课税逐步演化为全球性趋势。

欧盟等国认为，跨国公司开展数字贸易业务，存在将利润向低税注地转移、实现纳税成本最小化的可能，征收数字服务税可以有效监管数字贸易公司依法合理纳税，推动税制改革以更好地适应数字经济时代的新要求和新挑战。

（4）数字贸易便利化方面。第一，无纸化。欧盟与秘鲁、哥伦比亚、厄瓜多尔签订的自由贸易协定更加强调消费者保护、无纸贸易方面的合作，欧新自由贸易协定中提出"每一方应在遵守适当的隐私和保密措施的情况下，允许另一方的金融服务供应商以电子或其他形式将信息传输至其境内外，以便进行数据处理"等相应的"软性条款"，强调电子签名的互认问题。第二，电子合同。2016年，欧盟与加拿大签署综合经济和贸易协定，该协议首次将电子商务作为独立章节列出，制定了更为详细的条款以促进电子商务便利化。2019年5月，欧盟代表团向WTO提议，WTO成员必须允许通过电子手段签订合同，并且其法律制度既不应为使用电子合同制造障碍，也不应导致合同被剥夺，包括承认电子合同、电子签名、电子发票及电子认证的有效性。

欧盟高度重视网络安全治理，在促进欧盟境内数据自由流动的同时，不断通过立法的形式严格保护个人隐私和数据安全，是"欧式模板"数字贸易规则的鲜明特征之一。就个人数据处理，《通用数据保护条例》确立了7项原则：①合法、公平、透明原则；②目的限定原则；③数据最小化原则；④准确原则；⑤有限留存原则；⑥完整、机密原则；⑦责任原则。《通用数据保护条例》关于数据主体的权利性规定，数据控制者、处理者的义务性规定以及个人数据跨境转移规则等均向维护个人数据权利倾斜。借助《通用数据保护条例》的域外适用规定，相关企业必然要承担较大的数据规制合规成本。

总的来看，"欧式模板"的核心诉求可以总结为以下几点。第一，主张在有效的监管下，推进欧盟境内数据自由流动，原则上要求数据在境内存储、处理和访问。同时坚守"视听例外"和"个人隐私保护"两条红线，将文化部门排除在最惠国待遇的条例之外，欧盟及其成员国致力于在区域构建完备而统一的法律体系，规范和监管企业在收集、处理及应用个人数据和信息方面的行为。第二，主张数据存储本地化，要求企业在本地建立数据存储服务器和相关设备。例如，欧盟成员国（如法国和德国）积极投资数字化基础设施，致力于将本国数据存储、处理国内化。第三，主张保护知识产权。一方面欧盟注重源代码的保护，反对贸易缔约国以强制性技术转让作为市场准入条件；另一方面欧盟明确支持数字内容的创作者在具备版权证明材料的条件下向互联网公司收取相关费用。第四，主张征收数字服务税，并致力于构建区域内统一的数字贸易税收规则和政策制度。

13.3.3　"日式模板"

日本相继颁布"E-Japan战略""U-Japan战略""I-Japan战略"等战略规划，积极推动智能制造和高端数字技术人才培养，引导企业向数字化方向发展，促进数字技术与各行业的融合，极力促进经济和贸易数字化转型。2019年，日本数字贸易出口额达到1 160.65亿美元，同比增长9%，相比于2005年规模扩大2.64倍，国际市场占有率达到3.64%。

从发展速度来看，日本2005—2019年的数字贸易出口额年平均增长率达到7.60%，高于美国和欧盟同期的平均增速。日本不具备美国数字贸易发展的雄厚实力，也缺少欧盟在数字贸易领域的市场规模及政治地位。因此，日本凭借美欧建立的数字贸易平台推广其数字贸易规则理念。

日本借美国"高标准"数字贸易规则，以获得数字贸易规则的领先优势。美国虽退出了TPP，但日本凭借其经济优势主导了CPTPP来促进亚太地区的贸易、投资及经济增长。同时，美日还签订了关于数字贸易的UJDTA，来寻得共同的数字贸易利益需求。

其主要特征：一是CPTPP中保留了TPP中关于数字贸易规则的核心诉求，因而CPTPP仍为高标准的自由贸易协定。CPTPP与USMCA相比，条款设定要求相对较低：比如：在针对数字内容的知识产权的保护方面，CPTPP中将"非强制公开源代码的范围限定为大众市场软件但不包括关键基础设施软件"，小于USMCA的设定范围；在互联网服务商获得版权侵权的事实或情况时，虽以"通知—删除（或禁止访问）"的方式维护知识产权，但是并未涉及USMCA中"交互式计算机不能豁免"的情况。而在数据传输及获取的自由方面，CPTPP中是以"各方应允许通过电子方式跨境转移信息"表明数据的跨境自由流动应该在各国的合理监管之下。同时，对于"计算机设施的位置"也是"缔约方不得要求被涵盖的人在该方的领土内使用或定位计算机设施作为在该领土内开展业务的条件"，但是CPTPP中却有"各方有自己的监管要求"这一例外条款，因而其设定更具有灵活适用的空间。

二是UJDTA提升了CPTPP的规则标准。UJDTA的核心条款第11条"通过电子手段跨境传递信息"、第17条"源代码"、第18条"交互式计算机"等与USMCA条款内容相同，使美日双方在安全防护的基础上实现双方数字贸易的发展。第12条"计算设施的位置"与第13条的例外条款"一缔约方的金融监管机构在无法获得其监管所需的信息时，可要求涵盖的金融服务供应商在该缔约方境内使用或定位金融服务计算设施"，表明美日双方要实现数据存储的自由，但是在金融服务业领域存在可调空间。

13.3.4　数字贸易规则三种模式的异同

第一，美欧日"舍小取大"，在分歧中谋求战略合作。

美欧日等发达经济体各施其法在数字贸易规则的制定方面占据了先发优势。就美欧日三大经济体签订的贸易协定而言，美日、欧日之间并无明显冲突，但美欧之间在"个人隐私保护"方面存在"小"的利益分歧，而在开放数字市场等方面却有"大"的利益共识。因而，美欧日三大经济体会"舍小取大"，在较小的分歧中谋求利益较大的战略合作。

第二，"跨境数据自由流动"与"数据存储本地化"是美欧之间的利益分歧点，但该分歧也渐有弥合之势。

美国国际贸易委员会在2014年便提出"数据本地化与数据隐私和保护要求"为数字贸易壁垒，随后2017年美国贸易代表办公室发布的报告中再次将"数据存储本地化及禁止数据跨境流通"界定为数字贸易壁垒。因而，在美国看来，"数据本地化"会是最主要的数字贸易保护行为。故在美国签订的贸易协定中，"数据传输及获取自由"成为美国有关数字贸易最强烈的诉求。但由欧盟所签订的自由贸易协定可以看出，欧盟主张一定程度的"数据存储本地化"以及"跨境数据自由流动"的时间保留性原则，即欧盟更加坚持数据本地化，更强调对于个人隐私数据的保护。2020年7月15日，欧盟法院以欧盟和美国之间的数据传输未充分保护公民隐私而推翻《欧美隐私盾协议》，这是继《美欧安全港协议》之后，欧盟再次推翻美欧就"跨境数据流动"所制定的框架协议。因而，"跨境数据流动"是美欧在数字贸易规则制定上的利益分歧点，但是两大经济体仍会就双方在跨境数据流动方面存在着巨大的商业利益而制定新的合作协议。同时，2018年11月，在欧盟内部通过的RFFND则是为促进欧盟境内非个人数据的安全自由流动，并消除成员国境内数据本地化要求，将"为了公共安全目的符合比例原则"作为实施"数据本地化要求"的例外条款。RFFND的制定促进了欧盟成员国内部废止非个人数据本地化的实施，这也为下一步与非成员国之间实现非个人数据安全自由流动做好了铺垫。

而在2020年1月实施的《加州消费者隐私法案》（*California Consumer Privacy Act*，CCPA）就通过赋予消费者核心个人信息权利，包括消费者的信息访问权、删除权、知情权以及选择退出的权利等来保护消费者的隐私数据，这与《通用数据保护条例》中"个人有要求数据控制者纠正、删除以及处理其个人数据的权利"有相似之处。因此，在美欧两大经济体就跨境数据自由流通存在分歧的情况下，"跨境数据自由流动"与"数据存储本地化"会并行而存。各经济体依据其"安全标准"实现"该流通的流通"，依据其"发展需要"而实现"该本地化的本地化"。

第三，在反对强制技术转移、不对电子传输内容征收关税等方面有较大的利益共识。

数字贸易的标的物是数据本身，能够实现有效的使用、控制数据才是最终目的。因而，美欧日等经济体为实现其标准得以广泛推广的目的，所具有的共识要明显大于分歧。自2018年9月起，美欧日三方的贸易代表已举行过多次贸易会谈，其谈论的主题中包含了"不公平"的贸易行为、数字贸易等，以达到维护其贸易优势并继续主导规则。美欧日三大经济体有望在CPTPP与欧日经济伙伴关系协定建立的基础上，凭借三大经济体的影响范围打造出推广"西方数字贸易治理观"的平台，进而辐射至其他经济体，促使其规则标准能够被接受并执行。

美欧日三大经济体若签订数字贸易协定，则会组建成全球最大的"数字贸易圈"，且随后会有更多的非欧经济体及美国的盟国入圈，所以该协定的签订必然对未来数字贸易规则制定的标准起到决定性的影响。TTIP的谈判和历次美欧日三方会谈，欧盟在"个人隐私保护"和"视听例外"上始终坚守立场。具体而言，欧盟高标准的"个人隐私保护"导致其围绕"知识产权保护"和"跨境数据自由流动"等核心关切所进行的磋商与美方存在分歧。比如，欧盟坚决不同意不加限制的数据自由流动。不过，欧盟对跨境数据流动中个人隐私保护要求虽在不断升级，但最终目的还是实现"跨境数据自由流动"。在上述议题上，美日已在先前的TPP谈判中基本达成一致。因此，在2019年1月第五次贸易部长三方会议上，日本扮演了协调美欧之间矛盾的角色。会后的联合声明提出，三方确认了通过提升数据安全改善商业环境的重要性，也确认了为构建允许个人和企业数据跨境自由流动的"数据流通圈"而展开合作的方针。这说明，三方在"跨境数据自由流动"上已经获得了突破。另外，在此次会议上，三方还确认了对尽快启动关于贸易相关电子商务方面 WTO 谈判的支持，以期在尽可能多的 WTO 成员的参与下达成高标准协议。

13.4　全球主要自由贸易协定数字贸易规则的特征与分歧

由于全球各国数字贸易发展水平和发展阶段不同，对数字贸易规则诉求存在较大差异，在 WTO 框架下达成共识难度较大。为争夺数字贸易规则制定权，部分国家在已达成的区域自由贸易协定中增设了有关数字贸易（电子商务）内容或者专章，尤其以近年来签署的全球巨型自由贸易协定最为典型。截至 2019 年 6 月，84 项区域贸易协定将电子商务条款作为独立章节或专用条款，其中 60% 在 2014—2016 年之间生效。2018 年 3 月 8 日，参与 CPTPP 谈判的 11 国签署协议，其中"电子商务"章节保留了 TPP 中关于数字贸易的核心诉求，其中关于跨境数据流动、本地化要求、源代码等的规定为全球数字贸易规则谈判提供了高水平的制度范本。2018 年 9 月 30 日，美国与墨西哥、加拿大达成了 USMCA；2019 年 10 月 7 日，美国与日本签署 UJDTA，建立起高标准的数字贸易规则；2020 年以来，新加坡－智利－新西兰、英日等也相继达成协定，在数字贸易相关的核心议题上作出了具体安排；2020 年 11 月 15 日，RCEP 正式签署，其中"电子商务"章节和"电信服务"专章，分别就转售、号码携带、网络元素非捆绑和数据跨境流动、计算设施本地化等数字贸易相关议题做了相应规定。除双边和区域贸易协定外，多边协商和谈判也正在积极进行中。2019 年 1 月，在达沃斯论坛上，包括中国在内的 76 个 WTO 成员决定启动电子商务谈判；在随后的 G20 大阪峰会上，24 个国家与地区在"大阪数字经济宣言"中签字，并力争在下一届 WTO 部长会议上就数字贸易问题谈判取得实质性进展。总的来说，需高度重视在数字贸易关键议题上的国际态势与主要分歧，这将对建立完善全球数字贸易制度框架产生直接影响。

13.4.1　跨境数据流动的共识规则缺位，碎片化风险大

目前，各国对跨境数据流动的监管尚未形成统一认识和框架。各国从维护自身利益出发，构建起各具特色的跨境数据监管制度，各国之间的政策差异主要受地缘政治、国家安全、隐私制度、产业发展阶段等多重因素的综合影响。

从国际层面来看，尽管 WTO 框架下已规定一些相关条款，但由于 GATS 诞生于互联网发展早期，对跨境数据流动可能的影响和隐患认识有限，规则还不够充分。一方面，针对旨在实现在线内容管理以及保护隐私、公共道德和防止欺诈而进行的跨境数据流动或信息传递限制，现实中难以在其"例外条款"中找到具体解释，也未形成共识。另一方面，GATS 对于其他部门的跨境数据流动，如视听服务、计算机和相关服务、广告服务等数字

贸易重要形式也未给予明确说明。

从区域层面来看，双边或诸边协定在数据流动规则上正陷入碎片化。多哈回合谈判的搁浅，使得很多国家放弃多边平台，转而寻求双边或诸边平台，推动局部的跨境数据流动。目前主要涉及两种方案：一种是"自由主义+例外条款"模式，即支持由行业驱动的多个利益攸关方进行共治的数字贸易框架，如 CPTPP 和 USMCA。另一种是以欧盟为代表，在自由贸易与隐私保护等敏感领域监管之间寻求平衡的"干预主义"模式。这体现在欧盟出台或签署的一系列文件中，包括《通用数据保护条例》、日欧经济伙伴关系协定、《欧美隐私盾协议》以及欧盟 2020 年提交给 WTO 的电子商务提案。上述两种治理方案之间尚无有效的妥协方案，其他国家态度也千差万别。在 RCEP 协议中，有关跨境数据流动规定，"不得阻止以商业行为为目的的数据跨境流动"，但对公共政策目标给予区别对待，同时规定不得构成歧视或变相贸易限制。尽管规则在约束性和水平上较美欧的模板有一定差距，但鉴于中国和东盟（整体）是首次在国际谈判中采纳该条款，该协议对于共建亚太数据合作圈意义重大。实际上，不同治理方案背后都是复杂的政治经济考虑，关乎谈判主导国经济社会和技术水平，对隐私、网络安全、消费者保护与意识形态等问题的敏感程度，以及对跨境数据流动产生的成本收益权衡。

13.4.2　对数字产品或服务征税争议较大

全球性数字征税改革方案尚未达成广泛共识，数字服务税成为国际税收规则改革的前哨。一些国家或地区为了保护自身利益提出了数字服务税方案，作为临时性补偿措施，但引发了很多争议。数字服务税一般是以企业向"本土用户"提供某些数字化服务所获得的收入为课征对象的新税种。考虑到起征门槛较高，其实质就是对大型跨国互联网企业在本地境内发生的在线服务活动征税。据不完全统计，截至 2020 年 3 月，全球已经或即将开征数字服务税的国家共 6 个，还有若干国家提出了议案或意向。目前，各国方案按照课税对象范围从宽到窄可以分为三类：一是欧盟版提案，课税对象是在线广告、在线中介与数据销售；二是土耳其、英国方案，课税对象是搜索引擎、社交媒体平台和在线市场；三是奥地利等国方案，仅对在线广告收入征税。但是，对于欧盟国家的课税措施，美国持强烈反对立场，并拟通过加征关税的方式进行反击，目前双方仍在磋商中。究其本质，开征数字服务税既是为了防止跨国数字企业通过转移利润来侵蚀本国税基，在很大程度上也是希望通过高门槛征税降低外国大型企业竞争力，保护和培育本土企业。

此外，"电子传输"关税目前尚处于暂停征收期。美国一直坚持应永久性地对"电子传输"的数字产品免征关税，以推动国际数字贸易发展。1998 年，在美国的推动下，WTO 第二次部长级会议通过了《全球电子商务宣言》，宣布对电子传输产品暂不予征收关税。此外，美国先后与日本、韩国、澳大利亚等国家签订了双边协议，约定对数字产品贸易免征关税。欧盟在关税问题上的立场与美国不同，尽管 1998 年发表的《关于保护增值税收入和电子商务发展的报告》提出暂时对数字化产品不征关税，但是欧盟不同意对数字产品永久性免征关税。大部分发展中国家由于是数字产品的净进口国，更倾向于未来对数字产品征收关税。WTO 成员于 2019 年 12 月 10 日同意将即将到期的"电子传输暂停免征关税"禁令再次延长 6 个月至 2020 年 6 月。目前数字产品的关税仍处于暂停征收期之内,但是未来可能还要进行多边谈判以决定是否征收。

13.4.3 在数据本地化措施上持不同立场

一方面,诸多区域协定原则上都禁止数据(设施)本地化措施。例如,CPTPP 第 14.13 条提出"禁止要求将计算设施本地化作为市场经营条件",但允许各国为通信安全与机密要求或实现合理公共目标而采取不符措施。USMCA 第 19.12 条直接禁止将计算设施放置于一国境内或使用一国境内计算设施的本地化要求,无任何例外条款。欧洲议会 2019 年通过的 RFFND 规定,任何成员国不得限制组织选择存储或处理数据的地理位置,除非基于公共安全事由。

另一方面,许多国家纷纷立法对特定领域提出"数据(设施)本地化"相关规定。例如:美国是禁止数据(设施)本地化的坚定倡议者,但对税务、电信、科技等关键部门仍依靠专门立法设置了数据(设施)本地化要求;俄罗斯立法要求收集和处理俄罗斯公民个人数据必须存储在俄罗斯境内数据中心;发展中国家如阿尔及利亚 2018 年 2 月通过立法要求电子商务运营者从阿尔及利亚境内的数据中心提供服务;越南在 2019 年 1 月 31 日生效的《网络安全法》中设置了要求数据本地化的条款;土耳其 2019 年 2 月 12 日发布决定对 e-SIM 技术施加数据本地化要求,且要求相关设施在土耳其境内运营。

13.4.4 对云计算服务的分类和准入存在分歧

在 GATS 下,各成员国依据服务部门和服务提供方式,就市场准入和国民待遇作出"具体承诺"。不过,由于 GATS 制度设计的技术性缺陷,针对融合性业态的服务贸易模式认定和行业归属划分时常出现分歧,引发国际市场进入面临的法律适用障碍。在电信、计算机及相关服务领域,多数成员国常利用规则灵活性作出对自己有利的认定,难免引发矛盾。

云计算是一种新兴的服务业态,美欧和部分发展中国家对于云服务的分类界定尚存在分歧。美国于 2011 年和 2014 年两次向 WTO 提交提案,均认为云计算应属于计算机相关服务,不应当纳入电信服务管理,要求其他成员国放松市场准入要求。这主要是因为在 WTO 业务分类中,"计算机相关服务"中包含了"数据处理服务"。但部分发展中国家对云服务按其业务形态进行细化分类管理,对其中属于电信服务的部分实行严格管理。例如,马来西亚和南非将 IaaS 视为电信服务,将 SaaS 中一部分也视为电信服务,并采取许可管理。

13.4.5 欧美对数字知识产权保护诉求较多

美国在其主导的区域贸易协定中积极助推其对数字知识产权规则的利益诉求。在

USMCA 有关数字贸易知识产权规则的谈判中，美国直接以 CPTPP 为起点并作出了一系列深化，在多边和诸边层面谋求扩展适用符合自身诉求的知识产权规则。这包括将"开放源代码禁令"扩充适用于除大众市场软件之外的基础设施软件；将"算法""密钥"和"商业秘密"新增至"开放禁令"列表；强化"网络服务提供商"在数字知识产权保护上的责任。类似地，欧盟也于 2019 年 4 月修订了实施近 20 年的版权法，推出《数字版权指令》。该指令专门新增了"在线内容分享平台的特殊责任"（第 15 条）以及"链接税"（第 17 条）等条款，在版权人、权利人组织、互联网企业等利益相关方之间引发争议。这对主要数字经济国家带来较大影响，其出台在很大程度上考虑了版权保护与欧盟《通用数据保护条例》有关个人信息保护的衔接。RCEP 也给予了知识产权足够的重视，该专章是协定内容最多、篇幅最长的章节，其中关于数字环境下的执法明确规定，民事救济和刑事救济程序应同时适用于数字环境中侵犯著作权或相关权利以及商标的行为。

13.4.6 对跨境电子商务便利化有共识，但需明确规则

跨境电子商务便利化主要针对货物贸易便利化在数字时代的新适应问题，如电子支付、电子签名和电子认证等。这些内容在《贸易便利化协定》中已有所涉及，各国在促进跨境电子商务便利化议题上共识相对较明显。新达成的 RCEP 中，也对跨境电子商务便利化给予专门支持，重点简化了海关通关手续，采取预裁定、抵达前处理、信息技术运用等措施来保障海量小包裹快速通关的需要。针对跨境电子商务中的海量小单品零售交易，各国采用的监管规则各不相同，在通关流程和关税适用上也有不同考虑。原则上讲，关税适用或者起征点的设置是对征税成本和征税收入之间的平衡。国际商会建议制定"适用于货物价值而非应纳税额的最低优惠价值为 1 000 美元，不低于 200 美元"。从国际上来看，2019 年全球 103 个国家（包括 24 个亚太国家）的可用数据平均最低值为 147 美元，且只有 13% 的国家的最低限额超过 200 美元。此外，对于跨境电子商务中涉及的电子传输本身，是否应该将其视作一项单独的服务贸易并适用 GATS 的各项规则，目前尚未明确。若把数字产品视为服务，适用 GATT 规则，将导致同一商品的实物形式和电子形式适用不同的贸易规则。

13.4.7 数字贸易规则中数据安全国家战略存在差异

数据是新的生产要素，是基础性战略资源，数据安全本质上是"数据主权"问题。数据价值链涵盖收集、存储、使用、加工、传输、提供与公开的"全链条"，这意味着数据涉及国家、企业乃至个人等多个主体，涉及提升数据安全管控能力和强化国家关键数据资源保护能力等各方面。《数据安全法》中，将"数据安全"界定为"通过必要措施，确保数据处于有效保护和合法利用的状态，以及具备保障持续安全状态的能力"。由于各国数字经济、数字技术处于不同发展阶段，有效应用数据的能力并不相同，对于数据安全的内

在利益诉求与面临的外在现实约束均有不同,各国均在安全诉求与发展需要之间不断寻求最符合自身利益的平衡点。一般而言,数字贸易发展程度较高的国家,对于数据安全维护会更加偏好发展,力图在实现发展利益的前提下最大限度地确保安全。发展中国家则将数据安全放在第一位,采取"保守主义"措施。美国鉴于其技术与产业优势,主要从产业利益出发,对数据持积极利用的态度,坚持以市场为主导、以行业自律为主要手段,总体呈现一种"相对宽松"的政策导向;欧盟虽然将数字产业发展列为实现未来竞争力的战略方向,但目前来看规模有限,其对数据安全的关注更多从"理念"与"规则"塑造层面入手,提出将价值观、个人权利和市场价值相结合的欧洲"数据理念";俄罗斯从维护国家安全的角度出发高度重视数据安全,对于数据流通有较严格限制,总体呈现出相对封闭的"孤岛"态势。中国数据安全观基于总体国家安全观,数据安全政策整体比较务实平衡。一方面大胆将数据作为重要生产要素投入生产,推动数字经济和实体经济深度融合、实现经济转型。另一方面通过《中华人民共和国网络安全法》《数据安全法》《中华人民共和国个人信息保护法(草案)》等法律法规,乃至于紧跟热点行业推进规范的《汽车数据安全管理若干规定(征求意见稿)》,建设全方位的数据安全保障体系。同时,中国积极参与国际数据安全规则塑造,于2020年9月发布《全球数据安全倡议》,呼吁各国致力于维护开放、公正、非歧视性的数字环境。

13.5 中国参与全球数字贸易治理的实践

中国把握数字贸易快速发展新机遇,积极提升贸易数字化、数字贸易化水平,加快推动数字贸易发展,取得显著成效。目前,中国数字贸易进出口已经跃入全球前十,跨境电子商务、服务外包、云服务、移动支付、卫星导航与位置服务、数字内容服务、社交媒体和搜索引擎等新业态蓬勃发展,为中国贸易高质量发展注入了新动能,开辟了新空间。中国加入WTO已经超过20年,以WTO为核心的多边贸易体系是经济全球化和自由贸易的基石。然而,该系统目前面临着前所未有的挑战。中国一直是多边贸易体制的坚定支持者、积极参与者和主要贡献者。近年来,中国参与全球数字贸易治理和规则制定取得了积极进展,数字贸易规则的"中国模板"初步显现。

当前,我国数字贸易持续较快发展,仍然面临不少重要问题与挑战。一是我国数字贸易发展水平亟待提高,数字贸易规模相对较小,高附加值数字贸易出口能力不足,数字技术企业国际化营收水平较低;二是数字贸易面临的竞争压力加大,在底层技术上面临"卡脖子"问题,在数字技术的基础理论、核心算法和关键设备等方面与发达国家存在一定差距,在市场上面对的竞争者日益增加;三是数字贸易面临的壁垒明显增多,包括但不限于强制本地化义务、市场进入限制、数据及个人隐私保护措施、消费者权益维护、知识产权保护等,此外,平台业者法律责任不明确、内容审查及数字贸易环境不健全等问题也导致了不利影响更加凸显。

13.5.1 中国的主张

中国希望在相互尊重的基础上深化与其他成员的合作，共同构建公平、合理、安全、有序的数字贸易国际规则体系。中国在数字贸易规则上的基本主张和核心诉求可以归结为以下几点。

第一，中国主张共同构建公平、合理、安全、有序的数字贸易国际规则体系。中国是全球多边主义的坚定捍卫者，数字贸易安全有序自由化的大力倡导者。2019年1月，包括中国在内的76个世贸组织成员已经开启与贸易有关的电子商务议题谈判并进行了多轮磋商。中国积极参与全球数字经济和数字贸易规则制定，推动建立各方普遍接受的国际规则。其中，中国紧随时代浪潮，在RCEP引入多项高标准规则为数字贸易发展创造机会，这是中国在数字贸易规则制定中的跨越式进步。与此同时，中国已正式申请加入DEPA和CPTPP，充分彰显了中国发展数字经济对外开放的态度。

第二，中国希望建立规范便利、安全可靠的电子商务交易环境。在数字贸易规则领域，中国逐渐从被动变为主动，从跟随者变成参与者。近年来签订的中国－韩国自由贸易协定、中国－澳大利亚自由贸易协定和RCEP等均已包含电子商务专章。中国－韩国自由贸易协定是中国首个包含电子商务专章的双边自由贸易协定，是我国在数字贸易规则制定领域迈出的关键一步。中韩自由贸易协定"电子商务"章节主要包括关税、电子认证与电子签名、个人信息保护、无纸贸易、电子商务合作等基本内容。

第三，中国继续加强与贸易伙伴的贸易和投资自由化。2019年10月，《中国与欧亚经济联盟经贸合作协定》生效。2020年11月，中国与东盟10国、日本、韩国、澳大利亚和新西兰签署了RCEP。RCEP是一个现代化、全面、高质量的大型区域自由贸易协定，其目的是实现互利共赢。其中涵盖了知识产权、电子商务、竞争政策、政府采购及合格评定程序等问题的现代规则。

13.5.2 中国参与全球数字贸易治理实践的成就

1. 国内立法日趋完善

国内立法进展加快，已构建三支柱立法体系，且重视数据主权。《网络安全法》《数据安全法》和《个人信息保护法》构成了我国数字贸易立法的三大支柱，共同对数据本地化、跨境数据流动、数据处理、数据安全以及个人信息处理活动作出了规范。

《个人信息保护法》聚焦从国家治理到个人信息保护，构建了社会信用体系的信息利用逻辑；《数据安全法》以数据安全为核心，重点保护重要数据和国家核心数据；《网络安全法》就网络空间的整体安全、合规、有序发展制定了总纲领，其中也涵盖了关于个人信息保护和网络数据安全的基础性原则，与配套实施条例、部门规章和规范性文件共同构建了网络空间的合规框架。此外，《民法典》《电子商务法》《反不正当竞争法》和《儿童个人信息网络保护规定》等法律法规也是数据治理法规体系的重要组成部分。

在数据跨境流动方面，2022年9月正式生效的《数据出境安全评估办法》，明确了我国数据出境安全评估的条件、流程和要求，将事前评估和持续监督相结合、风险自评估与安全评估相结合，进一步完善了数据出境安全评估实施细则。

2. 通过自由贸易协定积极参与数字贸易国际规则制定

中国近几年在数字贸易规则上逐渐从跟随者转化为参与者的角色。截至2021年底，中国与其他经济体签署了19个自由贸易协定，其中包含数字贸易规定的自由贸易协定有9个，而且均采用专"章"的形式加入数字贸易规定。中国主要签订的自由贸易协定有中国－韩国自由贸易协定、中国－澳大利亚自由贸易协定和RECP涉及数字贸易条款。其中RECP中增加的关于非应邀商业电子信息、计算设施本地化、通过电子方式跨境传输信息和网络安全等4个条款是相当有魄力的一个尝试，表明我国对接高水平国际贸易规则的决心和信心。

13.5.3 中国参与全球数字贸易规则制定的挑战

1. 数字贸易博弈从"市场之争"演变为"规则之争"，中国面临巨大挑战

一是当前跨境数据流动的国际共识规则缺位，中国面临被边缘化的风险。目前，各国对跨境数据流动的监管尚未形成统一认识和框架。各国之间的政策差异主要受地缘政治、国家安全、隐私制度和产业发展阶段等多重因素的综合影响。而从区域层面来看，双边或诸边协定在数据流动规则上正陷入碎片化。二是美欧以其内部成熟的数字贸易规则为基础，在自由贸易协定谈判中设置其关心的数字贸易议题，并通过WTO等数字贸易谈判的多边场所将各经济体的关注点集中于这些议题，意图主导数字贸易国际规则制定。发达国家主导的数字贸易规则区域化演进策略弱化了中国等广大发展中经济体在规则构建过程中的话语权。三是在全球数字贸易规则制定中面临的压力和挑战加大，在数据跨境自由流动、数字产品公平待遇、数字安全、促进互联网服务、竞争性电信市场和贸易便利化等领域亟待提出应对之策，在全球数字经济和数字贸易合作和竞争中把握主动权。

2. 距全球高标准数字贸易规则仍有较大差距

与现有高标准数字贸易规则的19个核心条款相比，中国签订的贸易协定已覆盖了其中13项，剩余的6个条款（包括开放网络、网络访问和使用、源代码、互动电脑服务、政府数据开放、使用加密技术的TCI产品）以及税收等还是空白。这说明我国在对标高标准数字贸易规则中，对制度开放的"大门"持相对审慎态度。以高标准数字贸易规则CPTPP和我国签署并已经开始实施的RCEP为例：CPTPP给予消费者网络自由接入的权利，禁止缔约国要求在跨境数据传输中使用特定的技术、设备或服务供应商，强调数据跨境流动的无限制性；RCEP则着重强调数据安全和个人信息保护规则，要求建立个人信息保护机制、规定数据收集和处理的合法性标准，并要求在数据传输过程中采取必要的技术和安全措施来保护个人信息和数据安全。CPTPP和RCEP都包括保护商标、版权和专利，规定了知识产权保护期限。CPTPP在贸易保护措施方面更为详细和严格；RCEP更强调数字版权管理和电子商务的规则，包括了数字版权管理技术的保护和许可使用等方面的规定。RCEP提出在电子商务对话中提及考虑在源代码领域开展对话；CPTPP明确禁止缔约方提出强制共享关键基础设置之外的源代码的要求，禁止将转移软件源代码作为在其境内销售或使用该软件的条件。与 CPTPP 相比，RCEP 的成员国大部分为发展中国家，因此 RCEP 中源于 CPTPP 的条款大部分会被加入一些有利于发展中国家的限定性条件，或是直接从约束性条款"降级"为鼓励性条款，RCEP 本身的保护水平与 CPTPP 存在差异。首先，在数据跨境流动领域，CPTPP 明确了保障数据跨境自由流动，对禁止数据存储本地化的例外条款限制较严格；RCEP 除了明确数据跨境自由流动，还增加了基本安全例外条款。其次，在数字产品知识产权保护领域，CPTPP 对源代码的保护思路是出于避免损害软件所有人的知识产权与商业利益的考虑，提出允许网络自由接入并禁止强制共享软件源代码；RCEP 考虑到限制源代码公开。

第 14 章 数字贸易政策

信息技术和数字经济为数字贸易的蓬勃发展奠定了良好基础。在现代信息技术网络的推动下，数字贸易突破了电子商务和网络经济的范畴，从最初信息技术产品的实体贸易，到以跨境电子商务平台为媒介的线上贸易，再到以云服务为实现方式的国际远程服务，数字贸易的形式发生了日新月异的变化，并已经逐步成为推动全球贸易和经济增长的新引擎。

UNCTAD 发布的《全球数字贸易报告》中明确指出：数字贸易的兴起改变了传统的贸易方式，完善了产业价值链，为社会就业作出了突出贡献。由于数字贸易具有广阔的发展前景和很强的辐射带动效应，以及能带来较高的"数字红利"，各国政府纷纷出台相关政策以支持数字贸易的发展。然而，在"数字全球化"背景下，为避免数字贸易的发展对现有贸易规则及政策带来冲击，发达国家纷纷制定了本国的数字贸易战略和政策，加强知识产权与隐私保护，不断强化自身监管，对数字贸易开放发展的制度环境与监管协调提出了更高要求。鉴于此，厘清数字贸易政策体系的逻辑与框架，了解主要发达国家数字贸易战略的导向和政策特点，对于制定符合我国国情的数字贸易战略、构建完善的数字贸易政策体系、实现高水平的国内治理、促进中国经济高质量发展具有重要的现实意义。

14.1 数字贸易政策体系的逻辑与框架

14.1.1 自由贸易政策的逻辑

从亚当·斯密的"绝对优势说"，到大卫·李嘉图的"相对优势说"，再到赫克歇尔和俄林的"资源禀赋说"，自由贸易理论强调贸易反映的是国家要素禀赋形成的比较优势，通过自由贸易可以实现市场效率，每个国家都能从贸易中获益。古典贸易理论假设市场竞争是完全的，一国在某一产业上的比较优势是贸易发生的根本原因，每个国家都因要素禀赋的比较优势而参与国际分工，在竞争激烈的经济中不存在所谓的"战略性"部门，自由贸易政策是各国最好的选择。

自由贸易理论和政策主张是在理想的经济模型中建立起来的，这一模型主要包括三个基本假定：一是"简单化"的假定，即假定货币是"中性化"的，参加贸易的国家只有两个，商品只有两种，生产商品的要素只有两类，不考虑商品的运输费用；二是"静态化"的假定，即假定一国的生产要素总量、生产技术水平、国民收入分配形态、居民消费偏好是既定不变的，生产要素在国际不能自由流动；三是"完美化"的假定，即假定参与贸易的国家都实行市场经济制度，市场完全自由竞争，价格具有充分的弹性。

然而二战后，随着工业革命的进程加快，产业内贸易和发达国家之间的贸易迅速增长说明完全竞争的假设是不合适的，如今很大部分的贸易是由大规模生产的优势、"干中学"的经验积累和通信技术的创新所决定的，以小企业为主的完全竞争市场结构已经难以看到，随处可见的是少数几家大型企业占据主导地位的寡头垄断，于是，规模经济和不完全竞争被引入贸易理论的范畴。

14.1.2 战略性贸易政策的逻辑

20世纪80年代以来，以詹姆斯·布朗德、巴巴拉·斯潘塞等人为代表的西方经济学家提出了战略性贸易政策理论。所谓战略性贸易政策，是指在"不完全竞争"市场中，政府积极运用补贴或出口鼓励等措施对那些被认为存在着规模经济、外部经济或大量"租"（某种要素所得到的高于该要素用于其他用途所获得的收益）的产业予以扶持，扩大本国厂商在国际市场上所占的市场份额，把超额利润从国外厂商转移给本国厂商，以增加本国经济福利和加强在有国外竞争对手的国际市场上的战略地位。

基于不完全竞争和产业规模报酬递增的假定条件，战略性贸易政策和理论为政府干预贸易提供了论据。

（1）利润转移理论认为，垄断竞争是当今国际竞争的基本特点。许多情况下，商品的国际市场是由少数几家大企业控制的，这些企业可以利用它们在市场上的垄断力量将产品价格定在高于其边际成本之上，从而获得超额垄断利润。为此，一国政府可以运用出口补贴（或生产补贴）政策来加强本国企业在有国外竞争对手的国际市场上的战略地位，把利润从国外厂商转移给国内厂商，增加国内经济福利。

（2）外部经济理论认为，某些厂商或产业能够产生巨大的外部经济效益，包括企业间、产业间和产业内外溢，从而促进相关产业的发展。如果一国政府对这些厂商或产业提供适当的帮助和支持，就会促进其发展，提高其国际竞争力，从而获得长远的战略利益。为此，政府可以运用国内市场保护政策，促进国内企业规模扩大，随着国内企业产量增加，其单位产品成本下降，这将会阻止国外厂商进入国内市场，不仅可以帮助本国厂商占领被保护的国内市场，也会使本国厂商在出口市场上获利。另外，在一个受保护的国内市场上，通过"干中学"效应，本国厂商生产得更多，比国外竞争者学习得更快，它的"学习曲线"向下移动，从而转化为较低的成本和较高的市场份额，并为企业的成功出口奠定基础。

14.1.3 数字贸易的战略性特点

随着数字化革命进程的加快和数字经济的飞速发展，传统贸易的要素、方式、规模、范围和速度等都发生了巨大变化，数字贸易是以数字平台作为主要载体和组织方式的新型贸易模式，数据成为重要的生产要素和比较优势来源，呈现出明显的战略性贸易特点。

第一，数字贸易具有规模经济、范围经济和长尾经济的特性。

规模经济、范围经济和长尾经济是经济学中的三个概念。所谓规模经济，即产品的平均成本随着产品产量的增加而降低，生产量越大，企业越能盈利。这是工业经济规模化生产的理论基础。所谓范围经济，即企业规模达到一定阶段，利用现有设备、渠道，增加一些产品种类，并没有显著增加成本而使得产品平均成本降低。这是企业进行业务相关多元化的理论基础。所谓长尾经济，即随着产品品类的增加，虽然每种产品的需求都会减少，但大量小众需求聚集在一起仍可以盈利。实现长尾经济的前提是接近于零的渠道、流通和营销成本，这也就是只有网络经济才能实现长尾经济的原因。

数字贸易是通过数字平台这一组织形态提供信息产品的。在初始阶段，需要进行大规模的资本投资进行平台的开发、建设和维护，前期成本较高，但数字产品和服务可复制性强、边际成本较低，为此随着生产和交易规模的不断扩大，单位数字产品和服务的成本会不断降低，从而形成较强的规模经济性。当具有一定的规模效应和品牌效应之后，数字平台可以在原有固定资产的基础上，只要再增加少有的改造投入即可拓展更多的产品和服务，以满足客户多样化的需求，包括小众的需求，因此易于形成范围经济和长尾经济效应。

第二，数字平台产业大多呈现集中化、寡头化格局。

不同于传统产业，数字平台产业是新兴的产业组织形态，数字平台具有双边（多边）用户市场，凭借被互联网放大功能的锁定效应、网络效应、规模效应以及拥有的巨大经济体量、海量数据资源、技术创新优势和雄厚资本优势，形成自成一体的生态竞争体系，商业平台不断延伸，商业疆界不断扩张，"强者愈强、弱者愈弱、赢者通吃"是平台发展的规律性现象，而扼杀式并购加剧了市场集中度，数字平台市场的寡头竞争格局得以固化和放大。二者并存叠加，必然对市场竞争施加双倍压力。相比传统企业，数字经济平台更容易损害市场公平竞争，成为垄断发生的"重灾区"。

与传统工业经济下的垄断行为相比，数字经济下平台的垄断行为有了新的表现形式，具体包括要素（数据）的垄断形式和市场的垄断形式等。

14.1.4 数字贸易政策的基本框架

在数字经济时代，数字贸易的规模经济特性与不完全竞争格局尤为显著，政府干预贸易的倾向增强，试图保护本国数字产业，这从数字服务贸易限制性指数平均值的增长趋势可以反映出来。并且，分国别来看，发展中国家的数字服务贸易限制性指数普遍高于发达国家。此外，关税及配额是传统的保护手段，但在数字经济时代，贸易壁垒的形式更为多元化，数据监管也成了一种重要的壁垒形式。有学者根据各国有关数字贸易的法律和政策性文件，可以将数字贸易规则分为以下四类。

（1）数据监管类政策，主要是对数据使用的管理，包括数据隐私保护、跨境数据流动、计算设施本地化等。

（2）网络平台管理政策，主要为了规范网络运营商的中介服务，包括网络内容许可和访问、网络服务提供商中介责任、知识产权保护等。

（3）产品和服务贸易政策，指对线上交易的产品和服务以及数字技术产品的管理，包括线上销售管理、税收和补贴、政府采购、技术标准等。

（4）数字企业的本地进入政策，包括投资、市场竞争等。

14.2 美国数字贸易战略导向及政策体系

14.2.1 美国——自由开放的数字贸易战略

美国是当今世界的科技强国，数字贸易的发展水平位于世界前列。美国数字平台无论是在技术层面还是数据层面上都处于全球领先地位，数字平台可以从世界各地收集数据，并在美国进行集中决策和数字生产，使得美国成为数据净进口国。为充分利用数字贸易的规模经济和范围经济，数字平台需要继续从世界各国收集数据，其具有交易和共享数据的动机，以此进入新市场和拓展业务。为此，美国倡导降低数字贸易壁垒，推动全球信息和数据自由流动，促进数字贸易的自由化和便利化。2018年，美国在向WTO总理事会提交的新议案中提出了七项议题：信息自由流动、数字产品公平待遇、保护机密信息、数字安全、促进互联网服务、竞争性电信市场和贸易便利化。总之，美国实施"自由开放的数字贸易战略"，有助于其国内数字平台继续在全球范围内更广泛地获取数据，提升国家数字产业的竞争力。

14.2.2 美国数字贸易政策体系的特征

美国数字贸易政策呈现出"国内监管整体宽松，对外准入与限制门槛高"的特点。

在数据监管方面，美国的政策相对宽松。例如，美国没有数据隐私管理的全国性法律，只有一些州立法规定"未经授权的人在披露加密个人信息前应当通知州检察长"。近年来，美国才开始加强消费者隐私保护，2018年加利福尼亚州颁布《消费者隐私法》，要求企业有义务向消费者披露其收集、出售或披露消费者个人信息的资料，对企业提出了更多通知、披露义务，并针对数据泄露规定了法定损害赔偿金，是美国州层面最严格的隐私立法。

在网络平台管理方面，相对其他国家而言，美国对数字服务中间商的责任要求较为宽松，存在《网络服务提供商安全港条例》，授予网络服务提供商中介平台免责条件和反通知权利。美国国内对于网络服务提供商责任的界定相对完善，要求"第三方利用平台服务在合法平台上创建和分享非法信息，平台方不对非知识产权的侵权损害承担责任"。网络中介机构如发生侵权行为，只要实施侵权通知和撤除制度，就不必承担侵权责任。

在数字产品和服务贸易政策方面，美国积极签署有关数字贸易规则的贸易协定，推动数字自由贸易。美国积极签署涵盖电子商务或数字贸易章节的双边、诸边和区域协定，例如，USMCA 是全球首个设定数字贸易章节的贸易协定，UJDTA 是美国首个数字贸易协定。但美国对 ICT 产品贸易设置了较多的贸易管制，存在严重的国别歧视。例如，美国对使用加密方式的商业通信卫星和技术存在出口管制，禁止美国企业向中兴通讯销售零部件或提供服务。尽管美国基本没有设立数字产品进口的歧视性技术标准，但是数字产品的政府采购壁垒较高，并对某些国家存在明显的歧视性。

在数字企业市场准入政策方面，美国实行了比较严格的限制政策。例如，美国设立外国投资委员会对外商直接投资进行经济安全审查，评估其对美国国内生产、工业国防能力、关键技术和基础设施的国际领先地位等各方面的影响。

14.3 欧盟数字贸易战略导向及政策体系

14.3.1 欧盟——有条件开放的数字贸易战略

欧洲数字贸易发展略落后于美国和中国，为了提升国家数字经济的竞争力，确保欧盟在数字贸易和技术创新的领先地位，欧盟实行"有条件开放的数字贸易战略"，即注重区域内国家协同开放，但对区域外国家实行严格监管。这一战略总体上是推进数字产品的自由贸易，但更注重构建数据保护体系，给予本地中小型数字平台企业一定程度的成长空间。一方面，欧盟积极消除不合理的数字贸易壁垒。例如，为打破欧盟境内的数字市场壁垒，欧盟委员会于 2015 年 5 月公布了"数字单一市场"战略的详细规划。所谓"数字单一市场"是指商品、人员、服务和资本可以保证自由流通；居民、个人和商家能够无缝衔接；所有线上活动都是在公平竞争条件下进行。数字单一市场是欧盟统一市场、促进贸易、推动经济增长的一项长期而重要的工作。2020 年 12 月，欧盟与英国正式签署《欧盟与英国贸易暨合作协议》，这是欧盟首次设定数字贸易章节的贸易协定，也拓宽了数字贸易议题，包括允许数据跨境流动、禁止数据本地化措施、软件源代码保护、电子信托服务、交互式计算机服务等。另一方面，欧盟重视构建开放和安全的数字贸易环境，设置了严格的数据保护体系，设定了数据保护高标准规则，旨在消除不合理的数据流动障碍，又保持了在数据和隐私保护方面的监管自主权。

14.3.2 欧盟的数字贸易政策体系

在数据监管方面，欧盟一直以来相当重视数据隐私保护，旨在确保数据安全的情况下推进跨境数据流动，为欧洲数字企业提供更广阔的数据市场。其中，法国和德国的数据监管政策最为严格。

在网络平台管理方面，欧盟的知识产权保护较为严格，有关法律法规包括2001年《版权指令》《欧盟专利制度》。目前，关于欧盟使用专利制度的竞争政策和其他补救措施有很多案例。

在数字产品和服务贸易政策方面，欧盟总体上自由化程度较高。例如，欧盟仅对双重用途的产品出口实行限制政策，包括计算机、电信和信息安全等，对进口产品没有特殊限制。

在数字企业市场准入政策方面，法国和德国的投资壁垒较高。例如，法国存在歧视性反收购规定，允许法国公司对不适用互惠条例的外国公司采取反收购措施。

14.4 日本数字贸易战略导向及政策体系

14.4.1 日本——数字贸易复兴战略

日本数字经济的基础设施已经相对完善，数字经济和数字贸易的发展水平位居世界前列。日本在发布的《日本复兴战略》中明确提出了要利用数字贸易振兴日本经济。为推行"数字新政"，日本政府已将电子政务、人力资源、教育等领域纳入数字贸易发展战略中，支持数字贸易的立法也相对完善。

14.4.2 日本的数字贸易政策体系

日本的数字贸易政策与美国较为类似，但是在产品和服务贸易政策方面略有差异。

在数据监管方面，日本的管制水平普遍较低，没有烦琐的跨境数据传输限制，其政策重点主要在于对数据安全的管理。例如：日本对金融行业的数据安全管理较为严格，要求公司必须设立专门的数据保护部门；日本允许合法合理的数据跨境传输，但是要求数据传输的第三方提供数据主体的许可签名。

在网络平台管理方面，日本没有在网络中介责任和网络内容审查上设置特殊的政策要求，而是重点强调了知识产权保护。

在数字产品和服务贸易政策方面，日本实施了自由化程度较高的政策。例如：日本对线上销售的最低免征关税额为90美元，允许电子签名；日本的数字产品零关税覆盖率为99.38%。

在数字企业市场准入政策方面，日本没有明确限制电信或 ICT 的投资，仅设定了直接投资的提前通知要求。但是日本对媒体领域的外商投资要求比较严格，将外国对广播公司的投资份额限制在 20%～33%。

14.5 新加坡数字贸易战略导向及政策体系

14.5.1 新加坡——自由开放的数字贸易战略

作为世界上推广互联网最早和互联网普及率最高的国家之一，新加坡拥有高度发达的互联网市场以及相对完善的配套法规。截至 2021 年底，新加坡的光纤到户渗透率达到 81.1%，全球排名第一，数字营商环境得到 82% 以上的企业认可，部分全球 500 强公司将亚太地区的总部设在新加坡，新加坡是世界公认的自由贸易港口和东南亚跨境电子商务平台总部中心。为了推动数字经济和贸易的发展，2014 年，新加坡政府在推动公共服务数字化的基础上启动了《智慧国家 2025》；2019 年，推出了服务与数字经济技术路线图，目标是在 3～5 年内显著提高数字经济水平。2020 年，新加坡数字贸易出口为 1 222.74 亿美元，数字贸易进口为 1 069.19 亿美元，数字贸易的规模与日本相近，位居世界前列。新加坡一直是经济全球化、贸易投资自由化的受益者和推动者，积极倡导双边、多边经贸合作，在数据流动、数字贸易领域践行自由开放的政策，推动建立灵活高效的自由贸易协定磋商机制。

14.5.2 新加坡数字贸易政策体系

在数据监管方面，新加坡有较为完备的个人隐私保护法律。新加坡在 2012 年 10 月出台了《个人数据保护法》（Personal Data Protection Act，PDPA），之后还出台了《个人数据保护（实施）条例》（Personal Data Protection Regulations，PDPR）、《个人数据保护（数据泄露通知）条例》和《个人数据保护（执行）条例》等多部配套指引，对数据的收集、披露、保护、跨境流动等进行了详细规定。例如，如果机构要将个人数据转移至境外，必须确保个人数据受到与新加坡《个人数据保护法》要求一样的保护，个人如果同意将个人资料转移至国外，则认为数据转移满足相关要求。

在网络平台管理方面，以法治精神著称于世的新加坡应该是较为成功的国家之一。新加坡从立法、执法、准入及公民自我约束等渠道加强网络管理，在确保国家安全及社会稳定的前提下，最大限度地保障网民的网络遨游权利。近年来，新加坡屡出重典，从互联网准入、渠道管理和法制建设三方面净化网络空间；新加坡政府对网络内容的管制较为严格，对互联网的控制持强硬态度，其《网络行为法》中明确规定由新加坡广播局（Singapore

Broadcasting Authority，SBA）对网络内容实施管制，规定了网络服务提供商和网络内容提供商（Internet Content Provider，ICP）在网络内容传播方面所负的责任以及禁止性资料的范围；另外，新加坡国会 2014 年 7 月 8 日通过一项版权法修正案，允许版权所有人向法庭申请禁令，强制网络服务提供商屏蔽涉嫌侵权的网站或删除有侵权内容的网页。

在数字产品和服务贸易规则方面，近年来，新加坡与多国签署数字经济协议，以寻求在亚洲甚至全世界建立数字贸易框架，其中最具代表性的是 2020 年 6 月新加坡与新西兰、智利签订的 DEPA，该项数字经济协定旨在针对海量的数字贸易，在协定国之间建立一个体现数字经济发展趋势的规则框架，形成了以小国为主导、贸易规则模块化、在区域范围内寻求数字治理最大共识的"新加坡模式"，可以说是当前国际贸易规则框架下的创新。DEPA 将国际数字贸易规则提升到新的高度，包括商业和贸易便利化、数字产品和相关问题的待遇、网络安全和信任、网上消费者保护、数字身份等内容，并涵盖鼓励政府数据开放以及填补数字鸿沟等条款。DEPA 建立了一系列数字贸易不同方面的模块，为观念相近的贸易伙伴提供了新的高水平协议方向。DEPA 模块化的做法与传统贸易协议相比，范围可收缩，承诺更灵活，并涵盖诸如人工智能等新技术的合作机制。此外，由于 DEPA 没有报复性条款、执行协议与传统贸易协议不同，因此更具创新性和前瞻性。

14.6 韩国数字贸易战略导向及政策体系

14.6.1 韩国——数字贸易强国战略

在新兴经济体中，韩国的数字经济和数字贸易发展水平比较高。2019 年，韩国提出"数字贸易发展计划"，拟打造新的出口支持平台、促进数字贸易发展，推动区块链、5G 和人工智能等新技术融入对外贸易，改善贸易环境、促进电子商务发展，促进出口，使韩国成为数字贸易强国。该计划提出以消费者为中心的服务创新、领先的数字交易平台、扩大电子商务出口三大策略及具体举措，实施数字贸易基础设施发展计划，并成立数字贸易促进委员会，加强部门间的联系与合作。

14.6.2 韩国的数字贸易政策体系

在数据监管方面，韩国的数据监管政策较欧日更为严格。2018 年 9 月，韩国重新修订《信息通信网络的利用促进和信息保护等相关法》（*The Act on Promotion of Information and Communications Network Utilization and Information Protection*，ICNA），确立了韩国对国际企业转移有关韩国国民、重要工业、精尖端科学技术等信息行为进行监管的法律基础。2020 年 1 月，韩国国会通过对三大数据隐私法——2011 年首次出台的《个人信息保护法》（*Personal Information Protection*，PIPA）、《信息通信网络的利用促进和信息保护等相关法》和《信用信息的利用与保护法》的大幅修订，并将三大数据隐私法合并成最新的 PIPA。PIPA 一系列修订法案对于数据隐私保护的严格程度和欧盟于 2016 年出台的《通用数据保护条例》相当，并因此 PIPA 赋予韩国对数据信息的流动更为独立且高强度的执行权力。

在网络平台管理方面，韩国制定了规范的制度要求。2015 年 3 月，韩国国会通过了《云计算发展与用户保护法案》，对云服务提供商（Cloud Service Provider，CSP）规定了包括向其客户和部长报告信息泄露、不得向第三方提供客户信息或将其用于指定用途以外的其他目的等义务。另外，为保障网络安全、规范网络行为、保护用户权益，韩国政府陆续制定和完善了一系列有关网络管理的法律，如《电子通信基本法》《国家信息化基本法》《促进信息通信网络使用及保护信息法》《信息通信基本保护法》《网络安全管理规定》《通信秘密保护法》等数十部法律。

在数字产品和服务贸易政策方面，韩国数字产品零关税覆盖率仅为 43.21%，对国外供应商的电子产品单独设立了 10% 的增值税。此外，韩国还要求对政府采购的产品特别是 ICT 产品进行额外的安全认证。

在数字企业的市场准入政策方面，韩国尚未建立数字领域投资的审查机制，但政府有权直接否决可能对国家安全构成威胁的外国投资。韩国规定卫星及其他广播业外国投资不得超过 49%，并对新闻媒体类互联网运营商和信号传输网络运营商的外国投资设定了 20% 的投资上限。

第 15 章
中国数字贸易政策

进入新时代，中国数字经济蓬勃发展。党的十九大报告提出建设"数字中国"，这是"数字中国"首次被写入党和国家纲领性文件。党的二十大报告进一步提出加快建设"数字中国""加快发展数字经济，促进数字经济和实体经济深度融合，打造具有国际竞争力的数字产业集群"，提出"发展数字贸易，加快建设贸易强国"。

15.1 中国对外贸易政策的演变

随着经济的发展和国际环境的变化，中国的对外贸易思想逐步演变，对外贸易战略和政策经历了从管制封闭—有限开放—高水平开放的渐进式发展历程。大致分为以下 4 个发展阶段。

（1）第一阶段（1949—1978 年）：新中国成立初期国家管制型封闭式的贸易保护政策。

新中国成立初期受苏联的影响，中国实行的是高度集中的计划经济体制，经济建设以"自力更生为主，争取外援为辅"，以"国内市场为主，对外贸易为辅"，对外贸易只是"互通有无，调剂余缺"的手段。为此，在这个阶段，中国执行的是国家管制型的封闭式贸易保护政策。具体而言，在对外贸易体制上建立了传统的"高度集中、独家经营、政企合一"的形式，完全由政府来取代市场进行资源配置；对外贸易的目的主要是创汇，为满足必需的进口对外汇的需求，采取人民币币值高估以及外汇管制的汇率政策。在对外贸易战略方面，中国此时基本上采取的是"进口替代"战略。

（2）第二阶段（1978—2001 年）：改革开放初期有限开放型的贸易政策。

1978 年党的十一届三中全会确立了中国改革开放的总方针，将对内改革和对外开放作为我国的基本国策，进出口贸易成为利用国内外两种资源和两个市场、组织国内建设和发展对外经济关系的重要路径，这标志着中国的经济发展战略由内向型向外向型的重大转变。中国的外贸体制改革取得重大突破，设立了经济特区和各类海关特殊监管区域，逐步下放外贸经营权，推行了外贸经营承包责任制，确立了外贸经营权的审批制度。但这一阶段中国的外贸政策仍处于国家统一领导和经营之下，是以高关税和非关税壁垒为主限制进口的贸易保护主义政策；1992 年邓小平南行讲话为中国新一轮的改革开放奠定了基础，随后党的十四大报告进一步明确形成"多层次、多渠道、全方位"格局的对外开放目标；1994年《对外贸易法》的正式颁布实施，标志着我国对外贸易经营管理步入法制化阶段。至此，中国的对外贸易开放步入新阶段，贸易战略导向开始从早期"奖出限入"型转向"多元化"开放型，即以国际市场为导向，充分发挥比较优势，提升出口产品的国际竞争力，以国内产业结构升级和技术进步为基础，以市场多元化和海外市场为目标，合理利用外资，进口国外要素资源，发挥对外贸易对国民经济的支撑带动作用。

（3）第三阶段（2001—2013年）：贸易大国形成期WTO框架下的开放型贸易政策。

2001年"入世"后，中国按WTO规则修订出台了新的《对外贸易法》《货物进出口管理条例》及配套部门规章，对外贸易体制在更加开放、稳定、透明和符合市场经济规则的进程中不断完善，对外开放格局也从渐进式、局部性的对外开放转为推进式的、全方位的对外开放。通过积极主动参与经济全球化进程，抓住国际产业转移的历史机遇期，中国的贸易规模和贸易结构均有了大幅的提升和改进，贸易制度发生了根本性变革，成为推动全球贸易自由化的重要力量。2003年中国对外贸易总额首次突破1万亿美元，2007年突破2万亿美元，2013年进一步突破4万亿美元，超越美国成为全球第一大贸易国，成为名副其实的"世界工厂"。WTO框架下的中国贸易战略虽然较之前有所调整，但仍然是建立在比较优势基础上，是偏出口导向型的贸易战略，随着中国经济与世界经济的深度融合，这种贸易战略的弊端逐渐凸显：国内经济增长对外部资源和国际市场的依赖性过强，贸易摩擦不断升级，本土企业的出口产品技术复杂度较低，进出口商品结构矛盾性突出，等等。为此，加快调整中国外贸发展战略必将成为新一轮对外开放的重要使命。

（4）第四阶段（2013年以来）：贸易强国建设中"一带一路"引领下的开放型贸易政策。

后金融危机时代，中国政府结合供给侧结构性改革，提出了以"一带一路"倡议为引领，构建开放型经济新体制，推动全面开放新格局和贸易强国建设。正如党的十九大报告所指出的，"开放型经济新体制逐步健全，对外贸易、对外投资、外汇储备稳居世界前列""推动形成全面开放新格局""拓展对外贸易，培育贸易新业态新模式，推进贸易强国建设。实行高水平的贸易和投资自由化便利化政策"。由此可知，当前的中国贸易战略与政策是以形成全面开放新格局为主基调，以实现"互利共赢"为导向，以建设贸易强国为目标，大力推动实施自由贸易区战略；实施积极的进口政策，逐步实现进出口平衡；对接国际高标准，实行高水平的贸易和投资自由化与便利化政策；推动各项措施鼓励创新发展，发挥跨境电子商务、市场采购等贸易新业态、新模式对进出口贸易的促进作用。

15.2　中国构建数字贸易政策体系

为促进数字贸易高质量发展，中国不断改善数字贸易发展环境，提升贸易数字化水平，打造数字贸易示范区，正逐步建立起完善的政策体系。

15.2.1 完善顶层设计

通过顶层设计促进数字贸易高质量发展。2019 年 11 月 19 日,《中共中央国务院关于推进贸易高质量发展的指导意见》首次在中央文件中对数字贸易发展作出了重要部署,提出要加快数字贸易发展;提升贸易数字化水平,形成以数据驱动为核心、以平台为支撑、以商产融合为主线的数字化、网络化、智能化发展模式;推动企业提升贸易数字化和智能化管理能力;大力提升外贸综合服务数字化水平;积极参与全球数字经济和数字贸易规则制定,推动建立各方普遍接受的国际规则。

2021 年 10 月,中国商务部发布《"十四五"服务贸易发展规划》,明确提出要加强国家数字服务出口基地建设,布局数字贸易示范区。2021 年 11 月 23 日,商务部发布《"十四五"对外贸易高质量发展规划》中,"数字贸易""跨境电子商务""贸易数字化"等成为高频关键词,明确提出"十四五"时期的重点任务包括大力发展数字贸易、促进跨境电子商务持续健康发展、加快海外仓发展、提升贸易数字化水平、积极发展"丝路电子商务"等。国务院 2022 年 1 月印发的《"十四五"数字经济发展规划》明确提出加快贸易数字化发展,要以数字化驱动贸易主体转型和贸易方式变革,营造贸易数字化良好环境;要完善数字贸易促进政策,加强制度供给和法律保障;要加大服务业开放力度,探索放宽数字经济新业态准入;要大力发展跨境电子商务,扎实推进跨境电子商务综合试验区建设,积极鼓励各业务环节探索创新,培育壮大一批跨境电子商务龙头企业、海外仓领军企业和优秀产业园区,打造跨境电子商务产业链和生态圈。

15.2.2 支持跨境电子商务发展

2015 年以来,我国陆续公布《国务院关于大力发展电子商务加快培育经济新动力的意见》《国务院办公厅关于促进跨境电子商务健康快速发展的指导意见》等政策文件,实施了一系列促进跨境电子商务发展的政策措施。截至目前,我国在海南全岛和其他 86 个城市和地区开展跨境电子商务零售进口试点,在 105 个城市和地区设立了跨境电子商务综合试验区,在 10 个地区开展跨境电子商务 B2B 出口监管试点,在跨境电子商务交易、支付、物流、通关、退税、结汇等环节的技术标准、业务流程、监管模式和信息化建设等探索形成了制度和政策创新成果,1210、9610、9710、9810 等多种形态跨境电子商务业务竞相发展。

15.2.3 建设数字服务出口平台

2020 年 4 月,商务部会同中央网信办、工业和信息化部联合发布公告,认定中关村软件园、天津经济技术开发区、大连高新技术产业园区、上海浦东软件园、中国(南京)软件谷、杭州高新技术产业开发区(滨江)物联网产业园、合肥高新技术产业开发区、厦门软件园、齐鲁软件园、广州天河中央商务区、海南生态软件园、成都天府软件园等 12

个园区为国家数字服务出口基地。建设国家数字服务出口基地,将有利于加快数字贸易发展和数字技术应用,培育贸易新业态新模式,推动实现服务贸易高质量发展。

15.2.4 推动跨境数据流动

2020年3月,国务院出台《中共中央国务院关于构建更加完善的要素市场化配置体制机制的意见》,明确将数据作为新型生产要素,对培育数据要素市场作出重要部署,加强数字经济和数字贸易发展的要素支撑。2020年6月,《海南自由贸易港建设总体方案》提出,要实现数据安全有序流动,创新数据出境安全的制度设计,开展个人信息入境制度性对接,积极参与跨境数据流动国际规则制定。北京等自由贸易试验区积极探索数据跨境流动规则。北京在数字贸易试验区实施方案中提出,率先推动数据跨境流动试点。

15.3 中国数字贸易政策体系特征

15.3.1 中国渐进式开放的数字贸易战略

作为全球数字贸易规模排名前五的国家之一,中国拥有巨大的国内市场、丰富的数据资源、先进的信息技术、完善的网络基础设施和勇于创新的市场主体,数字经济的发展潜力巨大,数字贸易的国际竞争力不断增强。《数字贸易发展与合作报告(2022)》显示,2021年,全球跨境数字服务贸易规模达到3.86万亿美元,同比增长14.3%。其中,中国的数字贸易进出口总值达到3 596.9亿美元,同比增长22.3%,占服务进出口比重达43.2%,中国数字贸易增速远高于全球平均水平,成为在全球范围内数字贸易增速最快的经济体。2021年,中国数字贸易净出口规模达300亿美元,同比增长103.2%,连续4年实现了顺差,这说明中国的数字贸易国际竞争力进一步增强。

数字贸易自由化是未来世界经济发展的必然趋势,推动数字贸易的开放是中国建设数字贸易强国的必然选择。党的十九大报告已经提出要建设"网络强国""数字中国"和"智慧社会",制定了中国面向新时代的发展蓝图。但数字平台与数据是新兴的产业组织形式与生产要素,产业如何发展与如何治理都需要探索和实践,这在全球层面尚未达成共识,特别是在跨境数据监管方面存在较大的分歧。美国推行自由开放的数字贸易战略,倡导跨境数据的自由流动;欧盟选择的是有条件开放的数字贸易战略,更加注重构建数据保护体系;中国实行的是渐进式开放的数字贸易战略,严格监管跨境数据流动,通过循序稳步推进数字贸易的自由化,最终实现数字贸易的制度型开放。这不仅符合中国对外开放的历史进程和对外贸易政策的演变规律,也是实现数字时代中国高水平对外开放的必然要求。

15.3.2 中国特色的数字贸易政策体系

在跨境数据流动监管方面，中国采用较为严格的监管和数据本地化政策。2016年11月公布的《网络安全法》中，明确禁止或严格限制常态化跨境信息流动，并向具有"关键部门"的公司提出数据本地化的强制要求。其中第三十七条明确规定："关键信息基础设施的运营者在中华人民共和国境内运营中收集和产生的个人信息和重要数据应当在境内存储。因业务需要，确需向境外提供的，应当按照国家网信部门会同国务院有关部门制定的办法进行安全评估；法律、行政法规另有规定的，依照其规定。"该法律奠定了我国数据存储本地化原则，强调了数据跨境流动的安全评估。

在网络平台管理方面，中国正积极探索中国特色的跨境电子商务监管模式，促进数字贸易弯道超车。2018年8月，全国人大常委会通过的《中华人民共和国电子商务法》中，旨在保障电子商务各方主体的合法权益，规范电子商务行为，维护市场秩序，促进电子商务持续健康发展。其中第五条明确指出："电子商务经营者从事经营活动，应当遵循自愿、平等、公平、诚信的原则，遵守法律和商业道德，公平参与市场竞争，履行消费者权益保护、环境保护、知识产权保护、网络安全与个人信息保护等方面的义务，承担产品和服务质量责任，接受政府和社会的监督。"

在数字产品和服务贸易政策方面，中国目前对部分数字技术产品采取免税，对部分数字技术产品征收关税。而且，从2016年开始对《信息技术协定》的扩围产品实施降税，至今已经实施了七步降税，自2023年7月1日起，中国还对62项信息技术产品的最惠国税率实施第八步降税，调整后关税总水平将从7.4%降至7.3%。

在本地企业市场准入政策方面，2021年10月商务部等24部门印发的《"十四五"服务贸易发展规划》提出，依托国家数字服务出口基地，打造数字贸易示范区。在数字服务市场准入、国际规制对接、跨境数据流动、数据规范化采集和分级分类监管等方面先行先试，开展压力测试，培育科技、制度双创新的数字贸易集聚区。开展数字营商环境评价，复制推广先进经验和做法，充分发挥示范区的辐射带动作用，引领我国数字贸易蓬勃发展。

尽管目前中国在数字贸易的开放中仍存在较高的壁垒，数字服务贸易限制指数较高，但中国积极参与WTO框架下电子商务、信息技术产品等谈判。在电子商务议题谈判中，围绕跨境电子商务发展、增进贸易便利、物流、支付等议题提出中国方案；同时，中国正积极通过推进内地与港澳区域合作建设，创新合作区治理模式，打造粤港澳大湾区全面深化改革创新试验平台，建设高水平对外开放门户枢纽。2021年9月，中共中央、国务院印发的《横琴粤澳深度合作区建设总体方案》和《全面深化前海深港现代服务业合作区改革开放方案》，在探索便利数据流动与保障安全有机结合的形成机制，深化与港澳服务贸易自由化等方面给出了"横琴方案"和"前海方案"。另外，中国也在努力通过申请加入国际高标准的贸易协定，渐进式地扩大对外开放程度。2020年11月，中国正式签署首个超大区域贸易协定RCEP，并已于2022年1月1日起生效；2021年9月，中国正式申请加入CPTPP；2021年11月，正式申请加入DEPA——我国通过积极参与全球数字贸易国际合作，完善国际规则体系，提升我国在数字贸易规则领域的国际话语权。

15.4　广东省促进数字贸易发展的政策实践

广东发挥粤港澳优势,加速三地合作与互通,引领全球贸易数字化。2021年,广东省数字贸易进出口规模已超800亿美元,位居全国第二,数字贸易出口规模为407.5亿美元,同比增长27.7%,占全省服务贸易出口规模的比重为51.5%,与世界平均水平(52%)基本持平;数字贸易进口规模为404.8亿美元,占全省服务贸易进口规模的比重为60.1%,同比增长18%。2016—2021年,广东省数字贸易进出口额年均增长率为14.2%,比服务贸易年均增速高出11.7个百分点,比货物贸易年均增速高出8.2个百分点,数字贸易从贸易逆差394.9亿美元转为贸易顺差2.7亿美元。

随着数字贸易的发展,规则的制定显得越来越重要。广东省数字贸易发展不断壮大的同时也面临数据本地化法规对接的问题,需要进一步建立健全系统性、机制化、全覆盖的数字贸易政策支持体系。对接国家层面的数字经济和贸易政策法规文件,广东省目前已有的数字贸易政策措施集中表现在以下几个方面。

15.4.1　促进数据交易流通,建立"数据海关",探索跨境数据流通监管制度

2021年7月,广东省印发的《广东省数据要素市场化配置改革行动方案》中提出,从释放公共数据资源价值、促进数据交易流通、强化数据安全保护等方面着力推进相关改革。主要任务包括健全公共数据管理机制,完善公共数据资源体系,强化政府内部数据共享,扩大公共数据有序开放;加快数字经济领域立法,推进产业领域数字化发展;完善数据流通制度,强化数据交易监管,推动粤港澳大湾区数据有序流通;建立数据分类分级和隐私保护制度,健全数据安全管理机制等。另外,方案也提出率先开展首席数据官制度试点,鼓励试点单位优化充实数据管理队伍;创新公共数据运营模式,探索建立公共数据资产确权登记和评估制度;支持广州南沙(粤港澳)数据要素合作试验区和珠海横琴粤澳深度合作区建设,探索建立"数据海关",开展跨境数据流通的审查、评估、监管等工作。

2022年4月,广东省印发的《2022年广东省数字经济工作要点》也特别强调,要发挥数据要素的作用,促进数据交易流通。依托现有交易场所建设省数据交易场所,支持建设深圳市数据交易所,建立健全数据权益、交易流通、跨境传输和安全保护等基础性制度规范;推动数据经纪人试点,规范开展数据要素市场流通中介服务,探索建立数据经纪人管理制度;推进"数据海关"试点,开展跨境数据流通的审查、评估、监管等工作,探索建立跨境数据监管制度。

2021年5月,广东省人民政府印发了《广东省人民政府关于加快数字化发展的意见》,提出构建数据要素流通顺畅的数字大湾区。深入推进数字技术在粤港澳三地规则衔接、机制对接上的应用,加快构建大湾区智慧城市群;支持粤港澳大湾区大数据中心建设,促进数据资源在大湾区充分汇聚、顺畅流动和深度应用;探索在特定区域发展国际大数据服务,

建设离岸数据中心；探索跨境数据流动分类监管模式，开展数据跨境传输安全管理试点；支持科研合作项目需要的医疗数据等数据资源在大湾区内有序跨境流动，争取国家允许粤港澳联合设立的高校、科研机构建立专用科研网络，实现科研数据跨境互联。

15.4.2 打造数字经济创新发展先行示范区和全球领先的数字化发展高地

2020年11月，广东省印发了《广东省建设国家数字经济创新发展试验区工作方案》，该方案提出广东建设国家数字经济创新发展试验区的3年"路线图"，制定六大重点任务：一是建设数字经济新型基础设施全国标杆；二是率先形成数据要素高效配置机制；三是打造数字经济创新高地；四是特色引领推动重点领域数字化转型；五是高质量推动"智慧广东"建设；六是打造数字经济开放合作先导示范区。2021年5月，广东省人民政府印发了《广东省人民政府关于加快数字化发展的意见》，围绕数字生态、数字经济、数字社会、数字政府四个方面分别提出8点共33项具体措施，全面推进广东经济社会各领域数字化转型发展，把广东建设成为全球领先的数字化发展高地。

15.4.3 推动数字经济产业创新发展，培育数字经济产业新技术、新业态、新模式

2020年12月25日，深圳市政府办公厅正式印发了《深圳市数字经济产业创新发展实施方案（2021—2023年）》，该方案提出以"数字产业化"和"产业数字化"为主线，从供给侧和需求侧双向发力，大力培育数字经济产业新技术、新业态、新模式，强化创新驱动，培育应用市场，优化空间布局，完善产业生态，发展数字生产力。并提出深圳市数字经济产业发展的9项重点任务：提升科技创新引领能力、推动信息技术应用创新、深化制造业数字化转型、加快服务业数字化应用、优化数字经济产业布局、发挥数据要素核心价值、夯实新型信息基础设施、打造数字经济公共服务平台、深化国内外合作与交流。2021年7月30日，广东省工业和信息化厅颁布的《广东省数字经济促进条例》与国家"十四五"最新政策法规标准充分衔接，充分体现了鼓励创新、包容审慎的创新发展理念。该条例旨在促进数字经济发展，推进数字产业化和产业数字化，推动数字技术与实体经济深度融合，打造具有国际竞争力的数字产业集群，全面建设数字经济强省。

15.4.4 建设数字服务出口基地，打造数字贸易载体和数字贸易出口集聚区

2022年1月，广东省人民政府印发的《广东省推动服务贸易高质量发展行动计划（2021—2025年）》提出要大力发展数字贸易，计划提出实施数字贸易工程，出台促进

数字贸易发展的措施；支持国家数字服务出口基地建设，打造数字贸易载体和数字贸易出口集聚区，创建国家数字贸易示范区。例如，2020年9月授牌的广州天河中央商务区"国家数字服务出口基地"，旨在打造数字服务出口支撑平台、扩大数字服务行业对外开放、发展离岸数字贸易。区内软件和信息服务业发达，数字贸易出口发展迅猛，全区现有企业超7万家。

15.4.5　推进粤港澳大湾区全球贸易数字化领航区建设，加快市场准入和服务质量标准对接

2020年8月，深圳市前海管理局正式发布《中国（广东）自由贸易试验区深圳前海蛇口片区关于促进数字贸易快速发展的若干意见》，该文件紧扣国家数字经济发展战略，立足于打造全国乃至全球领先的数字贸易发展先行示范区的定位，拟通过系列项目的落地实施，将新一代信息技术与国际贸易全过程充分融合，实现前海国际贸易数字化、智慧化的全面转型。计划通过3～5年的发展，形成前海数字贸易生态圈，为企业借助数字贸易出海提供有利条件。2022年1月，广东省人民政府印发的《广东省推动服务贸易高质量发展行动计划（2021—2025年）》也特别指出，要加快传统贸易数字化改造，推动粤港澳大湾区建设全球贸易数字化领航区。要依托中国（广东）国际贸易"单一窗口"等现有数字化平台，搭建全省性贸易数字化公共服务平台，推动贸易磋商、贸易执行和贸易服务等重点贸易环节数字化。广东省委、省政府积极贯彻落实中央《横琴粤澳深度合作区建设总体方案》和《全面深化前海深港现代服务业合作区改革开放方案》，深化粤港澳区域协同合作，高水平推进横琴粤澳深度合作区和前海深港现代服务业合作区建设，在内地与港澳关于建立更紧密经贸关系的安排（CEPA）框架下，支持大湾区跨境贸易数据流动规则的对接，加强标准互通，支持标准互认、数据共享。

第 16 章
数字贸易的未来发展与中国

16.1 中国数字贸易发展的机遇与挑战

16.1.1 全球数字贸易高速发展

数字贸易正成为带动全球贸易增长的关键因素。自 2019 年爆发新冠疫情以来,全球贸易不确定性增强,全球贸易额大幅回落且波动较大。在此背景下,数字技术迅猛发展,贸易数字化、数字贸易化成为未来全球贸易增长的最重要动力。

UNCTAD 报告指出,2020 年主要的服务贸易均出现下降,旅游和运输萎缩严重,商业服务和知识产权、金融和保险服务出口则表现出更强的韧性,仅下降 3%,而 ICT 服务出口自 2015 年以来每年以 10% 的速度增长,没有受到疫情的冲击。2015—2020 年,全球货物贸易和服务贸易占 GDP 的比重均呈下降趋势,数字贸易的发展却呈现出上升趋势。这说明数字贸易在贸易下行的趋势下,仍有强劲的发展动力,这也是中国数字贸易高质量发展的重要外部机遇。

16.1.2 中国数字贸易规模将持续扩大

大数据、云计算、人工智能、区块链等新兴数字技术快速推广应用,为中国数字贸易发展奠定了坚实的产业基础。根据中国商务部发布的《中国数字贸易发展报告》预测,预计到 2025 年,中国数字贸易进出口总额将超过 4 000 亿美元,占服务贸易总额的比重达到 50% 左右。

16.1.3 全球市场空间广阔

全球数字经济蓬勃发展,将推动全球数字贸易保持高速增长,为我国数字贸易发展提供了广阔的市场空间。根据国务院发展研究中心的《数字贸易发展与合作报告》,2020 年全球数字贸易规模达 31 309.1 亿美元,在服务贸易中占比从 2011 年的 48.1% 稳步提升至 2020 年的 62.8%。数字服务贸易在疫情面前展现出较强的韧性。如图 16-1 所示，2020 年，全球数字贸易增速虽然同比下降 1.9%，出现小幅下降，但是增速仍然高于服务贸易（同比下降 20.0%）和货物贸易（同比下降 7.5%）。

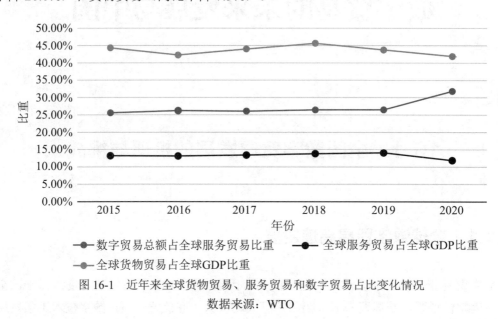

图 16-1 近年来全球货物贸易、服务贸易和数字贸易占比变化情况

数据来源：WTO

16.1.4 中国在全球数字贸易中的关键角色

近年来，中国跨境电子商务快速发展，市场规模不断扩大。据 eMarket 统计，中国 2019 年跨境电子商务进出口规模从 2015 年的 57.84 亿美元增长至 270 亿美元，年平均增速达到 50.80%。得益于跨境电子商务的蓬勃发展，中国的数字贸易快速兴起，在全球贸易体系中扮演着越来越重要的角色。2019 年，中国数字贸易出口规模达到 1 435.48 亿美元，相比于 2005 年，15 年间增长了 8.27 倍，年平均增长率高达 19.26%，国际市场占有率增长了 3.05 个百分点，达到 4.50%。

16.1.5 数字贸易新业态将不断涌现

以数字化、网络化、智能化为主要特征的新一轮科技革命和产业变革加快推进，数字经济广泛渗透、数字化转型蓬勃展开，数字贸易应运而生，对贸易模式、贸易对象、贸易结构、贸易格局产生深远影响，推动着全球产业链、供应链、价值链和创新链深刻变革，成为新一轮经济全球化的重要驱动力量。5G、物联网、云计算、大数据、人工智能等新一代数字技术加快推广应用，为金融、保险、运输、旅游、文化、教育、医疗、研发设计等服务贸易提供更多的数字化解决方案，也将有效加快相关领域的数字化进程。

16.1.6 数字贸易开放水平有序提升

电信、互联网等领域的相关业务扩大开放，更大力度吸引和利用外资，实施自贸区提升战略，积极推进服务贸易创新发展试点开放平台建设，并着力推进有关监管和治理体系的先行先试。依托国家数字服务出口基地，打造数字贸易示范区。

16.1.7 数字贸易规则制度逐步健全

我国将进一步建立健全数据资源确权、分级分类保护、跨境传输、安全评估等相关法规，统筹数字开放利用、隐私保护和公共安全。加快建立数字资源产权、交易流通、跨境传输和安全保护等基础制度和标准规范。

16.1.8 数字企业国际竞争力将明显提升

加快关键数字技术创新应用，加快推动产业数字化，数字企业综合实力显著增强，积极参与国际竞争，中国技术和标准的国际影响力将会明显提升。

16.1.9 数字贸易国际规则制定能力增强

我国将积极参与数据安全、数字货币、数字税等国际规则和技术标准的制定，积极推进网络间的国际交流合作，网络空间命运共同体的意识将会深入人心。特别是"一带一路"沿线国家合作潜力巨大，建设数字丝绸之路将为我国的数字贸易相关企业提供新的市场机遇和前景。

16.2 中国参与全球数字贸易规则制定与引领

随着科技与互联网的快速发展，数字贸易逐渐成为国际贸易的新热点。它超越了传统的货物贸易与服务贸易，使得数据、电子支付等成为核心要素。但这种发展也带来了新的挑战，传统的国际贸易规则并不能完全适应这种新形式的交易，因此急需制定新的规则来保障数字贸易的健康与有序发展。

数字贸易的崛起对全球贸易治理体系提出了新的要求。尤其是在当前国际环境下，全球化和多边主义受到了一些挑战。在此背景下，WTO作为全球最主要的多边贸易机构，其在数字贸易规则制定上的角色尤为重要。

中国，作为一个数字经济快速发展的大国，不仅在数字经济的规模和影响力上具有显著优势，而且在全球贸易治理体系中，中国的角色也在逐渐转变。过去中国更多是规则的接受者，但现在中国已经有足够的实力和意愿，成为规则的制定者和引领者。

这种转变意味着中国不仅需要积极参与数字贸易规则的制定，还需要发挥领导作用，推动其他国家共同制定公正、公平、透明的数字贸易规则，确保数字贸易的健康发展能够惠及所有国家，而不仅仅是某些数字经济大国。

中国已经表明，支持在 WTO 框架下开展数字贸易的新议题和新规则的谈判，并愿意与各国寻求广泛的共识。这不仅仅是为了保护和推进自己的利益，更是为了全球数字贸易的高质量发展作出贡献。

16.2.1 支持 WTO 在解决跨境数据流动问题上的核心地位

在数字贸易领域，跨境数据流动已经成为关键议题。WTO 在其 GATS 中已经规定了与此相关的原则，但面对现代数字经济的挑战，规则的应用仍需进一步明确和优化。

一是隐私保护与"信任赤字"。针对数据隐私问题，WTO 成员应当制定适应数字时代的隐私保护国内规定。这有助于解决公众对跨境数据流动的担忧，增强数据流动的信任度。数据保护框架的设计和制定应当参考国际标准，并推动成员国间的规则协调。

二是建立基于风险导向的跨境数据流动规则。遵守 GATS 关于适用例外情况时的规定，并进行广泛和复杂的法律分析，考虑限制措施的技术可行性，以及是否有替代方案也能达到同等安全和隐私水平等。

三是确保数据监管的透明度。明确、透明的数据监管规则为企业提供了稳定的经营环境，有助于推动数字经济的健康发展。成员国应当确保其数据监管政策公开、明确，并易于理解。

四是重视网络安全国际合作。为了避免网络安全威胁，应建立固定的机制来确保网络安全的国际合作，并鼓励成员国采用国际标准和最佳做法，以保证对不同国家的适用性。

五是注重对发展中国家的能力培养。在数字贸易领域，发展中国家可能面临技术和资源的短缺。为此，应当强调对这些国家的能力培养和技术援助，确保多边规则的公平性和包容性。

16.2.2 建立鼓励创新、兼顾公平的数字税收规则

经济数字化对国际税制改革影响深远，尽管征税是一国主权在税收领域的体现，但单边数字税不利于数字经济条件下的税收国际合作。要坚持多边协商原则，通过诸边和多边谈判，维护数字经济开放普惠发展和税收利益平衡。

一是以短期、适度的税收优惠鼓励数字经济和贸易创新。对于跨境电子商务涉及的货物产品，可在一定时期内给予税收减免；对低货值物品，可以免除关税；对于音视频、软件等数字化形式的产品或服务，短期内不征收关税。

二是兼顾传统贸易与数字贸易税收的公平性。在数字贸易发展趋于成熟时，按照税收

中性原则，统一征税标准。改革和完善现行税收法规、政策，补充数字贸易适用的税收条款或制定新税法，建立符合数字贸易需要的税收征管体系。

三是减少各国间的利润转移和税基侵蚀。针对数字经济和数字贸易特点，探索建立新的税收标准和征税框架。支持通过WTO等平台协商数字服务税国际规则，建议各成员国在多边基础上分配和协调征税权。在各国尚未达成数字服务税规则共识的情况下，尽量从轻课税或缓期征收。

总体上，随着数字经济的发展，税收问题逐渐浮现。各国需要充分合作，确保税收制度既能鼓励创新又能实现公平。这需要在国内层面进行税收政策改革，并在国际层面推进多边合作，共同制定数字服务税收规则。

16.2.3　建立以保障网络安全为基础的数据本地化规则

尽管各国在经济社会环境、政策体系以及利益诉求等方面存在差异，数据本地化的实现方式、适用范围及强制程度各不相同，但越来越多的国家希望能够通过治理规则协调，最大限度地降低数据跨境处理和转移的成本及企业合规风险。

一是支持WTO的开放与包容性。支持WTO采取开放、透明、包容、灵活方式，组织开展与数据流动和本地化管理有关的电子商务议题规则研究、讨论和协商制定工作。

二是平衡数据管理与产业发展。应加快协商制定数据管理规则，尤其要尊重发展中成员享受特殊和差别待遇权利，照顾发展中成员的利益诉求和重点关切，兼顾各成员国健全数据管理与兼顾促进产业发展、加强个人隐私保护等政策目标的平衡。

三是强调分享与学习的重要性。发达国家应分享其在数据（设施）本地化管理方面的经验和成果，如立法进程、技术措施及能力建设等。这不仅可以增强政策的透明度、公正性和可预见性，还可以助力发展中国家快速赶超。

四是要求务实与共识。为了响应各种安全和隐私关切，各国应考虑对数据进行分级分类评估管理。例如：对于具有高安全风险的数据，可能需要更严格的本地化要求；而对于与数字贸易密切相关的数据，可以考虑放宽本地化的要求。

总体上，数据本地化规则的制定应在维护网络安全和保护隐私的基础上确保各国能够平衡其各自的经济、社会和政治利益。这需要国际合作和多边协商，确保全球数据流动的顺畅和安全。

16.2.4　在市场准入方面尊重各国关切

要顺应数字产品和服务的快速变化趋势，充分考量各国数字经济发展实际，共同突破各类新兴业务的市场准入壁垒，创造良好的国际制度环境。

一是充分认识新业务的特性。数字技术带来的新业务变化迅速；需要充分认识数字技术驱动的新业务具有创新活跃、迭代频繁、业态多变等特征，不宜按照正面承诺清单管理模式对其予以事前归类和施以规则要求。

二是明确业务分类与指导。支持 WTO 在整理和归纳成熟的业务类型时，为其定义明确的业务特征、分类方法及监管指南。这不仅可以提高市场准入的效率，还能确保各国在处理相似问题时有一个共同的参考标准。

三是尊重发展中国家的利益。在市场准入的问题上，应该充分考虑到发展中国家的特定需求和挑战。这包括尊重其在网络主权、数据安全和隐私保护等方面的关切，并确保这些关切在市场准入政策中得到充分的体现。

四是用市场力量推动规范。支持 WTO 利用市场机制，如技术标准和行业自律，来推动企业（特别是云服务提供商）规范其经营行为。这样不仅可以提高市场的透明度和公正性，还能为数字贸易的持续发展创造有利的环境。

总体上，随着数字化转型的深入，市场准入政策将面临更多的挑战和机会。只有在尊重各国关切的基础上，我们才能制定出真正有利于全球数字经济发展的市场准入政策。

16.2.5　合理保护数字知识产权

数字知识产权的规则十分复杂，是欧美主要国家推行各自保护制度模式的重要内容。从版权保护到平台的责任和义务，各国都有义务提高数字知识产权保护水平。

一是明确跨境电子商务的知识产权规则。在跨境电子商务中，应明确知识产权的适用性，特别是关于是否转让所有权或仅是使用权的问题。这不仅可以为消费者和商家提供明确的指引，还可以确保知识产权的有效运用和保护。

二是提高著作权等相关法律的执法效率。各国应加强著作权等相关法律的执行，提高执法效率，确保执法的公正性和透明度。同时，应消除各种程序障碍和地方保护主义，确保知识产权的均等保护。

三是反对单方面过度保护。在知识产权保护中，应避免过度保护导致的创新和分享受阻。各国应在充分了解数字知识产权侵权新情况的基础上，通过协商沟通制定合理的保护规则。

四是鼓励合作与共享。鼓励各国在知识产权保护方面加强合作，分享最佳实践和经验，推动建立更加公平、合理的全球知识产权保护体系。

随着数字化的不断进步，知识产权的保护模式也需要进行相应调整。只有通过合作和沟通，我们才能确保知识产权在数字时代得到合理的保护，同时也能确保数字经济的健康发展。

16.2.6　积极促进数字贸易便利化

数字领域的产品和服务贸易便利化总体上呈扩大态势，继续强化数字贸易便利化有助于改进全球数字经济治理体系，更加普惠、更高水平地释放数字红利。

一是各国应以非歧视和易获取的形式公布相关程序和所需文件，并明确制定行业标准，提高透明度，如质量认证，软件应用，加密技术、协议和硬件设备的兼容性以及内容标准等。

二是确定普遍认同的电子签名和认证方法,推动各国电子签名和电子认证互认,并根据发展中国家和最不发达国家的现状予以特殊或差别待遇。

三是在海关与跨境电子商务交易方、邮政服务企业和跨境电子商务之间建立电子信息交换机制,加强通关便利化。对 B2C 交易建立全球统一、简易、分档征收的海关进口税收征管体系,并就退货、通关、检疫提供更简化的程序。

四是将构建单一窗口纳入正式谈判范围,并通过规则确定下来,增进政府间、平台间的互认安排,对信息进行分类和过滤。

五是加强各国电子商务企业信用信息开放共享,加大跨境失信违规行为的监管协调。

16.2.7　中国参与制定全球数字贸易规则的关键议题

数字贸易在交易模式、交易对象、交易主体等方面极大地改变了全球贸易的运行轨迹,给传统国际贸易监管带来了不小的挑战。当前,数字贸易规则谈判已成为国际经济秩序重构的重要内容。综合 WTO 电子商务谈判、USMCA、UJDTA 以及 CPTPP 等贸易规则新进展,总体上看,我国参与制定全球数字贸易相关国际规则至少包括六个议题。

一是跨境数据流动。跨境数据流动对于促进数字创新、增进消费者福祉和提高经济增长效率至关重要。近几年,随着数据流动规模扩大,诸如隐私保护、数据安全以及数字主权等方面的潜在威胁出现,很多国家对不受限制的数据跨境自由流动带来的潜在不良后果感到担忧,纷纷立足强化个人信息保护、重要敏感数据保护等,开始加大监管力度。随着各国对数据跨境流动的意义及影响的认识日益深化,国际社会认识到跨境数据流动既能带来巨大收益,同时也可能对国家安全和个人隐私造成巨大冲击。由于多数国家未采取基于风险收益平衡的方法来监管数据,受严格监管的跨境数据流动范围不断被放大。如何在促进跨境数据有序流动和保护公共利益之间取得有效平衡,并建立一套具有国际共识的数据流动规则,成为当前多边贸易体制改革的重要议题。

二是数字产品或服务的税收。重塑数字贸易中的国际税收规则已被各国提上议事日程。一方面,跨境电子商务的快速发展,对现行海关监管体系准确监测货物流向和货量货值带来挑战,引发关税损失以及与传统贸易规则的冲突等问题。对于数字化产品贸易本身,是否征收关税也存在争议。另一方面,数字贸易的蓬勃兴起带来了跨国间税权划分与利润归属的难题。如何防止税基侵蚀和利润转移,是许多国家征税机构和征税制度面临的重大困扰。2019 年以来欧盟多国及印度等纷纷单方面开始征收数字服务税,美国 2020 年对征收数字服务税的国家发起"301 调查"。重塑数字贸易中的国际税收规则,已经被各国提上议事日程。

三是数据及相关设施的本地化。数据是数字经济时代的关键生产要素和战略资源,与一国产业发展、隐私保护、国家安全和国际贸易等关系密切。云计算、大数据、人工智能、区块链等新兴数字技术大幅削弱了数据存储地理位置分布的限制,使得数据的采集、传输、存储和处理使用可以分散在不同国家。现阶段,不同国家在数字经济发展水平、数据管理目标优先顺序以及文化价值认同等方面存在显著差异,这使得数据(设施)本地化成为一个关键议题。数据本地化必须以设施本地化为前提，而设施本地化不一定强制禁止数据出境。目前，国际上争论的重点是数据本地化。

四是数字贸易业务的市场准入。在现行 WTO 框架下，数字贸易的市场准入规则主要涉及电信业务市场开放承诺表、电子商务业务准入规则，尤其是新兴的云计算业务。当前，云计算已成为承载各类在线应用的新兴关键基础设施，具有广泛的应用空间和巨大的增长潜力。云计算既利用了电信资源（通信技术），又利用了计算资源（信息技术），具有融合型业务的突出特征。因此，如何界定云计算的业务属性并制定配套的准入规则，成为数字贸易规则博弈的重点领域。

五是数字知识产权保护。数字贸易知识产权保护规则的复杂性远高于一般实物产品。例如，电子传输的书籍、音乐和其他数字化信息可以下载和复制、创造有形的商品，而数字技术允许高质量的大规模复制。娱乐产品在互联网上的合法跨境销售受到版权、许可和其他一系列法律问题的影响。此外，数字产品和服务中的源代码、专用算法和商业秘密是企业的核心资产，也开始成为知识产权保护的重点，但从维护安全的角度来看，又需要托管源代码甚至商业密码，如何平衡好二者关系，也需要深入探讨。目前 WTO 框架下的货物和服务贸易规则主要是针对通过互联网传送和接收文本或其他数字化信息这一过程，但对下载后如何处理这些数字化信息并没有进行明确规定。

六是跨境电子商务便利化。跨境电子商务已成为全球贸易活动的新增长点，新冠疫情进一步加速了这种趋势。国际市场机构 Global-e 的数据显示，2020 年 1 月 1 日至 6 月 14 日，全球跨境在线销售额与 2019 年同期相比增长了 21%。这依赖于互联网基础设施、物流基础设施、海关程序和数据法规等外部环境的不断改善。提升跨境电子商务便利化水平，是各国关于电子商务和数字贸易向 WTO 提交的 70 多份提案中共同关心的主要议题之一，主要涉及电子合同及电子传输、电子签名、无纸化通关等问题。

16.3 中国数字贸易高质量发展的对策

16.3.1 充分认识数字贸易的重要地位

1. 数字贸易是经济高质量发展的推动力

数字技术与服务业融合发展，催生出电子商务、共享经济、远程教育等一系列新模式、新业态，增强了服务的可贸易性，极大地拓展了服务贸易的广度和深度，成为近年来我国乃至全球服务贸易和数字经济的重要增长点和经济发展的新引擎。特别是新冠疫情暴发后，在诸多产业链受疫情影响中断的情况下，数字贸易以其线上化、无接触、互动性的优势将中断的产业链接续起来，在支持抗击疫情、恢复生产生活方面发挥了重要作用，成为经济增长的"稳定器"。

2. 数字贸易与高水平对外开放的结合

开放是当代中国的鲜明标识。中国坚持对外开放的基本国策，坚定奉行互利共赢的开放战略，不断以中国新发展为世界提供新机遇。党的二十大报告提出，稳步扩大规则、规制、管理、标准等制度型开放。2023年1月31日，习近平总书记在主持中共中央政治局第二次集体学习时强调："推进高水平对外开放，稳步推动规则、规制、管理、标准等制度型开放，增强在国际大循环中的话语权。"数字贸易属于制度规则密集型贸易，在全球数字贸易规则尚未达成共识，处于"区域化"和"碎片化"阶段时，我国推进数字贸易制度创新、对接全球高标准数字贸易规则，不但可以推动我国制度型开放，而且有利于我国引领和参与全球贸易治理。

3. 利用数字贸易推进传统产业的转型与升级

数字贸易不仅改变了贸易方式，还通过数据流动强化各产业之间的知识和技术要素共享，改变了生产组织方式和经济产业结构，带动农业、制造业等传统产业数字化转型和相互融合。例如，在数字技术的赋能下，制造业和服务业出现相向而行、深度融合、相互依存的新态势，企业从原有单纯出售产品或服务向出售"产品+服务"转变，催生出服务型制造等新模式，有效提升了用户满意度、产品效能和产业链附加值。"十四五"规划中指出，要"推动现代服务业与先进制造业、现代农业深度融合，深化业务关联、链条延伸、技术渗透，支持智能制造系统解决方案、流程再造等新型专业化服务机构发展"。

16.3.2 完善数字贸易发展的顶层设计

1. 完善数字贸易法律体系

我国高度重视数字贸易发展，不断探索完善数字经济治理体系，出台了《网络安全法》《数据安全法》《个人信息保护法》等一系列法律法规，发布《"十四五"数字经济发展规划》，不断提升我国数字经济治理能力现代化水平，积极推动数字经济领域对外开放，大幅缩减外商投资准入负面清单，积极拓展数字经济国际合作。今后，要深入研究出台数字贸易发展专项规划，出台数字贸易发展指导意见和行动方案，构建有针对性的政策支撑体系。

2. 构建完善的政策支持体系

充分利用国各项产业支持、专项资金和优惠政策，统筹用好各级政策资金，从房屋租赁、投资落户、出口业务、创新研发、规模增长、公共服务平台建设、人才培养、国际认证、境外拓展、市场营销、品牌宣传等方面支持数字贸易企业发展。在条件允许的情况下，积极探索制定数字贸易产业发展专项政策，从人才的跨境流动和资质互认、自由贸易账户和资金跨境流动、数据安全监管、国际专线建设、国际市场业务拓展等多个维度打造产业政策创新高地。

3. 优化数字贸易管理与服务体系

适应国内外环境新变化和国内改革发展新要求，加快构建并完善数字贸易管理与促进体制。大力提高数字贸易便利化水平，建立便利跨境电子商务等新型数字贸易方式的管理体制，健全服务贸易促进体系，全面实施单一窗口和通关一体化。提高自由贸易试验区、数字服务出口基地等平台在数字贸易制度创新和规则对接方面的先试先行，将数字贸易质量做大做强，在更大范围复制推广试点经验。全面实行准入前国民待遇加负面清单管理制度，促进内外资企业一视同仁、公平竞争。健全备案为主、核准为辅的对外投资管理体制，完善对外投资促进政策和服务体系。强化贸易政策合规审查，推动同更多国家签署高标准双边投资协定，构建海外利益保护体系。贯彻总体国家安全观，健全跨境数据流动、数字贸易市场准入、贸易救济等制度，完善涉外经济风险防范体制机制，维护国家经济安全。

4. 建立数字贸易标准体系

随着数字贸易业态的多样化，形成相应的标准体系是其健康发展的基石。需要在多个层面，如行业、区域等，制定适用的标准，并鼓励行业协会、第三方机构等参与标准的研制与评价，确保标准的科学性、权威性和实用性。

5. 建设健全的统计体系

在定义数字贸易内涵和分类的基础上，基于数字贸易重点企业库和数字贸易重点企业联系制度，编制数字贸易数据统计指南，扩大数字贸易纳统范围，加强统计培训，建立统计监测系统数据核查、退回和通报制度，提高数据质量。

数字贸易作为新时代的经济增长点，其高质量发展对国家经济的稳定与增长起到至关重要的作用。通过完善顶层设计，确保其在法律、政策、管理、标准和统计等方面得到有效的支持和引导，从而推动数字贸易向更高水平、更广领域、更深层次发展。

16.3.3 构建完善数据要素市场体系

1. 设计公平有效的数据要素市场体制机制

首先，数据市场平台作为数据交易的核心，必须确保具备高效查询、交易和隐私保护功能。因此，我国的数据市场平台应该具有以下功能：一是有效的查询系统；二是动态交易系统；三是隐私保护和安全审查功能。其次，由于数据定价、数据交易和数据保护是三个相互影响的闭环，因此，也应充分考虑数据交易过程中数据所有者和消费者对市场交易平台的信任问题。采用中介化的数据交易方式转换不同用户的数据，从而最小化其他用户的信息泄露风险是一种提高数据要素市场效率的方式。因此，可以构建受信任的第三方交易平台，以便为异质性用户提供可靠服务。此外，需要做好数据要素市场化配置与安全保护措施的协调统一，培育规范、高效、安全的新型数据要素市场，最大限度地释放数据经济红利。

2. 构建数字经济的新格局

支持各领域的规范化数据开发应用场景。不断扩大数字经济外延，由数字产业化逐渐转向产业数字化，推动传统制造业向智能制造业转型升级，构建先进生产力，加速数据技术、产品和服务不断向各行各业融合渗透，发挥数据要素对其他生产和服务领域的协同作用；加强数据资源整合。探索建立统一规范的数据管理制度，提高数据质量和规范性，丰富数据产品。根据数据性质完善数字产权保护体系，防范数字侵权行为。完善数字化人才培育体系。

3. 建立完善的数据产权交易和行业自律机制

建立健全数据产权交易和行业自律机制，需要推进全流程电子化交易，提升要素交易监管水平。数字经济中最重要的平衡因素是竞争。充分发挥市场配置资源的决定性作用，畅通数据要素流动渠道，保障不同市场主体平等获取生产要素，推动数据要素配置依据市场规则、市场价格、市场竞争实现效益最大化和效率最优化。因此，应打破地方保护，加强反垄断和反不正当竞争执法，规范交易行为，构建公平有序的竞争环境，引导各类要素协同向先进生产力集聚；健全损害国家安全及公共利益行为惩处机制。健全交易风险防范处置机制。此外，应根据不同要素属性、市场化程度差异和经济社会发展需要，分类完善要素市场化配置体制机制。

4. 平衡数据市场中的资本和劳动属性

无论是作为资本要素还是作为劳动要素，数据在经济中的作用越来越重要。应当鼓励企业家精神和创新，同时也要激励数据所有者提供更多高质量的数据。与此同时，随着数据和人工智能技术的发展，许多工作都可能被自动化。因此，需要平衡数据和其他生产要素的替代效应，充分发挥它们之间的增量效益。

5. 提高数据产业相关的技术创新能力和基础设施建设水平

机器学习技术，如深度学习，是利用大数据价值的可行方法。机器学习由大数据源驱动，适用于快速变化的大型复杂的数据集，并且可以通过云计算和边缘计算基础架构进一步改善。因此，合并大数据和机器学习有利于组织提高数据价值并扩展其大数据应用程序分析能力，从而提高大数据应用程序的性能，进一步增加数据商业价值。为了提高这种性能，需要提高计算能力和运行效率，并减少计算资源需求和数据存储成本。此外，应促进区块链技术和云计算、大数据、人工智能等技术的融合发展，形成新的数据经济基础设施的治理手段。加强新一代信息技术创新，促进新一代移动通信、智能终端等技术研发和产业化运用。

16.3.4 积极推动数字基础设施建设

数字经济的飞速发展源于技术与产业的紧密结合，而这种结合固然离不开坚实的数字基础设施支撑。当我们讨论大数据、云计算、5G、区块链及人工智能这些前沿技术时，背后的大数据中心、移动通信基站、光纤宽带网络以及工业互联网等基础设施是它们的实际运行载体。

1. 建设先进的光纤宽带网络

据工业和信息化部数据，我国 4G 基站已达 437 万个，接近全球的半数，且已拥有超过 12 亿的 4G 用户。但是，预计未来 5G 传输速度将是 4G 的 10 倍，这意味着更多的商业机会和创新模型将随之诞生。尽管 2020 年我国已成功建设 25 万个 5G 基站，其数量已大大超过欧美，但就覆盖面积而言，还存在不足。为满足未来高速数据传输的需求，我国应制订详细的 5G 基站发展规划，确保在接下来的 3～5 年中，大部分地区都能实现 5G 信号完全覆盖。

2. 强化数据中心建设并实现层次化布局

随着企业数字化步伐的加速,数据量也呈几何级增长。这些数据不仅是企业的重要信息来源,也是宝贵的资产。为确保数据的安全高效存储,数据中心建设显得尤为关键。此外,伴随云服务的广泛应用,数据中心与企业数据库将形成紧密的协同作用,使得企业之间的数据交流和共享变得更为高效,从而提高整个产业链的运作效率。为此,我国应逐步完善数据中心建设,建立从国家、区域、省市到企业的多层次数据中心体系,满足各种数据处理和存储需求。

16.3.5 推动数字贸易国际多边合作新机制

1. 参与全球数字贸易治理体系建设

为保证数字贸易的公正、开放与合理,我国应积极参与全球数字贸易治理体系的构建,推动其朝着公正合理的方向发展。此外,我国应推动WTO在数字贸易制度方面的建设,努力构建一个以数据跨境流动为核心的多边治理机制。

2. 参与全球数字贸易治理体系建设

为提高我国在全球数字贸易中的话语权,我国应主动申请加入如CPTPP和DEPA等高标准贸易协定。此外,通过与金砖国家、G20等数字经济领域的合作,我们可以推动全球数字经济治理的进一步改革。

3. 扩展全球高标准自由贸易区网络

按照习近平总书记在党的二十大报告中的指示,我们应该扩展面向全球的高标准自由贸易区网络。这可以通过加速中日韩自由贸易区、中国与以色列等自由贸易区谈判进程,以及与"一带一路"沿线国家和地区建立更多的双边、多边自由贸易区来实现。

总之,我国在新的历史征程上必须充分发挥其在数字贸易方面的优势,推动数字贸易国际多边合作新机制的建立与完善,为我国和全球数字经济的持续、健康发展贡献力量。

主要参考文献 BIBLIOGRAPHY

[1] 洪俊杰，陈明.巨型自由贸易协定框架下数字贸易规则对中国的挑战及对策[J].国际贸易，2021（5）：4-11.

[2] 许宪春，张钟文，胡亚茹.数据资产统计与核算问题研究[J].管理世界，2022 38（2）：16-30，2.

[3] 江小涓，靳景.数字技术提升经济效率：服务分工、产业协同和数字孪生[J].管理世界，2022（12）：9-25.

[4] 李俊，李西林，王拓.数字贸易概念内涵、发展态势与应对建议[J].国际贸易，2021（5）：12-21.

[5] 黄益平.平台经济[M].北京：中信出版集团，2022.

[6] 鼎韬产业研究院.全球化4.0：数字贸易时代的到来[EB/OL].[2022-01-08]. http://research.devott.com.

[7] 前瞻产业研究院.2022数字贸易发展研究报告[EB/OL].[2023-01-12]. https://bg.qianzhan.com.

[8] WTO. World trade report 2018: The future of world trade How digital technologies are transforming global commerce[EB/OL]. [2022-05-19]. https://www.wto.org/english/res_e/publications.

[9] 于畅，邓洲.新一代信息技术驱动下的全球价值链调整及其应对策略[J].全球化，2021（2）：89-101，134-135.

[10] 鼎韬产业研究院.数字贸易背后的产业逻辑：数字技术对服务贸易的核心影响[R/OL].[2022-09-12]. http://www.qdatis.com/index/zkzj/xq/id/9727/iszpt/1.html.

[11] 郑伟，钊阳，郑亚松.数据贸易：发展动因、主要障碍及我国路径选择研究[J].国际贸易，2022（11）：64-70.

[12] 林吉双，孙波，陈和.我国数字贸易发展现状及对策研究[M].北京：人民出版社：2021.